KB235441

현실정치와 미래 한국의 비전

현실정치와 미래 한국의 비전

바보 노무현의 꿈과 사랑

초판 1쇄 인쇄일 2009년 7월 5일
초판 1쇄 발행일 2009년 7월 10일

저자 윤소암
펴낸이 김재광
펴낸곳 도서출판 솔과학

출판등록 1997년 2월 22일(제 10-140호)
주소 서울시 마포구 염리동 164-4 삼부골든타워 302호
전화 (02) 714-8655
팩스 (02) 711-4656

ⓒ 윤소암, 2009

ISBN 978-89-92988-29-2 03300

윤소암 정치사회 평론집

현실정치와 미래 한국의 비전

바보 노무현의 꿈과 사랑

솔과학
SOLGAWHAK

이 책을 민주화동지인
대통령 노무현 영전에 바칩니다.
그리고 이름없는
이땅의 민초들에게 바칩니다.

다섯번째 평론집을 내면서

옛 사람들은 인간의 평균수명을 6십으로 잡고 환갑이라 했다. 아마 그 나이가 되면 죽음을 대비하거나 현실에서 물러나 자연과 벗하면서 유유자적하게 인생을 보내라는 뜻을 것이다.

과학의 진보로 7십세가 드물다는 고희는 보통 천수를 누리지 못했다는 세상이다.

필자는 겨우 6십대 초 임에도 몸과 마음이 왜 이렇게 괴롭고 무거운가. 할 일이 많아서인가 욕망과 집착을 못 버린 탓인가.

다섯번째 평론집을 내면서 마음이 어둡고 우울하다. 책을 펴내지 않으면 되지 않는가 반문하는 독자도 계시겠지만 대부분의 글들이 오랫동안 발표된 것이어서 책을 내고 안내고 하는 것에 별의미가 없을 것 같다. 글을 묶어 한 권의 책으로 펴내 독자들에게 평가받는 것이 떳떳하다라고 생각했다.

이 책은 주로 노무현 정권과 새정부 출범 이후 7년간 쓴 것들이다. 평론글답게 현실정치와 미래 사회에 대한 분석 비판과 대안제시가 주종을 이룬다.

문민정부이후 민주적 절차로 국민들이 선택한 정권이 벌써 네번째이지만 여전히 민주주의에 목마른 대다수 사람들이다.

민주주의를 누구나 말하지만 민주주의의 핵심인 대화, 토론, 소통을 위한 민주주의 광장문화는 여전히 빈곤하거나 닫혀 있는 상태고 현실정치는 구시대 산물인 힘과 권력의 논리에 의지하고 있다.

우리사회는 경제와교육이 최고 수준이라 말하지만 아직도 좌우이념 충돌과 흑백논리, 그리고 약육강식의 권력투쟁이 지배하고 있는 것 같아 씁쓸하다.

정치가 사회의 내면을 비추는 거울이라면 종교는 인간의 내면을 비추는 거울이라 보고 대표적으로 불교와 기독교의 병폐와 방향을 제시해보았다. 특히 2천년 역사 문화 종교인 불교가 사회적 역할을 못하고 있는 원인과 처방을, 기독교가 불과 1백년만에 급성장한 동기와 부작용 등을 가감없이 거론했다.

그밖에 생태계파괴와 육식문화의 급증이 지구 온난화의 원인이 되고 삶의 질이 파괴됨을 성찰해 보았다. 민주주의와 남북문제는 동전의 양면같아서 뗄 수 없는 관계이며 경제 또한 문화정책과 같이 갈때 바람직한 발전이 이루워진다고 본다.

　21세기에 들어와서 전쟁없는 평화가 보장될 줄 알았지만 세계대전은 없어도 세계도처에서 작은 전쟁과 인권 탄압이 발생하고 한국도 남북이 대처하는 한 안전지대가 아니며 우리 안에 이념 갈등이 혼재하고 극심한 사회분열은 위기로 치달을 시한폭탄같아 걱정스럽다. 무엇보다 국민들과 사회가 현명한 통합으로 가야하지만 선장인 최고지도자와 측근들이 중도통합과 중도개혁의 방향으로 국정을 이끌어 나갈 지도력과 책임이 무엇보다 중요하다.

　가능하면 필자도 정치 사회 문제 같은 재미없고 딱딱한 글을 그만 쓰고 시, 수필 같은 부드러운 관조의 글 쓰기를 희망한다. 봉하마을로 내려간 노무현 전대통령이 현실정치를 벗어나 자연과 벗하면서 독서와 산책, 특히 글쓰기를 희망했다는 말을 듣고 그의 마음공부가 지속되지 못한것에 내내 안타까운 심정이다.

　현실적으로 기획출판이 어려운 때에 용기를 내어 흔쾌히 책을 묶어주신 출판사에 감사하고 독자와 더불어 행운이 함께 하기를 기원한다.

2009년 7월 구봉산방에서

저자 윤소암 두 손 모음

차례

2장 한국불교 긴잠에서 깨어나야

3장 다빈치코드와 기독교의 진실

4장 노무현 대통령을 회상하며

5장 이명박과 이재오의 정치생명

1장

투쟁과 대립을 넘어

투쟁과 대립을 넘어 자유와 평화가 있다

유신 · 유물론, 좌우, 진보 · 보수를 뛰어넘어야

며칠 전 과거 독재정권에 맞서 싸우던 민주화 동지의 사망 소식을 읽었다. 그는 1989년 구소련의 사회주의가 붕괴되는 것을 보고 충격을 이기지 못해 병이 들었고, 끝내 화목한 가정도 버렸다는 말을 들었으나 확인할 수 없었다.

가족이나 주위 사람들에게 물어도 시원한 답변이 없어 오랫동안 궁금하던 차에 부인되는 유명시인의 인터뷰 기사를 읽고 분명하게 알게 되었다.

그의 순수한 열정이 떠오르는 순간 눈물이 났다. 그는 80년대 민주화운동투사로서 뜨겁게 살다간 시인이었다. 김남주 시인이 "시는 칼이고 피"라고 감옥에서 외쳤을 때 최루탄이 자욱한 거리에서 "시는 불이다"라고 연설할 만큼 그는 불덩어리 그 자체였다.

그래서 그는 냉철한 합리주의나 현실에 대한 타협이 있을 수 없었고, 오직 민주화 투쟁을 현실에서 성공시키는 것밖에 없었을지 모른다. 그는 87년 양 김씨의 정권욕과 독재정권의 공작으로 민주정권이 좌절되자 방황하였고, 그 뒤 이어진 사회주의 정권의 붕괴로 충격을 받고 가정과 사회생활을 못할 정도로 중병이 들었던 것이다.

한 때는 현 정권인 운동권 출신의 맏형이었던 그가 이념과 현실을 구분하고 소화시키지 못했는지, 나로서는 이해하기 힘들었고 만나서 죽비를 쳐서라도 혼돈을 깨트려 주고 싶었다. 이념이 중요하고 혁명도 중요하다. 모든 혁명에는 목숨을 바치지 않고서 성공한 혁명이 없다고는 하지만, '나'라는 생명이 없다면 그 어떤 것도 존재할 수 없고 사랑하는 가족과 친구가 있는 이 세상이 무엇보다 중요하지 않겠느냐며 상처받은 마음을 위로와 설득으로 다독거려 주고 싶었다.

또 한가지 92년 민주정권이 들어선 이후 많은 운동권 출신들이 현실정치로 뛰어 들어 출세하고 두각을 나타낸 사람들이 많은데, 그는 어찌해서 구시대의 논리에 머물러 자학과 자폐증에 갇혀 있었는지 명문대학의 수재이기도 한 그를 만나보지 않고서는 답답한 마음을 풀 길이 없었다. 김남주 시인과 함께 그는 나에게 평생 지울 수 없는 기억의 아픔으로 남아 있을 것 같다.

투쟁과 대립을 넘어 자유, 평화가 있다

인간의 역사는 한 마디로 투쟁과 대립의 역사다. 강자가 약자를 지배하는 약육강식의 힘의 논리에 의해 좌우돼 왔다. 물론 그 내면에는 자유와 평화를 희구하는 인본주의적·문화적인 노력도 병행됨으로서 인류의 문명이 발전을 거듭했던 것이다. 그런 의미에서 나는 헤겔의 변증법적 논리가 맞다고 생각하고, 불교의 윤회론(악순환과 선순환의 흐름과 변화)이 철학적 함축이 깊다고 본다.

이 세상 그 어떤 것도 영원하거나 고정불변의 실체가 없다. 인간과 자연, 시간과 공간마저 시시각각으로 변하는 유한한 존재다. 변하지 않는 것이 있다면 밤하늘의 별이 있고, 옛 사람들이 신神이라고 불렀지만 그것 역시 인간들이 이름을 붙인 미지의 세계를 표현했을 뿐, 현대의 고도로 발달된 과학의 시대에는 빅뱅이나 우주와 생명의 원리라고 보며, 신이 있다면 형상과 물질의 신이 아닌 우리 마음 속에 있는 신, 정신이고 양심이다.

나는 종교와 철학에서 말하는 유신론有神論과 무신론無神論 등이 흑백 논리식의 반대개념이 아니라 하나라고 본다. 비유하자면 본래 한 뿌리에서 나와 두 갈래의 가지로 뻗은 것에 불과하다.

인류 문화의 변천 과정을 보면 만신의 무속신앙에서 유일신 삼신三神 범신론汎神論이 있고 이것을 다른 말로 풀면 하늘신앙의 샤머니즘, 원초신앙, 민족을 하나로 결속하기 위한 유일신 신앙, 합리적인 창조,

유지, 파괴의 삼신신앙, 신·인간·자연을 하나로 보는 범신론의 사유가 있다. 신본주의에서 인본주의로 다시 자연 생태계와 우주만물을 평등하게 보는 생명공동체 시대, 곧 생명과학의 시대가 열린 것이다.

인간의 탐욕과 기독교 보수우파, 기독교 진보좌파의 대립

과학은 앞서가는데 옛날의 기억에 사로잡혀 있는 인간들은 수구보수적인 사고를 버리지 못하고 있다. 흔히 정치용어로 좌파를 진보, 우파를 보수라 하지만 동유럽의 좌파 국가에서는 반대로 우파가 진보가 된다.

권력이란 좌파 권력도 있고 우파 권력도 있는데, 어떤 것이든지 비판하고 체제를 반대하는 쪽이 진보가 되고 권력을 쥔 쪽은 보수가 되는 것이다. 야당이 여당이 되고 여당이 야당이 되는 순환원리가 민주주의인 것이다. 어느 한 쪽이 장기 집권을 하게 되면 보수화 되고 독재정권으로 고착화된다.

그러므로 나는 정치이념도 종교와 마찬가지로 고정불변의 실체가 없는 상대성 원리로 파악하고 있다. 절대주의를 강조하는 종교와 정치는 구시대적 권위주의 정치산물에 지나지 않는다고 생각한다.

인류역사의 DNA가 만들어낸 현대인들은 이렇게 생각할 것이다. 신도 인간도 부정하고 좌우, 보수·진보가 없어지면 이 세상은 어떻게 될 것인가? 무슨 대안이 있는가? 논쟁을 좋아하는 한국인들의 특성상 그냥 넘어가거나 쉽게 이해하지 못할 것이다.

관념과 현실을 있는 그대로 보자는 것이다. 남에게 강요하거나 협박하지 말자는 것이고 더욱이 세뇌시키고 대립과 갈등을 부추기지 말자는 것이다. 인간과 자연 생명의 질서를 그대로 보고 따르자는 것이다.

남을 정복하고 지배하기 위한 강자의 논리, 정치술수적인 책략, 종교·권력적인 음모를 다 그만 두자는 것이다. 인간중심 생명중심으로 갈 때 자유와 평화, 민주주의와 인권이 보장된다. 신 중심, 종교 중심, 권력 및 강자 중심의 인류 역사는 20세기에 종언을 고하고 21세기에는 우리가 살고 있는 지구와 자연, 인간과 세계가 하나라는 생명공동체 문화의 중심으로 정치와 종교가 패러다임을 바꿔야 한다.

지역주의와 종교갈등, 남북문제, 사회 양극화 문제가 얽히고 설키고 있는 현실에서 지식인들과 일반 국민들의 고뇌가 무엇인지 묻고 싶다. 이 봄 당신들의 삶의 의미. 인생의 화두는 과연 무엇인가.

아름다운 청년 전태일을 생각하며…

세상의 부정을 불사른 청년 노동자의 혼

지난 18일 복원된 청계천 평화시장 앞에서 노동자 전태일의 초등학교 명예 졸업식 및 자랑스러운 남대문인 선정 수여식이 있었다. 우수를 하루 앞둔 포근한 날씨에 청계천 맑은 물이 흐르는 다리 위 전태일 동상 앞에서, 여러 사람들이 모여 생전의 불꽃같은 삶을 살았던 한 젊은 거룩한 노동자를 기리고 오늘의 삶을 반성해보는 모임을 가진 것은 뜻깊은 일이었다.

자랑스러운 남대문인 선정 취지는 다음과 같다.

"전태일은 학력도 겨우 초등학교 4학년 중퇴로서 사회 밑바닥 생활을 살면서도 결코 좌절하지 않았습니다. 전태일이 가졌던 숭고한 정신은 오늘의 청소년과 온갖 어려움에서 좌절하고 있는 사람들에게 희망의 메시지입니다. 전태일의 사상과 투쟁과 결단은 노동운동의 발전은 물론, 우리 사회의 민주화를 진전시켰습니다. 따라서 전태일은 역사 발전에 있어서 가장 훌륭한 사람 중 한 사람이 되었습니다.”

“이런 훌륭한 역사적 인물은 특출한 영웅도 아니며, 높은 학력을 가진 사람도 아님을 전태일은 말해주고 있습니다. 36년이 지난 지금에 와서 초등학교 졸업장을 수여하고 ‘자랑스러운 남대문인’ 선정수여식이 가지는 의미는 우리 사회에 만연해 있는 학력중심·학벌 중심의 병폐를 되돌아보며 사회 전체가 자성할 수 있는 자리가 될 수 있기를 바라는 마음이기 때문입니다”

전태일, 지금의 젊은 세대들에게는 책으로나 알려진 사람이지만 나이 지긋한 세대들에겐 충격적인 사건이었고 전설적인 신화가 된 사람이다. 1970년 11월 13일 박정희 독재 정권의 마지막 카드인 10월 유신이 감행되기 3년 전, 22세의 피 끓는 청년노동자 전태일은 평화시장 한 복판에서 온 몸에 석유를 끼얹고 분신 자살하였다. “내 죽음을 헛되이 하지 말라”, “우리는 기계가 아니다” 라는 피를 토하듯 외마디 말을 남긴 채….

평화시장의 가난하고 힘없는 재단사로서 하루 14시간 이상 일하고 휴일도 없이 그저 일만 했던 노동자들의 비참한 현실과 열악한 노동 환경 속에, 피를 토하고 잠을 쫓기 위해 주사를 맞아가며 며칠씩 밤을 새는 어린 노동자들을 보며 전태일은 참을 수 없는 분노와 고통에 시달렸다.

민중으로서 자각한 자유인의 고뇌

전태일은 지방의 피복제조업 봉제노동자로 가장인 아버지의 명석한 지혜와, 강인한 정신을 가진 어머니 이소선 여사를 부모로 모신 가난한 집안의 자식이었다. 어릴 때 가족이 상경하면서 신문팔이로 연명하였으나, 적은 학비도 내기 어려워 초등학교 4학년을 중퇴하고 말았다.

그 후 전태일은 비오는 날 비닐 우산을 팔다가 구인광고를 보고 평화시장의 피복공장 재단사로 취직하게 되었다. 그러나 1960년대는 4·19혁명과 5·16쿠데타로 이어지고 군사정권의 개발독재 정책에 따라 온 나라가 가난을 물리치기 위한 운동이 치열할 때였다.

조상 대대로 물려받은 가난에서 벗어나려는 한 가지 목적 때문에 다른 어떤 것을 희생시켜야 했던 시대상황은 독재정권을 낳았고, 그 결과 경제개발이 이루어졌다. 하지만 민주주의와 인권 정책이 뒤따르지 못했고 더욱이 밑바닥 노동자들의 삶은 비참하기 짝이 없었다.

60년대에서 80년대까지 경제성장을 이끌었던 두 주역이 있다면 하나는 독재정권에 의한 재벌정책·기득권 보호 정책이고, 다른 하나는 전태일과 같은 노동자들의 값싼 임금과 열악한 노동환경 덕분이었다.

우리가 어릴 적 보아온 공장 노동자와 도시에서 흔히 볼 수 있는 버스 차장, 식모, 술집 등에서 얼마나 많은 누이들이 혹사당하고 인권의 사각지대에서 인간 이하의 대접을 받았던가. 그리고 공사판에서 날품을 팔고 리어카를 끌며 하루하루를 연명해야 했던 도시 빈민들이 얼마나 많았던가. 청계천 주위의 판자촌, 동대문 밖의 피난민들이며 부랑아, 걸뱅이, 부모 잃은 거리의 천사들이 부지기수였다.

전태일은 노동자들이 혹독하게 일을 하고도 제 몫을 찾지 못하는 비참한 현실을 자각하고 근로기준법을 공부했다. 바보회를 만들어 평화시장 노동자들의 실태조사를 하기도 했으나 지옥 같은 환경에서 인간다운 희망을 찾지 못해 드디어 자신의 몸을 불태움으로서 정권과 기득권 세력, 하소연할 곳 없는 인간 세상 모두에게 항변과 자각을 동시에 꾀했을 것이다.

인간이 마지막에 할 수 있는 일이 있다면 목숨을 버리는 것이다. 수명이 다해서 자연스럽게 찾아오는 임종이라면 복된 것일 수 있으나, 전태일처럼 인간의 존엄성과 인권을 위해서 목숨을 던지는 일이란 순교자나 혁명가만이 할 수 있는 일이다. 빈부격차로서의 인간이 아닌, 노동자의 신분이 아닌, 인간 본래의 삶을 자각한 자유인만이 선택할 수 있는 일이다.

전태일의 항거는 마치 백성들의 고혈을 뽑던 부패한 조선조 말 왕조의 동학군을 연상시키고, 러시아 정교회 기득권 세력을 뒤엎은 계기가 된 농노집단들, 청교도 백인들에게 천대와 죽음의 질곡에 시달리던 흑인 노예와 같이 인간으로서 온갖 수모와 착취를 당하고도 비폭력의 방법으로 지배 체제에 맞섰던 것이다.

전태일이 하나밖에 없는 소중한 목숨을 버렸을 때 노동해방과 인간해방이 이루어졌다. 물론 오늘날에도 노동자와 사회적 약자들의 핍박과 고통은 계속되고 있으나 세상의 모든 사람들이 노동자들의 삶의 질이 나아지지 않는 한 자신들의 삶 역시 나아지지 않을 것이란 자각이 싹트게 되었으니 역사적인 하나의 큰 획이 그어진 것이 아니겠는가.

전태일이 민중을 일깨우고 사바세계를 떠난 지 36년. 오늘의 현실은 국민들의 생활이 크게 향상되었음에도 불구하고 여전히 닮아있다. 빈부계층의 양극화, 농민·비정규직 노동자들, 3D업종에 종사하는 외국인 노동자들의 울부짖는 비명소리가 끊이지 않는다.

그러나 현실의 모순과 고통이 존재할지라도 이웃에 대한 사랑을 적극 실천하는 전태일 정신이 살아있는 한 민중들은 외롭지 않을 것이며 역사발전이 조금씩 이루어질 것이라 믿는다.

절반의 생은
즐거운 착각으로
나머지 절반은
아름다운 고집으로
매마른 영혼에 별빛을 심으며
이제는 사랑만 하자
사랑만 하자

_시인 성백원의 아름다운 고집

중국의 동북공정은 한반도 침략행위다

중국 공산당 정권의 헛된 야욕을 경계한다

얼마 전 중국 길림성 장백산 보호개발위원회가 백두산 등산로 주변 장백산 온천 관광호텔등 한국인 기업가들이 투자해 세운 수 십개의 호텔 여관을 철거하라고 통고했다.

이 소식을 통고받은 한국기업들은 길림성정부가 한.중 투자보호협정에 따라 보장한 30년~50년 기한의 반도 되지 않아 일방적인 철거요청은 법적 위반사항이고 한국을 무시한 처사라며 강력하게 반발하고 있다.

한국은 미국 일본에 이은 가장 큰 투자국가로서 중국의 경제발전에 커다란 기여를 했음에도 사실상 대기업 외에는 중국에 진출한 대부분의 중소기업자들이 원금을 건지지 못해 적자와 도산을 겪은 것이 현실이었다. 값싼 임금, 넓은 땅, 정부의 세제혜택, 투자보장을 믿고 투자

했으나 투자여건의 열악함, 낮은 의식, 태만한 근로자, 현지의 악덕 파
트너 등으로 인해 돈을 벌었다는 사람을 찾아보기 어려웠다.

장백산 길을 닦고 호텔 같은 관광시설에 거액의 투자를 한 한국기업
인들의 억울하고 분통터지는 심정은 놔두고라도 얼마간의 배상을 받
는 것으로 끝이 나는가? 그렇지 않을 것이다. 도데체 왜 이런 일들이
벌어지는가? 중국정부의 일방적인 처사가 무엇을 의미하는지, 숨겨진
배경은 무엇인지, 이해할 필요가 있다.

길림성 정부는 장백산 관광지 철거의 명분으로 세계문화유산 등재
와 동계올림픽시설, 비행장 건설을 이유로 들고 있는데, 중국이 앞으
로 강행한다면 백두산을 민족의 성지로 삼고 있는 한국인들로서 더 큰
일이 아닐 수 없다.

한·중수교 전부터 수 차례 중국쪽 백두산을 순례한 필자는 지나친
관광개발로 인한 환경훼손을 걱정했으나 중국측의 대규모 장백산 주
변개발이 기정사실로 된다면 남북한 민족의 정체성과 아울러 역사,
국토적인 재앙이 될 것이며, 정부차원의 강력한 대응이 필수적이라
본다.

동북공정의 남북한 침탈, 백두산 파괴공작

2002년에 시작된 중국의 동북공정은 백두산 개발 공정이 마지막 완
결편이다. 그 동안 중국은 말썽이 날 때마다 학술적인 일이고 지방의

군소 정부가 하는 일이라 중앙정부와 관계없다며 대외적으로 공포하고 한국정부를 달래어 왔다.

사회과학원은 중국정부가 돈을 지원해주는 학술단체로서 부속기관과 다름없음에도 중국정부와 관계가 없다라고 하는 것이 이상하고 아직도 공산당정권이 돈과 권력을 책임지는 일당독재국가로서 중국은 경제 외의 모든 부분 정치, 종교, 언론, 학문, 교육 등이 공산당의 지배와 검열을 받는 것이 상식인데 이를 부정하는 것은 거짓이며 다른 의도가 숨어있다. 즉, 사회과학원이라는 기관을 내세워 중국정부는 동북삼성의 고구려, 발해국가를 중국의 지방정권으로 종속시키는 역사왜곡을 단행하고 있는 것이다.

중국의 고구려, 발해 역사왜곡의 동북공정에 의하면 만주는 물론 한강이북의 북한 땅, 옛 백제 땅 , 충청 호남까지 한때 고구려가 차지한 땅이었음으로 신라. 곧 경상도, 강원일부지역을 제외한 전 한반도 남방지역, 북방지역이 중국 땅으로 편입되어야 한다는 의미로, 엄청난 도전과 망발이 아닐 수 없다.

우리가 수년동안 일본의 영토침략과 역사왜곡에 대해 뜨거운 문제제기와 국민적 분노로 양국 간 외교전쟁으로 번지고 있을 때, 중국은 그 틈을 타서 간교하고 음흉한 역사및 영토침탈의 정복공작을 꾸미고 있었던 것이다.

역사적으로 한국은 일본과 견원지간으로 사이가 좋지 않지만 중국과는 조선조 5백년간 유교적 통치에 길들여진 이유 때문인지 중화사대주의에는 거부감이 크지 않고 퍽 우호적이다.

알려진 바로는 중,고등학교 교과서에도 일본에 대해서는 부정적이지만 중국에 대해서 퍽 긍정적으로 기술하고 있다는데 조선조 유교사대주의의 폐단이 사라지지 않는 한국인의 의식구조가 큰 문제라는 생각이 든다.

조선조 5백년은 널리 알려진 대로 유교통치이념에 따른 중화사대주의 정책과 기득권세력, 왕과 사대부의 견제와 조화에만 유지된 것이 아니라 수많은 외침과 고통 속에서도 의연하게 국난을 극복한 올곧은 선비, 의병, 의승병, 천민들이 힘을 함친 민중의 힘 때문에 5백년 사직이 가능했다. 임진. 정유왜란을 비롯 많은 외침, 동학란 같은 내란 때 관군보다 훨씬 많은 농민, 의병들의 숫자가 이를 증명해 준다.

특히 여러 사료에서 발견되듯이 천민으로 격하된 승병 수천명의 활약상은 십자군의 정복군과는 달리 순수하게 자기 국토와 민족을 지키려는 수호신장으로 조선조 말까지 수백년간 존속되었고 일제때는 항일운동으로 맥이 이어졌다.

만주와 북한 땅을 넘보는 중국

한반도의 다섯 배가 넘는 고구려 발해국가의 발생지이며 우리민족 조상의 옛땅인 동북지방을 현재 차지하고 있는 중국의 말대로 고구려 발해국가가 모두 중국의 지방정권이라면 고구려의 수도인 평양을 비롯한 북한전역이 중국 땅이라는 말과 같고 실제로 중국과 한국의 원조에 의해 간신히 정권을 유지하고 있는 평양정권이 만에 하나 체제를 지키지 못해 붕괴된다면 북한은 중국정부에 흡수될 가능성이 매우 높다.

북한 중국 접경지역에 중국군 50만이 상주해 있고, 유사시 바로 북한을 점령할 태세가 갖추어져 있다. 뿐만 아니라 우리정부는 한.미 전시작전통제권 환수에서 보듯이 미국, 일본을 멀리하고 민족공조라는 이름으로 친북, 친중정책을 강화하고 있다.

남북간 전쟁이 없어야 되고 강대국보다는 민족끼리 화해하고 문제를 해결해서 장차 통일을 이끌어내어야 한다는 것은 옳은 방향이고 이론적으로는 맞지만 현실적으로 복잡한 갈등양상이 얽혀져 있어 전쟁과 냉전을 경험한 지구촌 마지막 분단국가인 한국의 기성세대들은 항상 불안한 심정으로 살고 있음을 알아야 한다.

분단의 고통, 전쟁의 상흔 등은 특히 북한에서 이주해 온 실향민들에게서는 치유되지 않는 아픔이며, 자칭 386진보, 평화세력들이 이해하지 못하는 밑바닥 정서다.

북한 핵무기. 약인가 독인가

추석을 앞두고 북한이 핵실험을 단행하겠다고 발표하자 즉각 한국정부는 반대한다는 성명서를 내었고 미국은 무력으로 제재하겠다고 나섰으며 중국 역시 반대하는 입장을 보였다. 이례적인 것은 북한의 핵 개발에 대한 어정쩡한 모습의 이도 저도 아닌 한반도 비핵화라는 원칙만 되풀이하던 한국정부가 부시 미 대통령을 만난 지 얼마 안되어 한국의 대통령이 명백한 반대의사를 보인 것은 당연하지만 뜻밖의 일로 비쳐진다.

북한과 오랜 혈맹의 관계와 사회주의 정권이라는 공통점을 지닌 중국이 북한의 안보를 지지한다면 북한의 핵 개발을 찬성하는 것이 마땅한데 그렇지 않다는 것은 단순히 미국의 압력이나 로비 때문이 아니라 북한과 경계를 맞대고 있는 이해관계로 풀이되지만 그보다는 작은 북한의 핵무기가 자칫 큰 중국의 위협요소가 될 수 있고 또한 그로 인해 옛 고구려, 발해땅 만주까지 내어 줄 가능성이 있기 때문이 아닐까?

역사적으로 북한을 비롯한 북방지역은 민족주의가 강한 옛 고구려, 발해국가들의 후예가 살고 있는 영토로서 자존심이 강하고 단결력, 투지력이 매우 높은 곳이다.

어쨌든 북한의 핵 개발은 뜨거운 감자다. 북한 외교관에 의해 핵탄두를 서너 개 보유했다고 공공연히 말하는 것을 보면 북한은 이미 언제든지 핵무기를 만들 수 있는 능력을 갖추었다고 볼 수 있다. 한국과 네 강대국이 한결같이 한반도의 비핵화와 6자회담, 그리고 북한의 원자력 발전소지원 등 경제지원을 강조하고 있음에도 북한은 반대로 핵개발을 공격용이 아닌 자위수단으로 여기고 미국, 일본등의 경제제재를 먼저 풀 것을 요청한다.

한국정부의 입장은 매우 난처하다. 김대중정권의 햇빛정책으로 전쟁이 종식되고 상호공존이 보장될 줄 알았으나 양대정권의 엄청난 물량공세와 평화정책에도 불구하고 북한은 여전히 변한것이 없다. 이제는 핵무기 위협으로도 자유롭지도 못하고 한반도가 사강의 전쟁놀이터에 빠질 위험도 있다. 그래서 역사는 반복된다고 말하는 것일까.

중국 공산당 정권붕괴는 시작되었다

21세기 지구촌 한가족이라는 말이 무색할 정도로 21세기에 들어서도 강대국, 약소국들과의 패권주의 전쟁과 침략은 여전하다. 미국과 이스라엘의 중동지방 초토화가 그렇고 중국의 동북공정과 한반도 침탈의 음모가 그러하다.

약육강식의 인류역사에서 보듯이 강자가 약자를 조건없이 보호해주는 법이 없고, 약자를 보호해줄 가치가 있을때 보호해주며 그것도 일시적이다.

물론 강자가 늘 강자가 아니고 약자가 될 수 있으며 약자가 강자로 바뀌는 순환의 역사가 있다. 중국 역시 경제 기술은 뒤떨어지지만 13억 인구, 한반도 50배에 가까운 방대한 강대국이나 본래의 중국은 현재의 5분지 1수준에 불과하다. 세계의 중심이 아니라 중간크기의 국가인 중국이다. 수천년 동안 중국은 역사의 부침과 흥망성쇠에 따라 변화무쌍함을 겪었다. 크게 보면 한무제이전, 당나라 전후 송, 금, 원,

명, 청나라 시대 마오쩌둥의 공산당 혁명이후 55개의 국가를 통합한 것이 현재의 대중국이다.

한반도의 열배인 몽골, 한반도의 열두배인 티베트, 한반도의 여섯배인 신강 이슬람지역, 한반도의 열배가 넘는 광동 광서, 운남성지역, 한반도의 다섯 배가 넘는 동북지역 등은 본래 중국이 아니며 소수민족이 아닌 큰 나라로서 역사와 문화가 오래된 나라들이었다. 티베트만 하더라도 1949년 무력침공으로 시작된 중국인민 해방군이 그 이듬해인 50년 한국전쟁이 발발하자 세계여론이 한반도로 쏠리는 틈을 타 유혈점령하고는 그 후부터 엄연한 독립국가를 중국 땅이라고 기만하고 있다.

중국이 불과 1세기 전에 맺은 청나라와 일본의 만주영토협정에 따라 동북삼성을 접수한 것이며 백두산도 1960년에 맺은 북한과 맺은 백두산 경계비 협정에 따라 자기네 땅이라고 우기고 있는것이다. 땅을 강제로 뺏거나 양도받고 민족을 통합했다고 해서 역사와 문화마저 타민족것이 되는 것이 아닌데 중국정부는 역사에 나타나는 정복자들처럼 한반도를 소수민족으로 전락시키고 장차 일본, 동아시아까지 패권을 확장하려는 위험한 무력게임을 시도하고 있다. 제2의 로마제국, 제2의 영국, 미국, 일본, 나치스가 되겠다는 것이다. 그러면서 한사코 사회주의 종주국인 러시아는 되지 않겠다고 한다. 소련이 무너지고 연방공화국이 수없이 독립한 전철을 밟지 않겠다는 것이다.

과연 중국이 마음먹은 대로 이루어질까. 마오쩌둥의 사회주의 정책

실패와 폭압적인 문화혁명후에 성립된 미국의 경제지원과 덩사오핑의 개방정책에 따라 세계최대 시장의 자본주의국가로 성공한 것 같지만 자세히 관찰하면 그렇지 못하는 중국의 비극이 숨겨져 있다는데 문제가 있다.

수억에 달하는 농민들의 불만, 부자와 가난뱅이의 양극화심화, 사회적 불평등, 공산당간부와 관료들의 극심한 부정부패, 집권공산당이념의 퇴색, 이슬람민족과 소수민족들의 독립운동, 특히 세계에서 가장 평화민족인 티베트지역의 파괴와 대량학살, 그로 인한 세계인들의 불신, 한때 1억에 달하는 파룬궁 수련자에 대한 이유 없는 인권 탄압, 잔학한 고문등이 국제사회에 알려지면서 중국 또한 악의 제국주의로 변질되었다.

6월중 어느 중요도시를 여행하다가 본 지식계급인 한 장애인의 피맺힌 절규와 유인물 을 통해 필자가 본 중국의 현재와 미래가 있다. 거기에는 해와 달, 별로 비유된 마오쩌둥, 저우언라이 덩사오핑, 장쩌민을 제외한 모든 공산당간부와 관료들의 부정을 지적하고 비판했을 뿐 아니라 이대로 간다면 중국이 망할 것이라는 통렬한 자기반성을 적고 있었다.

지나가는 사람들이 한두번 쳐다 볼 뿐 별 관심이 없다. 왜냐하면 중국은 과거 소련처럼 사상언론의 자유와 자유토론 시위 집회의 자유가 없으므로 문제제기가 원천적으로 봉쇄되어 있는 차디찬 억압의 땅이기 때문이다.

　　10년 안에 중국공산정권이 붕괴되고 북한도 영향을 받을 경우 한국
은 어떻게 대처해야 하는지 대비해야 한다. 과거 친일, 친미 사대주의
자들처럼 친중, 친북세력이 그런 일은 절대로 일어나지 안는다고 호언
하지만 중국보다 훨씬 강한 소련제국주의가 무너진 것은 어떻게 설명
할 것인가.

　　필자의 생각으로는 가깝게는 북한 핵무기개발과 동북공정이 주요현
안이지만 멀리 내다보면 중국을 비롯한 한반도의 새 틀을 짜는 지도자
와 정책이 필요하다고 본다. 강대한 중국에 맞서기 위해 중국과 국경
을 맞대고 있는 14개 국가와 연합하여 동북아 또는 알타이 연방대연
합을 구상하는 것도 어느 전문 학자의 주장대로 최선의 방책중 하나라
고 본다.

민주화운동: 미얀마와 북한은 닮았나?

좌파든 우파든 독재는 거부하고 민주와 복지는 신장해야

아름다운 대자연과 유구한 불교전통문화, 선량한 국민이 살고 있는 미얀마에 민주화의 봄은 오는가. 1세기 전후로 서구 열강의 식민지화와 일본의 침략으로 망국과 해방, 좌우혼란과 대립, 독재정권의 출현 등은 우리와 거의 닮은 꼴 이다. 다른 아시아, 남미, 아프리카 역시 그러한 과정을 거쳤지만 다른 게 있다면 해방과 동시에 분단국가로 남은 우리와 달리 미얀마는 통일국가로 남은 것이 그나마 다행이다.

그러나 불행하게도 1962년 좌익 군사 정권지도자 네윈 이후 현재까지 무려 45년 동안 폭압적인 군사독재정권이 지속됨으로써, 쌀과 가스 등 천연자원이 풍부한 부국을 국민소득 1인당 연 2백불의 최빈국으로 만들었다. 88년 네윈은 친위 쿠데타로 또 다시 미얀마 국민들의 민주화 열망을 짓밟고 독재정권을 연장했다. 당시 학살된 사람들만 3천명이 넘어 우리의 광주항쟁 당시 수백 명의 희생자와는 비교가 안 되는 큰 희생을 치룬 셈이다.

20년만에 재연된 이번의 민주화 투쟁은 외형적으로 쌀값, 에너지 폭등으로 서민들의 삶이 최악으로 치달은 데 있으나 노벨평화상 수상자 수치여사의 가택 연금 등 민주 인사 고문, 폭력통지, 인권탄압을 저지하기 위한 조직화된 미얀마 승려 동맹의 반 폭력 반 부패의 민주정권을 실현하기 위한 평화시위로 촉발되었다. 수 만명에 달하는 승려와 시민들이 합세한 대규모 저항시위에도 불구하고 미얀마 군사독재정권은 아직도 건재하고 있다. 무엇 때문인가? 경제적 이익 관계가 맞물린 중국의 친 독재정책 때문으로 한국도 예외가 아니라 하니 심히 부끄러운 노릇이다.

유신독재와 광주항쟁 등 민주화의 진통을 겪으면서 세계를 향해 민주화 지원을 요청하던 우리나라가 경제적 이익을 이유로 미얀마의 독재정권에 침묵을 지키는 이상한 정부와 시민단체, 기업의 냉담한 반응이 놀랍기만 하다.

미얀마, 북한의 민주화를 위하여

미얀마와 북한은 여러모로 닮았다. 식민지 해방에 이어 미얀마 독재정권이 대를 이어 장기집권하는 것이며, 민중들이 고통스런 삶보다 독재정권의 체재유지가 더 우선시 되는 것, 국가재정이 소수의 권력자와 군사유지비로 탕진되는 것이 공통이다. 무엇보다 이 두 나라는 미국을 위시한 자유주의 국가의 힘이 미약한데 반해, 경제, 군사 동맹관계에 있는 사회주의 정권과 밀접한 관계를 맺고 있다.

미얀마가 독재에 항거하는 지식인, 시민을 살상투옥하면서 자유주의 국가들의 거센 국제적 여론에 아랑곳하지 않고 오직 군사적 힘의 논리에 의지하는 것처럼 북한 역시 온갖 경제제재와 국제적 압력에도 기나긴 세월동안 주최사상 국가로 무장하고 있으니 말이다. 7.4 공동성명, 남북기본합의서, 6.15 공동선언 등 수 많은 선언과 합의가 있었고 10년 내내 햇볕정책을 고수하면서 북한을 고립시키거나 경제, 군사적 힘의 논리로 남북문제를 해결하는 반북정책을 버리면서까지 개방 개혁을 유도했지만, 10.3 남북정상회담에서 그것마저 버렸다.

현 상태의 북한체제를 인정하고 조건 없이 도와주는 인도주의 정책을 채택하고 있어 눈물겹기만 하다. 그렇게 인도적인 우리 정부가 권력체제가 아닌 북한 국민들의 참혹한 인권과 거센 세계여론에는 눈 감은 것이나 미얀마의 민주화 운동을 외면하는 것을 보면 어떻게 똑같이 닮을 수 있는지 경탄이 절로 나온다.

지식인의 착시현상과 중도 실용주의

좌파든 우파든 민주주의를 신봉하고 국민을 자유와 평화로 인도한다면 대중들은 그런 체재와 지도자를 믿고 따르겠지만 좌파든 우파든 민주주의를 부정하고 국민들을 학대하고 고통스럽게 한다면 대중들은 그런 체재와 지도자를 용납할 수 없고 반독재 투쟁에 나서야 마땅하다. 그런데 우리의 진보적 지식인들과 양심적인 지성인 혹은 시민사회 운동가들이 가끔 착각할 때가 있다.

분명 독재체제는 맞는데 같은 좌파라서 비판을 커녕 옹호하고 궤변을 늘어놓는 유명 지식인들이 많다. 10.3 남북회담 때 보인 이 땅의 빛나는 지식인들의 언행처럼 말이다. 과거 우리 독재정권을 지지하던 우파 지식인들 역시 군사 독재정권을 지지하는 씁쓸한 기억에 사로잡혀 미얀마나 북한과 같은 좌파 독재임에도 비판의 소리를 크게 내지 못하고 있다. 그래서 초록은 동색인가, 좌파든 우파든 독재는 반대하고 몰아내어야 한다. 남북한이든 미얀마든 중국이든 중요하지 않다. 중요한 건 민중의 힘이고 민중의 역사이다.

미얀마의 불교는 여타 국가의 불교에서 보듯이 민주주의와 함께 민족주의 색채가 강하다. 서구적 잣대인 좌파, 우파를 보면 안 된다. 1906년 청년불자연합은 대영국 식민투쟁에 나섰고 독립 후에는 반독재 투쟁의 역사를 갖고 있다. 1백년이 넘는 반제국주의 반독재 투쟁에도 불구하고 민주주의가 실현되지 못하고 민중들의 삶이 고통스러운 것은 군부독재와 강대국들의 농간 때문이다.

북한 역시 항일운동과 해방 이후 60여년 동아 친소, 친중의 사회주의 정권이 수립되면서 기나긴 좌파독재로 민중들은 굶주림과 절망의 세월을 보내고 있으며, 십 오만이 넘는 탈북 주민들이 중국을 비롯 세계 각처에서 방황하고 있는 실정이다. 하기야 한국 역시 식민지와 우파독재, 군부독재를 겪고 나서 민주화가 된 것은 겨우 15년이다. 물론 시각에 따라서 좌파냐 우파냐 하는 논쟁이 있을 수 있지만 문민정권이후 극우, 극좌 독재가 아닌 중도 우파, 중도 좌파 성격의 민주주의는 맞다.

필자는 중도 좌파가 옳은 것인가 또는 중도 우파가 옳은 것인가의 이념 논쟁은 부질없다고 본다. 논쟁을 위한 논쟁, 권력투쟁을 위한 가식에 불과하다. 성장에 무게를 두던지 분배에 무게를 두던지 국민의 삶의 질이 높아지고 사회발전에 도움이 된다면 어떤 것이든 좋은 것이 아닌가. 다만 독선과 무능에 빠지지 않고 충실히 이행해야하는데 민주정권 15년은 국민의 기대에 못 미친 실패한 정권이었다는데 문제가 있다. 근대사 1,2백년의 세계 각 국을 살펴보면 식민지해방 내전, 독재정권수립, 민주화와 경제발전의 단계를 밟고 있다. 아시아, 남미, 아프리카, 중동, 동구 발칸반도 제국들이 그 수순을 거쳤거나 아직도 진행형이다.

좌파정권과 우파정권의 차이

가까운 예를 들면 캄보디아의 경우 폴포트 좌파 정권은 해방과 내전 이후 정권을 잡고 국민들을 개조시킨다는 망상으로 지식인, 승려를 포함해서 3백만명을 학살하였다. 불교문화전통이 깊은 나라에서 그는 불란서에 유학한 명문집안 출신임에도 정신병자와 같은 독재자였다. 몇 해 전 한국의 최고 지식인이라는 도올 김용옥은 캄보디아에 가서 학살 현장과 고문 박물관의 몸서리쳐지는 고문기구를 돌아 봤음에도 겨우 느끼는 소감이 인간적 공분보다는 폴포트가 서구 유학을 한 엘리트였음으로 그렇게 많이 죽였을 리 없고 몇 십만 정도 죽이지 않았겠냐하는 정신 나간 소리를 기사에서 읽은 적이 있다. 도올의 북한 방문 후 찬양일변도의 소감도 그런 차원이라 보면 이해된다.

월남전 파병으로 월남국민들에게 많은 빚을 진 한국인들의 시각은 전쟁이 끝난 지 수 십년이 흘렀지만 제 각각이다. 진보적 좌파는 월남의 통일을 바람직한 것으로 보고 보수 우파들은 월남이 공산 사회주의 정권이라 하는데 핵심을 바로 보아야 한다. 천 년 전부터 중국의 침략, 근대의 불란서, 60년대의 미국을 차례로 물리친 월남은 역사적으로 보면 한국보다도 훨씬 위대한 국가이다. 오백년 중국에 일백년은 일본, 미국에 지배당하거나 간섭과 불평등 관계에 있는 분단상황이 항상 남북한의 위기를 부르는 긴장 관계에 있는 우리와 대조된다.

월남은 60년대 초 카톨릭 우파독재정권인 고딘디엠의 독재와 부패로 승려들과 민중들의 민주화 운동, 군부의 분열로 자유 월남은 패망했으나 민족주의 지도자 호치민의 영도로 외세를 몰아내고 중도좌파 정책으로 개혁 개방을 이루어 내었다. 연 평균 8~9%의 경제성장은 이 나라의 발전을 가속화시키는 모델이 되고 있다. 오래 전의 일이지만 지금도 기억이 생생한 것은 당시 월남의 상황이었다. 고딘디엠 대통령의 누이 고딘누는 독재자의 집안답게 얼마나 잔인무도하였는지 수 많은 승려들을 학살하고 민중과 불교를 탄압했다.

이에 항거한 승려 트리쾅은 온 몸에 석유를 뿌리고 분신자살하였고 그 뒤를 이어 여러 명의 승려가 분신자살한 것이 민주화의 도화선이 되었다. 고딘누는 월남이 불교로서 나라를 지키고 유지해온 전통적인 불교문화를 부정하고 불란서에 유학하여 식민지 지배를 당연시한 그로서는 승려의 분신을 지켜보고 불고기라고 냉소를 퍼 부었다. 민중의 존경받는 정신적 지도자를 모욕한 것이 민중의 분노를 산 계기가 되었다. 현재 트리쾅 스님은 월남의 민족주의와 통일을 이룩한 민족 영웅으로 남아 있다.

결론적으로 남한은 우파 독재정권을 거쳐 우파민주주의로, 북한은 좌파독재에서 아직도 좌파독재로 남아 있다. 조금 더 부연하면 북한은 서구 좌파국가에서 볼 수 없는 주체사상국가라 하는데 김일성 왕조의 세습과 기독교 발상지 평양의 수도임으로 기독교식 근본주의의 색채가 강하고 거기에 좌파 사회주의를 접목한 복잡하고 독특하며 매우 위험한 국가로 오히려 미얀마가 훨씬 희망적인 국가라 할 수 있다. 미얀마의 통치자 탄슈웨 장군은 74세로서 16년간 독재정치를 펴고 있는바 무당의 말을 듣는 등 매우 단순하고 무지한 독재자로 그는 미얀마의 마지막 독재자로 보이기 때문이다. 병세가 악화되고 있으며 군부의 양식 있는 지도자들이 항명하고 세계 여론의 압박이 갈수록 거세어지고 있으니 말이다.

이번의 시위에 희생된 사람들이 수백 명을 헤아릴 것으로 추산되는데, 군부독재가 언제까지 불교와 민중의 힘을 억누를 수 있을까 의문이다. 넓고 비옥한 땅, 풍부한 천연자원, 찬란한 불교문화전통, 착하고 영혼이 맑은 사람들이 살고 있는 미얀마에 민주화가 하루 속히 이루어지기를 촉구하면서 뜻있는 한국인과 불자들의 적극적 지지와 동참이 뒤따르기를 희망해 본다. 동시에 북한의 개혁 개방과 민주화를 자유왕래를 통한 평화공존을 염원한 자유 미얀마! 자유 북한! 티벳의 자유 독립을 위해서! 그리고 한국의 중도 우파 실용주의 정권의 성공을 위해서!

4대강 정비와 친환경산업의 활성화

엊그제 제1회 대한민국 자전거 축전이 개막되었다.

행정안전부, 문화체육관광부, 국민체육진흥공단, 각 지방 자치단체가 내달 3일까지 공동개최하는 이번 축전에서 전국13개 도시의 3만여 명이 참가하는 대규모 전국적 행사이다.

이날 서울도심을 가로 지르는 자전거 대행사에 행정안전부장관, 서울시장, 주한미대사 등이 선두에서 시범을 보였다. 오세훈 서울시장은 인사말로 "자전거를 타면 건강이 좋아지고 주차난을 해소할 수 있으며 교통체증을 없앨 수 있다. 또 에너지를 절약하고 이산화탄소를 줄일 수 있으며 공기도 맑아져 1석6조"라며 자전거대행진을 통해 서울시가 자전거도시로 변화할 수 있을는지는 두고 봐야 할일이지만 말이 아닌 실제상황이 되려면 적지 않은 난제가 가로놓여 있음을 알아야 한다.

먼저 자전거산업이 육성되어야 한다. 한국은 자동차 천국답게 자동차생산과 자동차도로만 발전시켰을 뿐 이렇다 할 자전거산업과 자전거도로가 열악하기 짝이 없는 나라다.

1900년 이후 자동차산업에 밀려 쇠퇴한 자전거산업은 백프로 중국에서 제작하거나 외국에서 수입하는 자전거가 대부분이고 인구비율로 따져서도 자전거보유는 하위에 불과한 실정이다. 예컨대 중국의 4억7천만대, 미국의 1억2천만대, 일본의 8천5백만대, 독일의 6천5백만 대인데 비해 한국은 겨우 6백5십만 대에 그친다. 그것도 3,4년 전부터 레저와 몸운동의 열풍 때문에 대폭 증가한 것이다.

인구 세 사람 중 두 명이 타는 일본이지만 한국은 일곱 명중 한사람이 타며 일본은 국회의원, 장관, 교수 등 지도층이 애용하나 한국은 유일하게 이재오 전 국회의원만이 애용한다고 뉴스거리가 될 정도고 지도층, 부유층, 지식층일수록 고급 자동차를 선호한다.

한해 생산수출량만 하더라도 2007년 중국이 7천4백만대, 대만 5백4십만대, 독일 3백2십만대, 일본이 2백5십만대에 이르나 한국은 제로상태다. 전량을 중국에서 주문하니까 말이다.

자전거타기와 자전거산업의 필요성은 이 시점에서 제기되는 이유가 무엇인가? 말할 것도 없이 세계적으로 불어 닥치고 있는 지구온난화의 여파 때문이다. 친환경산업과 녹색성장산업정책의 필요성, 유가폭등, 저탄소 에너지절약, 돈안드는 운동 특히 직장인 청소년들에게 적

합한 문화다.

이명박 대통령도 20일 "자전거는 녹색성장의 동반자"로 자전거시대의 필요성을 말했다.

뿐만 아니라 산악, 전기, 가스겸용의 자전거는 통신 악세사리 등의 고급부속물을 삼성, LG, KT, SKT등과 연계 생산한다면 고부가가치산업으로 청년일자리 해소에도 큰 도움이 될 것이다.

오래전 중국에 갔을 때 자전거국가라고 할 정도로 전 국민이 애용하는 것을 보고 자동차가 적으니 후진국가라고 여겼는데 일본에서 자전거상용화를 보고 생각이 잘못되었다고 느꼈다. 우리도 이제 가치관과 일상생활에 있어 발상의 전환이 있어야 한다.

현재의 대도시 도로구조는 자전거가 다니기에 매우 위험하며 자동차 전용도로에서 자전거가 함께 다닌다는 것은 교통의 혼란을 가져올 수 있다. 자전거 전용도로를 확보해야 한다.

그리고 정부가 4대강유역의 정비를 착수하고 있는데 국민들의 걱정과 의혹을 해소시키기 위해서도 운하를 뚫어 배가 다니게 한다는 발상은 완전히 거두어들이고 말 그대로 한강, 금강, 영산강, 낙동강의 4대 젖줄을 친환경적으로 개발 관리하되 훼손하는 일이 없도록 하고 4대강 주변으로 자전거도로를 낸다면 2000K의 사람과 환경, 역사와 문화가 만나는 친환경 프로젝트로 세계적 관광산업으로도 큰 몫을 할 것이다.

아울러 자전거정비수리, 부품교환이 용이한 대리점도 많아야 한다.

나는 얼마 전 미얀마에 가서 2주간 배낭여행을 하며 느낀 소감이 있는데 영국식민지 영향 탓으로 2인3승 자전거가 많았다. 그것도 일자형이 아닌 세모, 네모형 자전거로 사람과 짐을 효율적으로 그리고 안전하게 운행할 수 있는 실용자전거의 가치를 생각해 봤다.

자전거도로, 자전거산업은 발등의 불이다. 유가폭등과 실업자증가, 환경오염과 건강문제 등을 해결할 수 있는 미래 산업이며 지혜로운 정책이다.

한국불교 긴잠에서 깨어나야

불교 종단 전쟁 끝내어야 한다

태고종 봉원사를 참배하고

30년만에 서울로 올라와 지낸지 여러해가 되었다. 버스가 신촌 연세대를 지나 터널에 진입하기 전 봉원사 현수막을 수십 차례 봤으나 금년 봄 비로소 용기를 내어 가 보았다. 생각해 보면 50년대 중반에 있었던 비구 대처승분쟁의 이른바 조계종과 태고종의 전쟁 상황은 아직 끝나지 않았다.

법적으로는 엄연히 조계종 사찰이나 실제로는 태고종이 점거하고 이런 상태로 반세기 이상 겨우 몇 개의 사찰을 두고 서로 원수가 되어 싸움을 벌인다. 법적소송은 물론이고 물리적 충돌과 상호비방이 그치지 않는다.

조계종은 독신수도승으로서 대처 사판승외 태고종과는 상극관계에 있다.. 금욕을 생명으로 삼고 있는 조계종이 결혼을 허용하는 태고종을 용납하지도 승려로 보지 않는다.

더욱이 오랫동안 사찰점유분쟁이 지속되다보니 조계, 태고 양종단은 마치 3·8선을 그은 분단된 남북관계와 같다는 생각을 하게 된다.

남북이 실체가 엄연하지만 대한민국이나 북한의 법률은 서로를 인정하지 않는다. 남한의 땅은 북한전체라고 명시되어 있고 북한의 땅은 남한전체에 미치고 있다.

일제지배와 미소강대국등의 농간에 의해 남북이 갈라선지 60년이건만 평화통일이나 자유왕래의 길이 보이지 않고 6자회담과 북한 핵개발 문제로 지루한 세월을 보내고 있다. 그런데다가 업친데 덮친격으로 중국은 동북공정의 고구려사 왜곡과 나진 지역의 50년 경제 개발이라는 구실로 북한땅을 차지하려는 공작을 밀어 부치고 있으나 우리 정부는 속수무책이다. 갈수록 영향력이 약해지고 있는 미국과 강해지고 있는 중국 소련에 둘러싸인 한국의 비전과 선택은 무엇인가?

만일 언젠가 북한이 붕괴된다면 현재로서는 중국이 흡수 점령할 가능성이 높은데 그렇게 된다면 한국은 5천년 역사에서 가장 작고 위험한 국가가 될수 있음을 자각하고 그에 대한 대비를 시급히 하지 않으면 안 될 것이다.

우리가 한가하게 정치경제사회문제로 갈등을 겪고 있을 때 세계정세와 이웃 강대국들은 오로지 국익과 파워게임으로 시간을 다투고 있음을 알아야 한다. 노무현 정부와 지지자들 자칭 진보주의자들이라고 말하는 좌파학자들은 사회윤리와 과거사진실이 선진국가의 가치라고 하지만 그것은 국내문제에 국한되는 것이고 냉엄한 이해관계가 수반되는 국제관계에 있어서는 언제나 국익과 국력의 문제라는 것을 깨달아야 한다. 인류역사가 그렇고 현재나 미래에도 변치 않는 가치일 것이다.

불교종단문제를 비유를 들다 보니 다른 말이 길어졌다. 각설하고 봉원사는 진성여왕 3년(889년)에 도선국사가 창건한 고색창연한 사찰이다. 원래 연세대 자리에 창건되었으나 영조 24년(1748년)에 현재의 터로 이전하였다.

광활한 연세대자리를 버리고 산 밑의 좁은 터로 옮긴 것은 아무래도 조선조의 억불정책 탓이라 본다. 오랜 분쟁에 시달리고 법적으로 주인 노릇을 못하기 때문에 사찰은 도심지 가까이 있으나 퇴락되었다. 법당 두채만 덩그렇게 있을 뿐 작은 전각들은 을씨년스럽다. 개발이 안 된 탓에 작은 집들이 옹기종기 모여 있어 70년대의 동네를 보는 것 같다.

입구 사방에는 얼마 전 조계종 전 주지가 거액의 땅을 불법으로 팔아먹고 분쟁 중이므로 태고종 주지가 도량을 수호하노라는 팻말이 세워져 있어 가슴을 아프게 한다. 봉원사는 고종 21년에 김옥균 박영효 서광범등 개화파 정치지도자 들이 지도자 이동인 스님을 중심으로 조선조말 풍운이 몰아치던 개혁정치의 산실이기도 하다.

근래에는 불교범패음악의 유일한 인간문화재 박송암 스님과 단청인간문화재의 만봉 스님이 평생 후학을 지도하고 전통불교문화를 계승하고 있는 도량이다. 십여년만에 뵈온 96세의 만봉스님은 아직도 건강하셨고 손수 불화를 그리고 제자들을 지도하고 계셨다. 비구대처를 떠나서 나는 천년 불교 전통문화의 민족 유산을 지키고 계시는 노장님께 3배의 예를 올렸다.

조계종단은 결단을 내려야 한다

50년대 정화초기 종정을 지내신 송만암 이효봉 스님등은 당시 대처승 기득권 세력에게 전국의 수많은 사찰 가운데 본사급 사찰 3곳만 양도해 달라 간청하였다. 7백명에 불과한 비구승들은 전국의 많은 절들이 당장 필요없고 사찰운영등 인재를 교육시켜 점차로 사찰의 숫자를 늘려도 되며 그렇게 되면 대처승들도 같이 공존할 방법이 생기는데 기득권 대처승들은 거절하였고 그 후 약세의 비구승들이 강세의 대처승들을 물리치기 위해 이승만 독재 권력과 폭력배등을 동원함으로서 불교종단전쟁의 불길은 아직도 꺼지지 않는 현재 진행형이 되고 말았다.

99.9%를 차지한 조계종의 전통사찰 현황은 태고종의 서너곳 잔통사찰을 남겨둔 상태에 있다. 절대강자인 조계종이 자비문중을 표방하는 전통불교가 맞고 마음 비우기와 화합을 구두선이 아닌 실천을 한다면 이제는 더 이상 사찰토지 매각의 범죄 행위와 사회적 분규를 막고 국민적 신망을 얻으려면 즉각 서너개 전통사찰을 태고종에 법적 양도하는 결단을 보여야 한다. 대처승들은 이미 한국사회에 뿌리를 내린

실체가 있는 종단이며 얽히고 설킨 가족들과 신도들의 삶을 존중해야 하며 일제 때 몇 몇 친일 대처승들의 잘못도 있지만 근대사불교에 포교 교육 사회사업 사찰보호 인재양성등에 큰 공헌이 있음을 참작해야 한다.

무엇보다도 비구 대처승 조계, 태고종간의 50년 전쟁이 끝남으로서써 얻는 이익이 크다. 국민의 신망, 정부의 신뢰, 포교의 큰 발전, 사회통합, 조계종 분규의 악순환에도 좋은 영향을 미칠 것이다.

조계종이 지혜롭다면 작은 것을 주고 큰 것을 얻을 것이요. 어리석고 탐욕을 끝내 못 버린다면 작은 것은 얻고 큰 것을 희생할 것이다. 며칠전 조계종은 98년에 야기된 정화개혁 사건으로 멸빈징계된 중요인물들을 사면시키는 특단을 내렸다. 호계원 제 8차 특별심사위원회에서 멸빈징계를 푼것은 월하종정이후 역대 종정이 대사면령을 내렸으나 반대세력이 많아 시행되지 못하다가 지관 총무원장의 강력한 의지와 원력으로 성사되었으니 종단의 대화합을 도모한 경사가 아닐 수 없다. 이로서 조계종은 진일보한 것이다 역사가 깊고 거대한 집단일수록 분쟁과 갈등의 골이 깊은 것은 당연지사라 할 것이다.

조계종의 많은 현안들이 하나씩 둘씩 이렇게 화합과 순리로 풀면 해결하지 못할 문제가 없을 것이다. 태고종 사찰분쟁도 절대강자인 조계종이 먼저 풀어야 한다. 약간의 기득권을 양보하면 된다.

잃는 것은 작을 것이요. 얻는 것은 매우 클 것이다. 50년전의 가난한 수행자와 기득권 사판승의 입장을 돌이켜 보자. 그리고 오늘날의 배부른 일부 사판승들, 조계종이라는 이름으로 행해지는 비 불교적이고 반 사회적인 행위들을 솔직하게 참회하는 것을 보여주기 위해서라도 태고종에 베푸는 양보는 큰 의미가 될 것이라 믿는다.

일제와 역대 반공독재정권의 혜택에 힘입은 타종교 세력이 한국의 지배세력이 되고 절마당까지 차지하고 있는 터에 조계종단은 언제까지 집안싸움으로 세월을 헛되이 보낼 것인가?

한국 사회는 5백년 유교세력이 붕괴되고 그 틈을 타서 1백년만에 서양종교세력이 주류가 되어 있고 한국불교는 겉으로는 중흥된 것처럼 보이나 속이 텅빈 비주류에 불과해 지배층과 국민들의 폭 넓은 신망을 받기는 커녕 멸시하는 풍토가 여전하다는 것을 뼈아프게 깨달아야 한다.

1994년, 1998년 조계종의 개혁사태때 보여준 정부와 국민 언론과 여론의 반응이 놀랍도록 냉담한 것이 한 예가 될 것이다. 몽둥이를 든 깡패승려집단, 조선조 천민승려, 이런 이미지는 신도들의 믿음과는 다른 일반국민 다수 비불교인들의 인식이다.

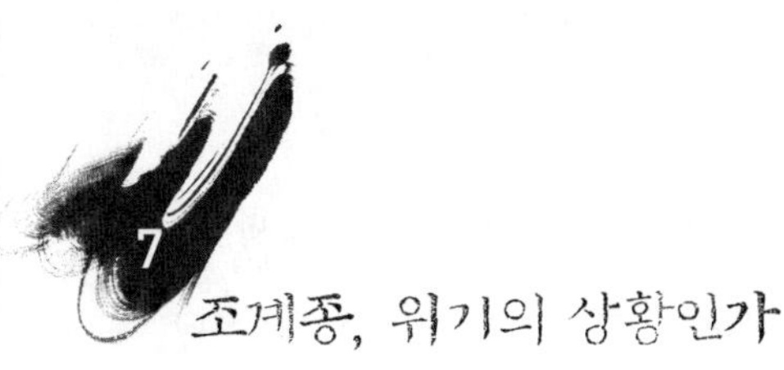

조계종, 위기의 상황인가

신불교유신론이 필요하다

한동안 잠잠하던 불교계가 폭격을 맞은 듯 여기저기에서 파행破行의 소리가 요란하다. 얼마전 수도권 어느 사찰에서 다이아몬드시계와 수억짜리 골프회원권을 도난맞은 뉴스를 필두로 전국굴지의 교구본사와 중앙총무원과 동국대 이사진의 비리의혹 등이 불거진채 세간을 어지럽히고 있으니 말이다. 그렇지않아도 경제 침체와 정치사회적 불안으로 국민들의 미래에 대한 희망지수가 갈수록 낮아지는 현실에서 종교마저 신뢰를 저버린다면 국민들은 그야말로 기댈곳 없는 절망적인 상황을 맞이하게 될 것이다.

2천년 한국불교의 전통을 잇고 있는 조계종단의 부패와 탐욕은 따지고 보면 어제 오늘의 일이 아니다. 언론이나 종단은 사건이 발생할 때마다 조계종이 왜 이러는가 하고 문제제기 하는 척 하다가 시간이 지나면 그만이다. 땜질식 해결방법인 자성과 참회가 상습적이다보니 한 번도 근본적인 문제해결이 된 적이 없었다.이번 역시 정부의 사정기관이 미리 경고의 메시지를 전달했음에도 총무원조사에서 아무런 문제가 없노라고 제식구 감싸기의 안이한 자세로 일관하다가 여기저기에서 사건이 터지고 화엄사 주지가 사표를 내고 도피하는 사태가 발생하면서 급기야 사회문제로 확산되었다.조계종의 중진급 승려들의 각종 자료를 가지고 있는 정부기관이 사회적인 물의를 감안해서 종단 자체의 해결을 바란 것이지만, 부패가 만연해서 이미 종단의 권위와 자정기능을 상실한 조계종단으로서는 변명과 은폐에 급급하고 비리당사자들은 또 도피와 은폐, 특정세력의 음해라고 맞받아치면서 반성은 커녕 종단의 고질적인 병폐인 종단파벌싸움으로 몰아가고 있다. 이번에도 역시 종단이나 승려들의 자발적인 문제제기가 아니라, 중앙신도회를 비롯한 불교환경연대, 참여불교재가자연대가 주축이 되어 종단의 개혁과 대오각성, 당사자들의 처벌을 촉구하고 나섬으로써 뒤늦게 교구본사주지회의가 자정을 결의하고 전국비구니회가 청정승 확립, 사찰재정의 투명한 운영을 요구하고 나섰으나 늘 그래왔듯이 소 잃고 외양간 고치기식이요 사후약방문이다.

어느 종교보다도 자율적인 불교종단의 승려들이 사건이 터지기전에 예방하고 탐욕과 부패한 승려들을 솎아 낸다면 어디가 덧날일이던가.

아마 과거와 같이 이번에도 그냥 묻혀버리고 어느 하나 제대로 해결되지 않을 공산이 크다. 주류세력은 강하나 비주류 견제세력이 약하고 국민축제인 초파일도 얼마남지 않았으니 말이다.

조계종, 분규와 비리의 악순환 끊어야

불교계를 깊이 잘 알지 못하는 일반언론이나 자칭 개혁종단을 표방한 1994년 이후 종단은 안정되었고 한국불교가 중흥되고 있다는 친개혁세력들의 인식은 똑같다.

진실로 해방이후 50년동안 진행된 조계종 정화와 개혁, 종단분규와 승려비리들을 제대로 알고 하는 말인지 일시적인 정치수사인지 알길이 없으되 분명한 것은 1954년에 촉발된 비구, 대처 정화사건에서 조계종은 대처승들을 친일승려라 매도했고, 처자식이 있는 그들을 승려라 볼 수 없다며 정화와 개혁이라는 명분으로 모조리 추방했다.

문제는 청정비구종단인 조계종이 몇 개 사찰을 제외한 전국의 99,9%에 해당하는 전통사찰을 독점한지 50년이 넘었지만 국민적인 신망과 존경은 고사하고 왜 아직도 분규가 계속되고 있으며 온갖 탐욕과 부패의 늪에서 벗어나지 못하는가 하는 점이다.

조선조 5백년동안 숭유억불정책崇儒抑佛政策으로 모진 탄압을 받았던 승려들은 백정보다도 못한 천민으로 전락해서 입이 있어도 말 못하는 짐승대접을 받았지만 호국불교의 정신을 이어받은 산 선지식이 끊어

지지 않았고, 박해받는 천민, 농민들과 힘을 합해 국가환란을 온몸으로 막아내었고 고달픈 민중들의 벗이 됨으로써 불교를 지켜내었다. 임진왜란, 병자호란, 항일운동 등 승려들의 구세제민의 활약상은 놀라웠고 지배자 위주의 역사에도 부분적으로 기록되고 있음이 증명이 된다.

조선조 5백년을 지킨 세력은 소수의 의로운 양반계급과 다수의 승려, 농민, 노비들이지 지배계급인 사대부 양반과 유생들, 왕권의 힘이라는 것은 명백한 거짓이요, 역사왜곡이다.

남사당, 광대패, 미륵신앙 등 당취승들의 민중불교는 과거역사의 수치이자 자랑스러운 불교역사가 아니겠는가. 한마디로 약자를 보듬고 강자에게 저항한 역사 때문에 한국불교의 맥이 살아있는 것이다. 지금처럼 돈, 권력의 강자에 빌붙어 사회적 약자를 외면, 억압하는 불교라면 이땅에 존재할 가치가 없을 것이다.

과 거 사 청 산 의 모 델 인 조 계 종

노무현정권이 들어서서 과거사 청신이 큰 화두와 시대적과제가 되고 있다. 그리하여 정부기관을 비롯한 각종 민간단체에서 과거사청산이 한참 진행중이다.

수천년의 역사속에서 지켜야할 가치가 있다면 버려야할 유산도 많을 것이다. 노정권은 대략 1백년안팎의 근대사를 말하고 있으나 구체적으로 해방전후 친일과 친미의 잘못된 과거사를 타켓으로 삼고 있다.

친일문제 과거청산으로 보면 우리사회가 논의와 문제제기는 과거 어느 때보다 왕성하고 자유로워진 것 같으나 근본적으로 해결된 것은 그리 많지 않다. 오랫동안 끌고 있는 친일인명사전 조차도 아직 완결되지 않은 형편이다. 그리고 친일문제는 현재진행형이다. 즉 일제때의 친일의 역사가 아직도 진행중이며 당시의 지도급인사들의 후손들이나 제자, 개인과 단체가 현재에도 바톤을 이어받아 성업중이고, 사회의 주류를 이루고 있다. 예컨대 친리정치, 친일역사, 친일교육, 친일언론, 친일종교, 친일법율, 제도 등이 아직도 건재하고 현재 진행형이다.

얼마전 독도침탈을 규탄하는 시위와 국민적분노에 힘입은 정부의 강경대응이 우리사회를 달구웠을 만큼 일본에 대해서 감정적인 적대감을 가지고 있는 한국인이지만 일회적인 행사로 끝나지 않기를 바란다.

경제 문화 기술 등의 대부분을 일본에 의존하고 있는 우리 국력의 현주소 탓이지만 더 깊이 들여다보면 아직 우리 사회는 미국과 일본지향의 지도자가 지배하고 있다는 사실 때문이다. 그러므로 친일승려라고 몰아낸 조계종단은 우리사회에서 매우 보기드문 사례에 틀림없고 과거사청산의 살아있는 모델이라 할 수 있다.

과거 조계종은 반대종단인 태고종의 승려는 말할 것 없고 조계종단을 지지한 처자식이 있는 승려들마저도 대처승은 친일승이라는 등식으로 모조리 추방하고 승적에서 철저하게 파문했다. 그분들의 상당수는 대처승일지 모르나 항일 애국지사였고 불교교육자였으며 현재 조계종 승려들의 스승.(임환경, 오성월, 이담해, 이종욱, 김법린, 조종현, 최범

술, 한용운, 송만암, 임석진, 김구하 김동화, 박응송 등등)들이었다.

첫단추부터 잘못된 조계종 정화불사

조계종단은 잦은 참회와 상습적인 자정결의, 툭하면 개혁이라 붙이는 정치형태와 눈속임수에서 환골탈퇴해야 한다. 오늘날 조계종단의 대부분 사찰 문도와 승려들은 이승만, 장면과 박정희, 전두환, 군사정권때 돈과 권력의 혜택을 입은 고승들의 제자와 문도들이 지배적이다시피 하다. 그러니까, 대한불교 조계종은 친일 승려들을 전부 추방하는 정화불사의 전쟁에 승리함으로써 과거사 청산에는 성공했으나, 승려들의 피나는 투쟁도 있었지만 독재 차원의 물리적인 힘이 결정적인 뒷받침이 된 부끄러운 또 하나의 과거사를 멍에처럼 짊어질 수 밖에 없었다.

예컨대, 박정희 정권 때 이나라 최고의 불교지도자는 청담대종사(당시 총무원장, 종정)였는 바, 박대통령으로부터 전국사찰의 문화재보수비와 관광개발은 그 때 이루어짐으로써 승려들은 돈과 권세의 고기맛에 탐닉하게 되었다.

전두환 전 대통령의 백담사 유배시절, 이나라의 수많은 원로 중진승려들이 2년간 신도 수백만을 이끌고 생불 만나듯 친견 참배한 것은 무엇을 말해주는가.

그러고보면 조계종단은 정화이후 역대정권 특히 독재정권에 야합해서 종권을 유지하며 사찰을 짓고 보수하는 등 세력을 넓혀왔다.

생사초탈한 도인도 아니고 성인군자가 아닌 다음에야 보통사람이 평생 만져볼 수 없는 수십, 수백억의 돈앞에 마음의 유혹을 느끼는 것은 인지상정人之常情일 것이다. 돈과 권력, 명예, 감투 등 세속적 가치는 사실상 세속사람이 더 많이 집착하고 소유하고 있다. 종교라 할지라도 타종교의 거대한 조직. 부정한 돈, 비밀주의에 비하면 불교종단의 경우는 '새발의 피'일는지 모른다.

그렇다고 해서 언제까지나 한국불교의 맏형인 조계종단의 분규와 비리, 종권암투를 국민과 시대가 용납할 것인가, 우려스러운 일이다. 말하자면 청정비구승단인 조계종의 작은 허물도 세속인과 타종교의 큰허물보다 더 크게 비치고 확대될 수 있다. 수백년 역사의 부정적 인식과 사회기여가 적은 불교인의 낮은 위상 때문이다.

조계종의 정화이후 많은 문제점은 문제제기와 아울러 해결에 대한 해답은 스스로 가지고 있다. 모르는 것이 아니다. 실천할 용기가 없을 뿐이다.가령 국고보조금관리는 주지와 신도, 종단이 공동관리하는 제도를 만들고 사찰운영 역시 운영위원회에서 하도록 한다. 가장 좋은 방법은 승려가 돈을 만지지 말고 간접 관리하는 제도가 되어야 한다.

주지와 소임자들은 월급제로 묶고 재무담당자들을 분리운영하는 것, 신망이 두터운 신도들이 종무에 간여하는 것이다.

불사와 사찰운영위주에서 포교와 교육(승속에 걸쳐 다양한 장학제도)을 위주로 종단행정이 크게 바뀌어야 한다. 문중, 종단파벌을 근본적으로 없애는 방안에 강구되고 종단정치조직과 승려의복을 포함해서 생활양식을 구식이 아닌 현대에 맞는, 그리하여 부정적이고 퇴영적인 이미지를 완전 탈피해서 청정하게 국민들을 지도하고 이익을 주며 자비를 행하는 정신적 지도자로 명실상부하게 탈바꿈해야 하는 것이다.

조계종 승려들은 입만 열면 한국불교가 최상이고 한국승려가 최고라고 하는데 신도와 국민들의 신뢰가 동남아, 일본, 티베트 불교보다 훨씬 못미치는 수준임을 알아야 한다. 숫자와 절만 많아서 무엇을 하겠다는 말인가.

아마 옛날 같으면 오늘의 조계종 일부 승려들은 대역죄인으로 처벌받거나 강제환속당했을 것이다. 국가와 국민의 돈을 개인돈으로 착복하고 거액의 시주금과 삼보정재를 탕진하고도 평생 공사찰公寺刹을 점유하면서 호의호식해서는 안된다.

그리고 진실로 조계종단이 청정종단이라면 정권과 정치적으로 유착해서 이익을 보는 것에 종지부를 찍어야 한다.

정당한 국가보조금으로 문화재보수를 정직하게 하는 것 말고 역대 정권의 힘을 자기편으로 만들어 상대세력을 물리치는 비열한 짓이 조계종단이 돈, 권력, 폭력의 부패구조에서 벗어나지 못하는 원인이라는 것을 대오각성해야 할 것이다.

열반하신 세계적인 선지식이며 한국불교의 자랑스러운 지도자인 숭산행원선사는 불교잡지사의 마지막 인터뷰때 불교를 망치는 세력도 있지만, 가장 큰 적은 내부의 적이니 곧 사자의 몸에서 나온 사자신충

獅子身蟲이 원인이라고 탄식하셨다.

조계종단은 과거 50년 동안의 정권과 국민들의 그늘 속에서 안주를 해왔는데 앞으로는 근본적인 변화와 개혁, 만해 한용운선사의 '불교유신론' 같은 국민과 함께하는 개혁이 아니면 파멸할 수 있음을 대오각성해야 한다.

사자신충과 같은 불교내부의 문제뿐이 아니다. 한국사회를 실제적으로 지배하고 있는 범기독교세력의 도전에 긴급 대처해야 하며, 남북문제, 국민실생활의 기여 등이 한국불교의 사활死活을 좌우할 것이다. 한가하게 탐욕스럽게 잿밥이나 챙기고, 속인들이 이미 버리고 있는 거액 금품살포의 부정선거나 하면서 민주적 선거를 한다고 구렁이 제몸 추켜 세우듯 자위하고, 부정선거에서 장악한 종권에만 집착하고, 종권 속에 삼보정재의 지폐를 갈퀴로 가을낙엽 긁듯 하려는 탐욕스러운 '한탕주의'가 있어서는 절대 안된다.

조계종은 오직 소속된 전체 승려들이 청정수행가풍과 대사회 자비실천에 순교정신으로 나설 때 진정한 호국불교의 선구자가 될 수 있을 것이다.

잿빛 승복을 벗어 던져라
한국 불교의 허위의식

 **五方색은 화엄 사상의 상징이다**

일본, 중국, 월남, 티베트 등의 대승불교와 동남아의 근본불교를 다 돌아봐도 승려들이 오직 회색, 잿빛 승복을 입고 있는 나라는 한국뿐이다.

역사적으로 고찰하면 오방원색 내지 무지개 색깔은 보통 건물 단청이나 불화, 불상의 불교예술, 무속 민화 등 민속문화에만 사용되었다고 생각하나 사실은 그렇지 않다. 오방색은 신라, 백제, 고구려를 비롯, 조선조에서는 왕과 귀족, 양반계급에 이르기까지 각종 의상의 색깔로 쓰여졌는데 조선조와 현대를 제외하고는 스님들의 각종 법복, 승복에 널리 사용되었다.

이렇게 말하면 승려가 무슨 울긋불긋한 옷을 입는다니 말이 되느냐 하겠지만, 그건 불교문화와 사상에 대한 무지요 모독이다.

다시말하면 조선조를 제외한 모든 불교국가에서 오방색은 통용되었고 또 한국불교가 아닌 모든 불교국가에서 지금도 사용된다. 우선 흰색을 입은 대만, 월남, 태국 등지의 비구니가 있고, 황색, 흑색, 갈색, 쪽색의 승복과 고승들은 금색, 홍색, 보라색의 화려한 가사를 수지한다.

한국불교의 장자격인 조계종은 선종이라서 회색승복과 밤색가사를 착용하는데 종법에 명시되어 있고 적어도 형식적인 논리에는 잘못이 없다라고 생각하기 쉽다.

그러나 여기에는 크나큰 허위와 가식이 숨어있다.

첫째, 조계종이 진짜 선종이라면 선방에 들어앉아 참선만 해야된다. 살림을 한다거나 염불기도도 해서 안되고 돈을 만져서도 주지 등 벼슬자리에 나가면 안된다. 왜냐하면 선종이 표방하는 종지宗旨와 계율에 모두 위배되기 때문이다.

잿빛승복은 산중선방에만 딱 어울리는 수도복이다. 금욕을 상징하고 계율을 지키며 자신의 욕망을 죽이는 공부 곧 참선정진에 들어맞는 옷색깔이다.

만약 자신을 죽이고 산중자연에 맞는 회색이 다양한 인간군상이 살고 있는 속세로 나온다면 주위 환경과 전혀 맞지 않을뿐아니라 조화를 깬다. 곧 남을 죽인다. 불교의 자비와 자혜는 중생들을 위한 것이고,

그것의 핵심은 화합이며 조화다. 더욱이 산업화사회에 고층빌딩 사이로 보이는 깍은 머리에 회색승복은 아무래도 조화를 깨고 그로데스크 까지하다.

한국은 현재 불교국가도 아니고 불교가 기독교에 이어 제2의 종교 일뿐이며 아직 많은 부분 세상을 선도하고 지도해야될 승려들의 위치는 천민을 겨우 면한 정도라 해야할 것이다. 특히 남성의 경우 유교적 가치관과 함께 서양종교의 인식을 갖고 있어 스님들에 대한 거부감은 아직 강함을 알아야 한다.

잦은 분규로 거룩하며 존경받아야 할 법복을 입고 몽둥이와 무기로 같은 승려불자를 폭행하는 일이 해방 후 50년 동안 지속되어온 한국 불교를 일부지식인 사회에서는 양아치, 범죄자, 건달 집단 등으로 보고 있음을 알고 있는지 모르겠다.

8~9십년대 한국의 문화권력자로 최고 인기를 누린 소설가 이문열은 그의 저서 "사색"에서 한국불교를 거의 미신으로, 대표적 불교시인 고은을 가리켜 악령에 사로잡힌 작가라고 매도했던 적이 있다.

그런가하면 80년 중반에 혜성과 같이 나타난 도올 김용옥은 "나는 불교를 이렇게 본다"에서 승려를 양아치라고 매도했으며 최근의 최고 문화권력자 유홍준은 의도적으로 불교를 폄하하고 있다.

그의 출세작인 "나의 문화유산답사기"에서는 우리 문화의 대부분을 차지하고 있는 불교 문화에 대해서 상찬하면서 왜곡하는 언어의 마술을 보인다. 몇해전 완당평전에서는 추사 김정희와 평생 절친한 친구였고 동지였던 초의선사를 매우 인색하고 소홀하게 취급하고 있으며 최근 현대미술관에서 열리고 있는 박생광 탄신 100주년 기념책자에서는 "박생광이 불심이 깊은 불자가 아니라 무속신앙과 한국문화에 깊은 애정을 가졌으며 그 외 작품세계가 불교라기보다는 한국문화와 역사라고 왜곡한다.

도대체 무슨 언어의 농간인가. 한국문화와 역사, 그리고 불교는 무엇인가. 한국문화와 민중성 없는 불교와 불교없는 한국문화와 역사가 성립하는가. 그야말로 정치적인 수사에 다름아니라 우연의 일치인지 한국을 대표하는 이 세분의 종교는 기독교다.

그 가운데 김용옥은 승려를 비판하면서도 한국불교의 호국안민사상, 원효의 화쟁론, 화엄사상, 조선조의 민중불교까지도 긍정적으로 평가하면서 한국불교의 중흥을 부탁하는 애정을 가지고 있어 그나마 다행이다.

그는 올 봄 문화방송 TV에서 조선조 개국공신인 정도전의 말을 인용하면서 불교의 윤회론은 혹세무민의 논리라고 사정없이 질타해 불교계에 반발을 불러 일으켰다.

조계종이 선종 일변도와 도인 제일주의에 사로잡혀서인지 이렇다할 만한 학문적인 대응과 사회적인 역할을 하지 못한다. 도올은 한국불교가 아직 무력하고 빈궁한 까닭이라고 제대로 봤지만, 나는 그 무력하고 빈궁한 그리고 비굴하기까지한 잿빛승복을 훨훨 벗어 던져버려야 희망이 있다고 생각한다.

요즘은 우후죽순 사이비 종단, 신흥불교종단일수록 더 근사한 회색 승복, 밤색가사를 걸치고 있다. 복전과 무소유의 잿빛승복은 산중수도에 필요한 것이지 다양한 사회에서는 그에 상응하는 색깔과 디자인의 옷을 걸쳐야 한고 구두선이 아닌 중생구제와 포교, 각종 사회참여에 밝고 생산적이며 축복을 주는 복장이어야 한다.

물론 옷만 바뀐다고 사람까지 바뀌는게 아니지만 승려위계질서와 전공과목에 따라 또 사회에서 활동하는 승려들의 복색이 사회인과 너무 뚜렷이 구별되면 부자연스럽고 거부감이 생기며 권위가 손상되는 것이다.

한국불교의 병폐가 고쳐지려면 나는 승복 및 법복의 여법如法함과 아울러 마음속 깊이 숨어있는 탐욕과 중생의 한계를 털어버리고 광명세계의 부처와 먼지속의 중생이 함께 만들고 어우러져 나가는 동체대비와 화광동진和光同塵의 화엄세계 보살정신을 깨닫고 실천해야 할 것이다.

한국불교 긴 잠에서 깨어나는가

가야시대에 인도로부터 불교가 들어온 이후 한국불교는 2천년동안 민족과 흥망성쇠를 함께 해왔다. 중국에 사대주의로 일관해서 정권을 지킨 조선조 5백년과 근세 기독교 백년사를 제외하고는 가야 고구려 발해 신라 백제 고려사 1500년은 불교문화가 지배하는 시대였고 우리민족이 세계와 비교해서 손색이 없는 부강하고 찬란한 시대였다.

근래와서 경박한 정치인이나 역사의식이 없는 학자들 사이에 대한민국이 5천년 가난을 벗어 났다느니 5천년 미개국가를 벗어 던지고 문명국가가 되었다고 공 사석에서 또는 교과서에 기술하고 있음을 본다.

한마디로 역사적 망언이고 왜곡이다. 예를 들면 신라 때부터 울릉도 독도가 우리땅인 것을 1백년전 일본이 청나라와 조약을 맺으면서 독도가 일본땅이라고 주장하는 것과 다름없다. 일찍이 고구려 발해는 당시 세계 최강대국인 당나라와 국력을 견줄 만큼 대국이었고 신라 발해 고려 역시 중국과 인도, 중앙아시아 전 지역에 경제와 문화를 교류하고 막대한 부를 이룩한 최고 선진국가였다.

고구려가 망하고 발해를 세웠고 가야, 백제의 유민은 일본국을 만들었다. 그 중심에 불교지도자와 문화가 있다. 우리가 늘 욕하고 폄하하는 일본문화, 역사의 뿌리도 가야에서 건너간 철기문명과 조상신(신사) 신앙이며 백제가 가르쳐준 일본 문화의 스승은 우리불교인임을 아는지 모르겠다. 민족역사학자요 항일애국지사인 단재 신채호선생은 고려왕조를 쿠데타로 뒤엎고 조선을 개국한 이성계를 민족반역자의 두번째 반열에 올려 놓았으나 후세 국민들은 역사를 망각한지 오래되었다. 5백년 중국사대주의와 일제 식민지 1백년친 기독교 서양교육이 만들어준 결과가 아닌가.

사실상 한국의 교육정책가운데 역사교육은 죽은 것과 같고 중국일본 동남아 보다고 훨씬 못한 수준이다.

한국이 GNP가 낮다 해서 능멸이 여기는 인도, 월남, 버마, 스리랑카 같은나라도 기독교국가에서 의해 1,2백년씩 억압과 수탈을 당하고 전쟁까지 치르면서까지 자국의 역사 문화 종교를 지켜내었고 서양제국주의의 식민정책인 좌파우파를 벗어나 자유로운 독립국가가 되었다. 거기에는 수많은 불교민족지도자들의 희생과 노력이 있었다.

호국불교와 항일운동의 민중운동을 주도

조선조 500년을 지배하던 양반유생들과 서양문물의 길잡이 역할을 한 한국기독교는 수천년 민족을 지배하던 양반 유생들과 서양문물의 길잡이 역할을 한 색맹인 채로 공격적인 자세로만 대했다. 유교인은 이단이요 기독교외는 우상숭배며 사탄이라는 것이 그들의 전부요 선전도구였다. 사리사욕과 사대주의, 정치적 탐욕과 약육강식에 눈 먼 반 문명적인 논법이다.

불교국가 1500년은 말할 것 없고 조선조 5백년동안 나라가 위기에 처할 때마다 분연히 떨치고 일어난 승려집단의 구국업적에는 눈감고 승려개인의 비리를 트집잡고 또는 조작하여 희생양을 만들곤 했다.

역사의식이 조금이라도 살아있는 사람들은 생각해보라, 5백년 동안 수없이 박해 받으면서 국가에 대한 항거 없이 순응으로 일관했는가를, 전국의 산성을 거의 불교승려집단이 쌓았고 해안가에 위치한 전국의 사찰들이 군사기지로 활용되어 일본과 중국의 침략을 막아내었는지를, 민중들의 의지처가 될 정도로 홍길동, 임꺽정, 홍경래, 장길산 동의보감등의 민중 역사소설에 승려들이 왜 한결같이 스승이나 약자들의 편으로 나오는지를, 조선조 임금중 세종 세조(왕이 된 후 불자가 됨) 영조 정조 등 친불교 임금들이 최고의 명군으로 기록되고 있는지를, 같은 유일신전쟁으로 죽거나 다쳐도 박해니 순교니 입으로 떠드는 기독교인들이지만 5백년 이상 수십 수백만 의승병들이 순교 순국했지만 그것도 유교, 기독교등의 다른 종교권력과 외세에 당했으면서 한마디 항거도 안했던 불교였다.

　근대의 한국불교 역시 많은 문제를 안고 있었다. 처음에 항일을 하다가 나중에는 모조리 친일을 한 기독교와 다르게 끝까지 항일로 맞섰고 이승만정권때는 그의 종교분열정책에 속아 친일승려를 몰아낸다는 명분으로 폭력사태를 빚은 조계종의 55년 역사는 친일청산을 한국사회에 유일하게 성공시킨 집단이면서 동시에 폭력승려집단이라는 정치적 누명을 아직 벗어나지 못하고 있는 형편이다.

　전국에 고르게 분포되었던 6,70년대의 2천만 불자가 민주화를 거치면서 반으로 줄었고 그것도 영남, 강원도 등 동쪽지역에 많이 남게 되었다. 수백년 민중 호국불교의 본산인 영호남이 일제 해방 산업화 민주화를 거치면서 영남불교 호남기독교로 양분되었다. 그렇다고 해서 영남불교가 반민중적이거나 호남기독교가 친민중종교라 볼 수 없다. 미군정을 비롯한 역대 정권등의 분열책이 먹혀 들었고 사회참여가 크게 부족했던 불교계의 빈틈을 호남기독교세력이 차지했을 뿐이다.

　도심지 포교당이 늘고는 있으나 밤하늘의 붉은 십자가가 대한민국을 덮고 있는 기독교의 물신숭배와 공격에는 속수무책이다.

　한국불교가 진정으로 변화해서 국민의 종교를 거듭 태어나려 한다면 현재와 같은 대정부 규탄집회로만 성공 할 수 있을까? 이 나라는 교황청과 미국의 지배하에 있는 신구연합 기독교마피아들이 움직이는 나라이며 천문학적인 자금력, 넘치는 인재, 공격적이고 빈틈없는 조직력을 막아 낼수 있겠는가, 개인주의 성향이 강하고 자금과 결속력이 빈약하며 교단의 내부분열, 종단간의 화합이 약하고 1천만 신도들과 국민들의 뒷받침이없는 처지의 대정부 투쟁은 계란으로 바위치기 같고 맨 주먹으로 탱크와 맞서는 것이다. 싸워서 이기려 한다면 다른 식민지경험의 국가들처럼 무수한 피눈물과 순교가 더 많이 필요할 것이다. 그리고 산중 선불교 위주에서 통불교, 도심지 위주로 바꾸어야 한다. 교단을 혁신해서 시대에 맞는 국민 종교로 환골탈태해야 한다.

한 · 중 · 일 불교와 기독교, 어제와 오늘

조계종의 종지종통은 선불교이므로 선수행을 강조한다. 수행불교, 한마디로 한국불교의 장자종단임을 대변하는 말이다. 수행은 번뇌망상, 즉 진애를 제거하는 일인데, 대도무문이란 말처럼 수행방법은 많으나, 조계종은 참선수행만 수행이라 할뿐 다른 것은 정통수행이 아니라고 한다.

한국불교가 현대에 와서 도전을 받고 있는 것은 오직 참선수행만 고집함으로써 여타의 수행방법, 이를테면 간경, 염불 같은 것은 무시하고 소홀히 해도 좋다고 여기는 점이다. 화두도 간화선이어야 되고, 오직 돈오돈수만이 정도라 여기며 그 외 것은 외도 또는 사도로까지 배척하는 경향이 강하다. 오래전 인구에 회자된 돈오론 · 점수론은 선원 안에서 통용될 성질이요, 일반사회에서는 영향력이 없는 말이기도 하다. 오히려 세간에서는 참선을 비롯해 간경, 염불, 기도를 포함해서 다양한 형태의 수행방법이 존재한다.

역사적으로 보면, 선종의 뿌리인 선불교는 중국에서 독자적으로 대세를 이루고 발전해온 것은 사실이지만, 시대적인 산물이라 할 수 있다. 선종 초조 달마대사로부터 발생한 선불교는 당과 송대에 왕성한 꽃을 피웠고, 깨달음의 열매인 조사들이 무더기로 쏟아졌다. 그후 원, 명을 거치면서 소강상태를 유지하다가 청대에 와서는 티베트 밀교가 주종을 이루었다. 서구문물이 물밀듯 밀려온 19세기부터는 지리멸렬해졌다. 중국 공산당이 집권한 이후부터는 종교가 아편이라는 사회주의 이념에 따라 불교 역시 국가관리 하에 놓여 사실상 무종교 훼불의 시대가 계속되었다.

중국불교가 다시 살아나게 된 것은 80년대 등소평의 개혁개방정책 때문이었다. 중국불교협회 회장을 지낸 조박초 거사는 등소평의 혁명 동지로서 중국불교를 중흥시킨 공로자다. 양자강 이북의 교종·밀종 사찰, 이남의 유서 깊은 선종사찰이 복구되고, 불교대학과 선원이 다투어서 문을 열었다. 학문과 수행에 정진하는 것을 보면 중국불교는 특정이념의 정권과 관계없이 발전할 수 있으리라 보며, 장차 세계불교계를 주도해 나갈 수 있는 전망이 매우 밝다.

근대화에 성공한 일본불교

일본불교 역시 천년의 전통을 계승하다가 근대에 이르러 특히 명치 유신을 전후로 대변혁을 가져왔다. 북방 대승불교로서 선불교의 전통은 중국, 한국과 대동소이하지만 일본은 서구 근대화에 대응하기 위해 합리적이고 현실적인 생활불교로 바꾸었다. 종단을 과감히 개혁해서 선종 외의 교종·밀종 계통은 목사들처럼 결혼을 허용했다. 말하자면 재가승 개념으로 직업승려인 셈이다.

일본은 근대화 과정에서 승려들의 피나는 노력으로 결실을 거두어들였고, 그들의 종교를 외세로부터 지켜냈다, 일본의 기독교인이 2%에 지나지 않는 것은 널리 알려진 사실이다. 자료에 의하면, 일본의 기독교 전파는 15세기에 이루어졌고, 수백 년 동안 선교사들의 공략이 계속되었으나 실패하고 말았다.

불교를 신봉했던 덕천 막부는 조선 침략 후 300년 동안 일본을 지배하면서 불교를 보호하고, 기독교의 공격적인 선교를 막아냈다. 동도서기東道西器로 전통문화를 지키면서 서구의 문명만 받아들인다는 주체적이고 실용적인 정책을 썼다. 외세에 지배되는 것이 아니라 역이용해서 오늘의 일본과 일본불교를 만들어내었다.

중국의 기독교 선교 역사

중국 역시 수천 년의 역사 동안 기독교의 영향은 극히 미약한 수준이었다. 홍콩, 싱가폴 등 식민 지배를 받은 일부 지역의 소수 신도들을 제외하면, 당나라 때 네스토리안, 즉 동로마계통의 경교京敎의 영향을 약간 받았고, 청말의 기독교인의 반란인 태평천국의 난, 원나라 때 교황의 밀사 마르코 폴로의 선교 등은 중국에 기독교를 뿌리내리기에 역부족이었다. 기독교의 신은 많은 부분 도교의 옥황상제와 동일시되었고, 교리는 유교, 불교, 민간신앙에 흡수되어버렸으므로 거대한 중국에 기독교가 설 땅이 없었다.

미국의 경제협력으로 개혁개방을 성공시킨 중공정권은 종교를 허용하라는 끈질긴 요구를 받았다. 비합법적으로 가는 곳마다 신구 기독교 회당을 복구하고 신축해서 현재의 중국대륙에 수많은 교회가 생겼지만, 외세 침략의 쓰라린 맛을 본 중공당국이 종교 활동을 전면 개방하지는 않을 것이다.

전 주석 강택민 때 서방의 압력을 받아 무종교의 중국에서 대외적으로 불교를 중국의 대표종교로 삼았다. 사찰 건립과 적극 지원으로 불교신자가 2억을 넘어섰다. 대부분의 화교국가들도 거의 불교국가라는 점을 감안하면 기독교의 중국 및 화교 선교는 일부에 불과하다. 한국처럼 전국민 복음화란 중국에서는 이루지 못할 꿈이다.

한국 기독교의 성공, 불교의 실패인가

구한말 대원군이 집권할 때만해도 천주교는 불법으로 간주되었고, 선교사와 신자들이 박해를 받으면서 피신하기에 바빴다. 천주교가 이제는 5백만 신도를 자랑하는 거대종교가 되었다. 더구나 천주교인의 숫자가 불교와 개신교도의 절반이지만, 사회적 영향력과 사회지도층은 첫 번째가 될 정도로 신망을 얻고 있다.

서유럽과 동유럽을 천년 이상 지배해온 천주교의 종교권력은 압도적이었으나, 마르틴 루터의 종교개혁 이후 개신교에 권력을 넘겨줄 정도로 힘을 상실했다. 동유럽은 사회주의혁명의 소용돌이에 동로마의 천주교가 맥없이 무너졌다. 사회주의와 개신교에 의해 많이 훼손되었지만, 워낙 막강한 조직과 역사 깊은 천주교는 생명력을 계속 이어나갔다.

서유럽 천주교의 양대산맥인 독일은 1,2차 대전으로 천주교를 살려내었고, 프랑스는 나폴레옹과 시민혁명으로 교황과 수많은 신부들이 처형되고 토지가 몰수되는 등 완전히 세력이 꺾였으나 서유럽의 세계 식민지정책에 따라 되살아났다. 말하자면, 전쟁과 식민지 개척에 종교가 매우 유용한 전략을 수행할 가치가 있었던 것이다.

기독교의 정치 유착은 로마황제가 임명한 초대 교황 이후 교황과 황제, 추기경, 대주교와 국왕, 귀족의 유착이 당연했고, 이러한 전통은 2차 대전의 히틀러와 로마교황 직속의 예수회 대주교, 이탈리아 무솔리

니와 추기경에 이어 부시 미 대통령과 복음주의 목사와의 타협 내지 정치적 코드로 면면히 계승되고 있음을 볼 수 있다.

한국 역시 몇 사람의 장로 대통령에 이어 이명박 대통령의 개신교 코드로 타종교와 국민들이 우려할 정도로 종교편향이 계속되고 있다. 대부분의 개신교도들은 신앙의 자유를 내세우지만, 개인이 아닌 공인의 경우 파급효과가 크므로 엄격히 법으로 통제되어야 한다. 특히 대통령의 경우 특정종교를 지지, 반대하는 것은 국가와 국민을 분열시키는 행위로서 심각한 결과를 초래할 수 있음을 깨달아야 한다.

대통령이 종교의 폐해를 깊이 생각하지 않고 계속 맹신적인 자세로 일관한다면 지난 역사에 나타난 독재정치가의 전철을 밟아 실패하고 말 것이다. 보수적인 복음주의가 대부분인 한국 개신교이지만, 진보적이고 양심적인 성직자와 신학자들을 만나 자문을 구한다면 통치에 큰 도움이 될 것 같다. 아집이 강한 이 대통령이 심경의 대변화를 바란다는 것은 하늘이 두 쪽 날만큼 어려운 일일까?

신구 기독교의 한국 전래, 축복인가 재앙인가

천주교 한국 전래 200년, 개신교 100년이라 하지만, 교세가 확장되고 신자가 급증한 것은 해방 후 미군정과 이승만정권 이후이다. 물론 처음에 개화 신문명과 함께 들어온 기독교는 함경도와 평안도 지역에서 불같이 일어났으나 다른 지역은 반응이 없는 미미한 수준이었다.

해방 후 서울·경기 지역을 포함한 남한지역의 기독교인은 2%에 지나지 않은 소수였다. 미군정의 지원과 이승만정부의 기독교 특혜 정책, 6.25전쟁과 1.4후퇴로 북한지역민 500만명이 남쪽으로 내려오면서 기독교는 결정적으로 교세를 확장했다.

한국기독교가 입버릇처럼 말하는 교육과 의료, 사회봉사만으로 50년의 짧은 시간에 고속 성장할 수 있었을까. 기독교인들은 종교적 주입 교육에 능하며 철학적으로 사고한다거나 과학적으로 분석, 연구, 의심하는 교육을 싫어하거나 부정한다. 오로지 믿음과 기복에 의지한다. 한국기독교의 눈부신 성장은 불교나 유교와 같이 수천 년 검증받은 것이 아니라 단기간에 정치권력, 반공이념, 신의 축복이 아닌 국민들의 분열과 다단계 기업의 종교장사와 같은 병적이고 반사회적이며 기만적인 술책에 힘입은 것으로 사상누각과 같다.

기독교의 외세주의와 불교의 민족주의

한국기독교가 신처럼 떠받들고 있는 그들의 상전국가가 미국, 유럽임은 증명된 지 오래 되었다. 그들은 한국의 역사와 전통문화는 모르거나 부정할수록 진실한 교인으로 인정받으며, 반대로 성경에 나타난 중동의 지리와 서구역사, 문화전통을 찬양할수록 좋다.

자기 나라의 역사와 문화는 몰라도 되지만 기독교 역사 문화를 모르거나 비판하는 말을 들으면 대개의 기독교인들은 적개심을 나타낸다.

세뇌교육과 철저한 사대주의 탓이다. 우리의 경우 사대주의는 친일과 친미정책으로 굳어졌지만, 역사적으로 보면 고려중기 이후 성리학의 보급으로 사대주의가 뿌리내렸다고 본다. 삼국사기를 지은 김부식은 고려를 중국의 신하국으로 낮춰 불렀고, 중국에 맞서 황제라 칭하고 전쟁불사를 외치던 묘청과 정지상을 토벌했다.

단재 신채호선생은 묘청의 난을 1천년 역사 이래 제1의 사건으로 평하고, 묘청을 역사인물 첫째의 지도자로, 김부식을 첫째가는 민족반역자라 했다. 조선조 5백년은 중국 사대주의정권으로 왜소하고 비굴한 역사전개과정이었다. 그런 가운데 민중의 고통과 아픔을 이해하고 민족 이익을 먼저 생각한 세종 세조 영조 정조 같은 임금이 있었고, 이순신 곽재우 황희 사육신 류성룡 임경업 서산 사명 영규대사 같은 불세출의 충신과 영웅들, 의병, 승병들의 수많은 희생이 있어 5백년 사직을 유지했다.

조선조 5백년간의 불교탄압정책은 상상을 초월했다. 승려들을 천민으로 삼고 유교를 국교로 섬겼던 조선왕조는 불교에 의해 1500년 지켜온 민족자존심과 주체성을 내팽개쳤다. 요즘 말로 하면 승려들을 국가보안법으로 다스렸다. 양반들의 무리한 요구에 응하지 않으면 사찰은 불태워지고 승려들의 목숨은 여지없이 달아났다.

5백년의 기나긴 박해와 탄압을 이겨내고 살아남은 것은 산중에 은거하다시피 했고, 일부 왕실의 보호 때문인 것도 사실이나, 결정적인 것은 천민계급으로 떨어진 승려들의 피나는 노력 덕분이다. 전쟁이 나면 먼저 동원되었다. 평상시에는 성과 다리를 쌓는 강제노역, 종이를 만들고 짚신을 삼았다. 양반들에게 먹지도 않는 술을 담갔고 고기를 대접했다. 상가집에 가서 염불 하는 일, 농사를 지어 바치는 일 등 밑바닥 인간만이 할 수 있는 일을 하면서 연명했던 것이다.

주목할 일은 현대의 자유주의 세상에서처럼 개인적인 삶이 아니라 철저히 집단적인 공동체로 단결했다. 전쟁 시기에는 전국에 승병이 5천명을 헤아렸다.(당취黨聚라 했는데, 후에 왜곡되어 땡초라 불렸다.) 결론적으로 수백 년 동안 죽음 같은 세월을 견딘 것은, 비록 천민이지만 홍길동, 임꺽정, 장길산 등에 나타나는 것처럼 승려들이 민중의 지도자요 벗이었으며 동시에 그들의 구원자였던 것이 하나고, 북한산 남한산성을 비롯한 전국의 요새와 해안가의 사찰들이 외적의 침입을 막고 전쟁을 수행하는 군막 역할을 한 것이 두 번째 이유다.

정의가 바로서면 사악함은 물러난다

현재의 한국불교는 쇠퇴와 고사 직전이다. 전국의 울창한 임야와 산지 중 비옥하고 물이 좋은 무공해지역에 천년사찰이 들어서 있으면서 백분지 일도 창조적으로 활용하지 못하고 있다. 사찰과 승려, 신도 숫자들을 보면 이 나라가 불교국가 같으나 도시에 꽉 찬 교회와 성당, 수많은 시민단체, 여야당 정치인, 고급공무원, 셀 수도 없는 교육기관, 병원, 복지시설들을 보면 기독교국가가 된 지 오래 되었다.

그동안 사회와 국민들은 불교종단보다 훨씬 빠르게 진화했으나, 변화를 두려워하고 행동의 일치가 안 되는 승려들의 의식구조는 수백 년 전의 조선조 승려들보다 못한 수준이다. 생활과 수행환경은 천지 차이로 좋아졌지만 한국불교는 쓸데없는 권위의식과 승려라는 아만, 승속을 차별하는 의식구조에서 벗어나야 희망이 있다.

물론 산중 수도인은 전통을 고수하는 것이 좋으며 지지하는 바이지만, 그 외 도심지에서 포교, 교학, 행정을 담당하는 승려들은 복장까지 사회인에 가까울 정도로 바꿔서 국민들 속에 파고들어야 한다. 도대체 1백 년 전의 회색 한복을 입고 도심지에서 활동, 왕래하는 것이 일반인들에게 얼마나 거부감을 느끼게 하는지 모르고 있다. 마치 갓 쓰고 도포자락 휘날리는 것과 무엇이 다른가. 풀을 빳빳이 먹인 무명승복을 자랑스레 입고 도심지 한복판을 거닐고 있는 승려들이 흔한데, 고층빌딩과 첨단문명의 이기를 사용하고 있는 현대인에게 어떻게 비칠지 고민이 없다.

현재의 승복은 산중수도복에 어울리고 도심지에서는 전혀 디자인과 색깔이 맞지 않다. 단출한 개량한복 정도로 바꾸고 디자인과 색깔은 본사마다 다르게 해야 한다. 어느 절은 선종사찰, 어떤 본사는 교종, 또는 밀종, 포교, 교육, 복지 위주로 전문화하는 통불교시스템으로 바꿔야 한다. 중앙의 총무원을 축소하고 종회는 본사로 분산되어야 하며, 포교원 교육원과 중앙선원을 활성화시켜야 한다. 호계원과 호법원은 엄격히 운영되어야 하며, 청정율사와 법사들이 관장해야 한다.

개혁은 과감하게 변화를 두려워 말아야

내가 늘 안타깝게 생각하는 것은, 선방 수행승일지라도 해제 후에는 1, 2개월도 좋으니 농촌이나 산업체에 가서 노력봉사 또는 체험을 하지 않는다는 것이다. 이런 과정을 통해 살아있는 수행을 하고 사회에 이바지하여 국민들과 가깝게 된다면, 전체적으로 한국불교가 성숙되고 포교의 폭이 넓어져서 모두가 좋아하는 결과가 될 것이라 본다. 가령, 사찰별로 동참을 많이 했지만 신도들과 특히 스님네들이 해제철에 태안에 가서 기름 걷는 작업을 수행처럼 했다면 스님들에 대한 존경심과 함께 종단의 위상에 큰 변화가 왔을 것이다.

입으로 하는 구두선, 앉아있기만 하는 좌선, 실천이 따르지 않는 염불과 간경은 쉽다. 서늘하고 따뜻하며 배불리 먹고 안락하게 지내면서 참다운 수행이라 할 수 있을까. 오매일여寤寐一如의 전광석화 같은 깨달음이 올 수 있고 도의 열매가 무르익는 보림의 경지를 맛볼 수 있을까.

가정과 사회, 국가가 위기를 맞고 있다. 실업자가 날로 늘고 민생고 해결이 어려워지고 있다. 자살자가 속출하고 범죄가 증가하여 사회불안이 가속화되고 있다. 어린이 어른 할 것 없이 스트레스 암 성인병 정신질환을 앓고 있는 사람이 부지기수다. 학교에서 병원에서 사회복지시설에서 산업체에서 도시와 농촌에서 자비의 손길을 기다리고 있다. 유랑민처럼 떠돌고 있는 탈북주민들, 열악한 환경의 외국인노동자들의 고통을 보면서 개인성불이 먼저라며 산중에 도피하는 비겁하고 나약한 승려군상, 돈을 제대로 쓰지도 못한 채 평생 사찰주지로 재무승으로 돈을 모았으나 어느 날 저 세상으로 입적에 드신 유명 중진승려들, 자신의 한 몸만 편하고 남은 거들떠 않보는 인색하고 무정한 간혜지乾慧智의 승려들, 말만 하고 행이 따르지 않는 신도들, 이름만 불자요 보살행과 원력이 없는 불자들, 갈 곳 없이 헤매는 승려들, 노후보장 없이 고통스러운 노스님네들, 병이 들어도 치료비가 없어 막막한 승려들을 보면 나는 눈물이 난다. 재작년 현역승려에서 은퇴한 내가 50년 가까이 지켜보며 경험한 일들이다.

한국불교를 대표하는 조계종은 혁신해야 한다. 사회개혁 이상으로 종단과 사찰, 승려와 신도가 시대에 앞서 변화해야 한다. 제도와 형식, 관습과 관행의 틀을 깨고 국민을 지도하고 민중의 고통을 위로하며 사회 국가 민족 세계가 당면한 문제들에 대해 고민하고 불교적 해답으로 지구촌을 평화로 이끄는 모색과 원력을 큰 화두로 삼아야 한다. 동체대비의 보살행이 불교의 목적이며 존재 이유다.

윤회를 알면 세상이 보인다

윤회론은 심리학, 사회학, 물리학, 생명과학이다

20년 전 여름, 나는 지방의 어느 암자에서 귀한 손님을 만나게 되었다.

만난지 얼마 안되어 마음이 통한, 그러나 오래 전부터 그 분의 문학작품을 통해 익히 알고 있었던 한 원로시인의 주선에 따라 만난 손님은 주교 한 분과 대여섯 분의 신부 수녀들로서 신학대학교에서 교수를 겸하고 있는 분들이었다.

점심을 같이 먹으면서 시작한 이런 저런 환담은 그 분들이 참여한 저녁예불에까지 계속되었으니 꽤 오랜 시간이다. 음주가 절집 안에서는 금기가 되어 있지만 그 때는 예외로 했다. 예수의 성찬의식의 전통에 따라 포도주를 신성히 여기고 즐겨 마시는 그 분들의 뜻을 존중해 마주앙 몇병도 준비했던 기억이 새롭다.

어쨌던 아름다운 산세와 한여름의 녹음이 우거진 산사의 청정한 분위기에서 가톨릭 신학자와 불교 승려가 마주앉아 공양을 같이 나누고 인간적인 대화를 나누는 것은 그리 흔치않은 일일 것이다.

식사가 끝나고 차와 과일을 들면서는 본격적으로 대화가 이어졌는데, 어느 지방의 대학장을 맡고 있는 신부가 나에게 이런 질문을 던졌다.

"불교에서는 사람이 죽으면 개도 되고 소도 되고 또 짐승이 사람으로 환생한다는데 그 것을 윤회라고 한다지요? 나는 도저히 이해할 수 없습니다."

그 분의 표정을 보니 마주앙을 몇잔 마신데다가 약간 열이 올라 상기한 상태로 불만스러운 표정이었다.

그 때만해도 나는 불교학이나 사회학문을 충분히 체득 못했던 터라 쉽게 설명을 못했으나, 내 기억으로는 당시 윤회설을 인간과 만물의 순환원리로 이해해야 된다고 말한 것 같다. 쉽게 말할 수 없는 형이상적 문제를 두고 한 이런 직접적인 질문을 직설로 바로 대답한다는 것은 매우 어려운 일로서 지금도 다만 원리나 간접적인 비유로 대답할 수 밖에 없다고 믿는다.

그 때 우리 두 사람의 대화를 듣고 모든 사람들이 침묵을 지켰으나 지인인 원로시인이 어색한 분위기를 조정하는 뜻에서 불교의 윤회설은 범신론으로 자연의 순환원리라고 본다며 나의 말에 공감을 표시하였다.

의외였다. 그 분의 젊은 시절, 한분의 문단 대표시인과 승려시인 셋
의 지상토론에서 본 그 분의 견해인즉 범신론은 혹세무민의 미신이요
유일신 하나님만이 우주와 자연의 주체라고 하신 분이 어떻게 지금은
180도로 달라졌을까 하고 놀랐던 기억이 새롭다.

돌아가시기 몇해 전 그 분의 대표작품은 〈하나의 물방울과 작은 시
냇물이 모여서 흘러 흘러 강과 바다가 된다〉는 범신론적인 작품을 남
겼다. 생명 하나 하나가 신의 창조물이라 여기는 극히 단순한 논리의
기독교인에게는 이단같은 말이지만 모든 생명의 상생과 조화가 화엄
의 세계, 즉 존재의 가치를 깨닫게 하는 범신론적 사유인 것이다.

윤회는 모든 존재의 현실이다

불교적 사후관인 윤회의 문제를 좀 더 쉽게 접근해 보자.

인간은 죽으면 끝이기에 아무것도 없다는 사람, 인간과 생명은 단지
물질로 이뤄졌을 뿐 사후엔 영혼도 사라진다는 유물론적 이론이 있고,
영혼은 있으되 죽으면 신의 의지와 심판의 타력에 의해 천당과 지옥에
갈 뿐이라는 유일신적 흑백론·양극론 등의 유신론, 그리고 사람이 죽
으면 윤회한다는 윤회론이 있다.

동양의 가장 오래된 종교이자 정치철학인 유교에서 공자는 "사람이
죽으면 가는 곳을 알지 못한다"라며 내세를 모르거나 부정했다. 그래
서인지 불교국 고려를 쿠데타로 뒤엎고 조선왕조를 세운 성리학 이론

가 정도전은 불씨잡변佛氏雜辨에서 "불교는 무부무군無父無君의 종교로서 부처의 기도나 윤회인과설은 혹세무민이다"라며 부녀자들의 사찰출입도 금지한 불교의 탄압을 합법화시킨, 500년 불교말살의 일등공신이자 사대주의적 유교를 국교로 한 조선의 일등개국공신이었다.

하지만 그는 나중에 피나는 권력투쟁에서 패배해 이방원(태종)에게 죽임을 당하고 말았으니 인과법칙과 윤회가 마냥 헛된 것은 아니었다.

하루 24시간 동안 우리 인간은 어떻게 보내고 있을까.

아침에 일어나 집 앞 공원으로 나가 맑은 공기를 마시면서 심호흡을 해 본다. 그 시간만큼은 무념무상, 곧 뇌와 마음이 빈 상태로 가벼운 운동이나 산책 아니면 명상의 시간도 좋다.

그 때가 바로 천상이요 천국이 아닐까.(천국의 시간이 너무 많은 게 탈이다)

집에 돌아와 아침밥을 먹고 뉴스와 신문을 보며 사랑하는 가족들과 정겹고 가벼운 대화를 나누는 시간은 바로 인간으로서 누리는 인간세상이다.

옷을 갈아입고 회사에 출근하거나 일을 위해서 문 밖을 나서면서부터는 많은 사물과 부딪치고 경쟁하며 가족들과 잘 살기 위해 노력해야 한다. 그야말로 아수라같은 치열함과 사나움으로 세상과 대적하니 바로 아수라 세상이다.

순간의 판단이 잘못되어 범죄를 저지르고 평생의 위업인 부와 명예를 탕진하고 더럽힌다.

예컨데 사소한 말다툼으로, 또는 견물생심으로, 사람보다 돈이 더 탐나서 잘못을 저지르고 후회하게 된다. 매일같이 매순간 일어나는 짐승세계가 아닌가. 바로 축생세상이다.

경제대국이라는 한국에서 어떤 이는 배가 너무 불러서 태평천국을 부르는 사람이 있는가 하면, 어떤 이는 너무 배가 고파서 고통스럽다. 밥을 굶은 사람이 날로 늘어가고(특히 배고픈 북한인), 상류층이나 비만환자는 살을 빼느라 고생하고 온통 다이어트 붐이다. 더 배를 채우고 새 곳간을 짓느라고 난리를 친다. 옛말에 만석꾼 부자가 한 섬을 채우기 위해 가난한 사람의 곳간을 넘본다는 말이 있고, 돈 많은 부자가 구멍가게의 푼돈을 보고 탐낸다.

(태산같은 산림과 자연, 관광객의 푼돈밖에 없는 불교재산을 엄청난 갑부인양 여긴다. 돈 많은 개신교는 불교가 부자거지라고 손가락질하고, 돈 많은 가톨릭은 불교가 알부자라고 한다. 어떤 것이 맞는가 물으면 이유도 모른다. 연관성이 떠올라 옆길로 갔다.)

무지하고 사납고 탐욕스러운 약육강식의 세계가 바로 아귀세상이다.

매일같이 교통사고로, 불치병으로, 자살 타살로, 독재시절때는 인권탄압과 고문 지명수배로 사람들이 죽고 지독한 고통을 받으니 바로 지옥세상이다.

매시간마다 자신을 관찰해 보자.

지옥, 아귀, 축생, 아수라, 인간, 천국이 바로 자신의 삶 속에 자신의 마음 속에 시시각각으로 일어남을 알 수 있을 것이다. 육도윤회는 사후세계에서 찾지말고 바로 현재 여기에서 자신에서 발견할 수 있다.

윤회는 과거며 현재요 미래다

천수를 누리지 못하고 억울하게 한을 품고 죽은 사람은 어떻게 되는가.

전쟁, 병, 사고, 자살, 타살, 고문 등으로 죽은 생명들.... 특히 태어나기도 전에 죽은 태아영의 죽음을 두고 〈죽으면 끝〉이라면.... 너무 허무한 유물론적 사고방식이 아닌가.

유물론이 지배하는 세상이라면 인간과 모든 생명체가 일회용 소모품이요 시계의 부속품으로 생명의 가치와 고귀함은 사라질 것이다.

그렇다고 유신론, 무신론을 내세우면 신이 만물의 중심으로 삼는 중세시대와 마르크스 이론을 벗어나지 못한다. 모든 존재가 신의 창조물이라는 것은 단지 신을 믿는 신본주의시대의 개념으로서 근세 이전의 사고방식이다.

그러나 현실적으로는 인본주의시대를 지나 생명과학과 우주시대를 맞고 있지만 인간의 과거에 대한 기억과 뇌의 구조는 쉽사리 바뀌지 않는 수구보수주의에 머물고 있다.

한국에 몇번 다녀간 프랑스 베스트셀러 작가 베르나르 베베르(파피용 등)의 작품세계는 17세에 접한 티베트불교가 깊은 영향을 끼쳤다.

우리에게 잘 알려진 개미, 뇌 등에서 인간의 업은 사라지지 않고 윤회하면서 기록된다고 한다. 뇌는 필름창고같이 무한한 시간, 즉 전세, 현세, 미래세를 기록하는 것으로 불성을 상징하며 작은 우주라고 부른다.

말하자면 인간의 운명 내지 삶은 어떤 절대자가 정해주는 숙명이 아니라 업에 의해 스스로 만들어 가는 창조적 과정이라는 것이다.

범신론의 만물평등, 유신론의 만물차별

불교는 여러가지 측면에서 여러가지 해석이 가능하다.

복합적이고 융합적인 연기, 인과, 공사상을 제대로 이해하지 못하면 왜곡될 수 있다.

선불교에서는 유심론을, 밀교에서는 범신론을, 화엄학은 우주론과 생명과학이 되고, 법화경에서는 세상의 구원사상, 금강경에서는 교만을 없애는 예지를, 능엄경은 우주의 기원과 심리학을 아함경에서는 도덕율이 핵심이다. 원각경은 인간이 부처가 되는 깨달음의 길을 제시하고, 용수, 마명, 원효는 인간과 세계가 어떻게 공존해서 평화를 이룰지 철저히 분석한 대승불교의 대사상가이며 따라서 대승불교는 인류공존의 원리를 밝히는 인류평화학이라 할 수 있다.

유식불교에서는 인간의 초심리학을 다루고, 인류역사의 오래된 윤회, 만물유전론은 일찌기 이집트, 그리스, 메소포타미아, 인도 전역에

퍼졌던 학설이요 신앙이었으나 기독교의 유일신앙이 세계를 정복하면서부터 금기로 굳어진 것이다.

나는 윤회, 인과, 공사상, 범신론, 무아론을 체득하기까지 평생의 시간이 걸렸다.

동서양 철학서를 비롯한 각종 역사서, 사상서, 다윈, 뉴턴, 아인슈타인의 과학, 유불선의 서적과 스승을 찾았고, 그것도 모자라 인도, 티벳, 중국, 일본, 중앙아시아 외 넓은 땅을 헤메면서 얻은 깨달음은 〈문화인류학의 총체는 불교〉라는 것이다.

윤회, 공사상은 심리학, 생명과학, 종교, 철학, 정신의학, 사회학, 천문학, 지리학같은 고도의 인문사회과학과 자연과학에 깊은 영향을 주고 있다.

그것을 단지 특정종교의 교리, 신앙차원에서 보는 것은 달을 가리키는 손가락을 보는 것으로 본질을 결코 이해하지 못한다고 할 수 있다.

불교(밀교)에서 윤회는 실상을 말한 것 뿐이다. 윤회가 목적이 아니다. 끝없이 죽고 태어나는 생사윤회의 삶을 벗어나 영원한 삶을 추구하고 얻으라고 하는 것이다. 번뇌와 고통, 상극과 대립, 허무의 불행한 삶에서 해탈과 열반(자유(해방), 평화, 행복)으로 인도하고저 한다.

도올 김용옥의 친형인 한국기독교과학협회장 김용준 박사는 몇해 전 신동아 인터뷰에서 인간과 벌레는 유전자가 98% 일치한다고 말했다. 인간의 눈으로 보는 인간과 짐승, 동물과 곤충은 전혀 다른 세계이며 차별적으로 보나 생명과학에서는 불과 2% 차이라고 하니 충격적이 아닐까.

5,6백만년 진화된 침팬지와 인간의 차이는 1%, 즉 99%의 유전자가 동일하다고 보면 인간은 원숭이와 사촌이다. 불교적으로 보면 억겁의 시간, 인간의 시간이 아닌 우주와 생명의 시간, 곧 윤회를 반복해서 오늘을 만든 것이니 그야말로 백천만겁난조우다.

신이 인간을 지배하고, 인간이 만물을, 강자가 약자를, 동물이 식물을 지배한다는 만물지배론이나 약육강식론은 강자에게 축복을, 약자에게 저주와 죽음을 합리화시키는 권력도구였다.

반대로 풀을 먹는 동물과 약한 동물이 있기에 강한 동물이 있는 것이며, 육식보단 채식이 장려되고, 모든 동식물 때문에 인간의 삶이 유지된다는 상생화합의 겸손한 철학과 평화주의는 어떨까.

이미 서구의 육식성 정복주의는 스스로의 미망을 깨닫고 동양의 자연환경주의, 채식주의, 평화공존주의, 신과 인간의 이원론이 아닌 모든 생명체의 소중함을 말하는 범신론, 생명과학주의의 윤회, 인과, 무아, 공을 인식하고 폭넓게 실천하고 있다.

강을 건너는 뗏목이나 병을 고치는 약이 방편이지만 없어서는 안되는 것처럼 윤회론은 중요하다. 방편, 혹세무민으로 윤회를 보는 사람은 단순논리에 집착하거나 심안心眼이 열리지 못한 사람이라고 볼 수 있다.

윤회론은 본질적으로 하나의 큰 '지구생명'이란 나무에서 나온 공존, 평등, 평화를 말하는 것이다.

정치 종교 토론의 네티즌 논객들에게

수년동안 인터넷 매체를 통해 새로운 정보를 접하면서 소통이 이루어졌으나 많은 사람들의생각이 서로 다르다는 것을 새삼 확인하게 되었다. 특히 인터넷토론은 단순히 일방적 지식만 받아들이는 책 TV와는 다르게 여러 사람의 의견이 공유하거나 비판 혹은 비방 인신공격으로까지 이어짐으로써 순기능과 역기능이 함께 공존한다. 가능하면 건전한 토론문화가 활성화되고 발전되기 위해서는 객관적 사실과 진실만을 가지고 토론하는 것이 바람직하지만 바다 같은 인간 세상처럼 복잡한 인터넷의 인드라망에서 좋은 것 깨끗한 것 더러운 폐기물, 지엽적인 잔챙이들이 그물에 올라온다.

세상을 있는 그대로 반영하는 인터넷이지만 새해에는 좀더 건전하고 올바르며 본질적인 것 진실과 사실에 부합하는 것 공익을 위한 토론이 한 차원 업그레이드되길 희망한다. 서두가 길어졌는데 한해 동안 주로 정치 사회, 종교 토론방을 지켜보면서 네티즌들이 잘못 알고 있는 것, 본질을 왜곡하는 것 ,교묘하게 진짜와 가짜를 바꿔치기하는 것 짝퉁을 진짜로, 진짜를 짝퉁이라 선전하는 것 등이 자주 눈에 띄었다. 진실과 사실을 은폐해서 이익을 보는 사람들, 남이 잘되는 꼴을 못 보는 사람들 시기 질투심이 강한 훼방꾼들이 정기적으로 출몰해서 토론문화를 후퇴시키는 일이 비일비재하였다. 새해에는 할 일없고 갈데없는 건달의 놀이터가 아니라 땀흘려 일하고 생산적인 학습을 유도하는 공부꾼들의 배움터내지 문화교류의장이 되기를 바란다.

기독교국가 식민지 정책이 만든 세계혼란

지난 세기 또는 그 세기의 근 현대사는 인류역사상 가장 큰 변화를 가져온 격동기였다. 노예재도와 봉건왕조시대의 신 권력 하늘 중심이 인간 자본 땅의 중심으로 바뀐 인본주의 자연주의 생명주의를 탄생시킨 혁명의 시대였다. 그럼에도 불구하고 인간의 뇌의식은 좀처럼 바뀌지않는다. 옛날이 좋았다는 감상주의, 새로운 것은 없다는 허무주의와 수천년 인류역사에서 교훈을얻지 못한 기득권 무사안일 주의자들은 악순환의 윤회만 고집할 뿐 늘 새롭게 바뀌는 선순환의 윤회를 거부하고 거역한다. 그리하여 현대는 산업화 정보시대의 산물로 온갖 기계와 정보의 홍수속에 살고 있으면서 의식과 가치관은 구석기 시대에 머물고 있다. 현대는 두말 할 것 없이 신에게서 인간의 독립을 쟁취한 시대에 걸맞게 개인의 존엄성과 공동체의 이익이 양립하여야 함에도 보수와 진보, 자본주의와 사회주의, 지배자 신과 피지배자 인간을 나누어 죽고 죽이는 싸움을 계속 하고 있다.

무엇 때문인가, 하늘과 땅, 신과 인간, 인간과 다른 생명체, 선악 보수와 진보, 자본주의와 사회주의가 하나라고 가르치며 통합과 상생, 융합과 총화가 목적인 불교의 생명공동체 사상이 아닌 신 인간 동식물, 동서양 보수, 진보, 자본, 사회주의가 전부 다르고 차별적이라는 가치관의 기독교 식민지 지배정책이 아직도 유효한 때문이 아닐까. 동양의 인문과학인 유교마저도 하늘이 인간을 내었을 때 현자와, 우자가 고귀하고 천한자가 태어날 때부터 미리 정해져 있다고 말했다. 이것을 진리라 믿은 왕과 사대부계급들은 백성들을 통치하는데 악용했을 것이다. 본래 공자 맹자의 말은 인간이 천도와 자연의 순리에 따라야 고귀하다 했는데 위정자들은 정치적으로 이용했다. 인간을 계급으로 나누고 봉건질서에 순응하게 한 것은 동서양이 똑같지만 종교의 진리가 아닌 정치적 권력이요 통치수단이었다

왜 인본주의의 뿌리가 불교인가

1년전 나는 여성부장관과 학자 대학생들이 몇십명 모인 살롱의 특강에서 인본주의의 뿌리가 근대서양이라고 알려진 것은 서양교육덕분

이며 사실은 2천5백년전 불교라고 말했다. 지금도 인도 파키스탄 등의 광활한 유적지와 풍부한 문서가 증명 하듯이 석가모니는 당시의 계급사회를 평등사회로 개혁시킨 인류 첫 번째 정신혁명가다. 인간이 평등하고 남녀가 평등하게 태어났다는 것. 인간은 신분이 아니라 그 행위에 의해 귀천이 결정된다는 말은 현 민주사회에서도 광채를 발하고 있다.

물론 2천년이라는 기나긴 세월동안 나라와 시대에 따라 왜곡되거나 변할 수 있으나 본질은 불변이다. 오대산 태백산의 상류는 양이 적으나 깨끗해서 청정약수다. 이 물이 흐르고 흘러 계곡과 하천을 이루고 강이 되어 한강의 큰물이 되고 색깔은 탁해진다. 백두산 물도 먹으면서 좋은 물이나 흐르고 흘러 두만 압록강이 되고 동해서해로, 낙동 영산강이 되고 바다에 이르게 된다. 히말라야 눈 녹은 물과 작은샘이 흘러 양자강 황하 매콩강 인더스강이 되어 세계인구 절반을 먹여 살린다. 소승불교의 연기론이 발전되어, 또는 섞여서 대승불교로 가서는 윤회론이 된다.

연기론이 상류라면 윤회론은 하류의 대해大海다. 본질을 왜곡하거나 달을 못보고 손가락만 쳐다보는 지엽적인 논쟁만 즐기는 허무주의와 단멸주의자들에게 부탁하고 싶은 것은 수 천년 인류 역사와 수십만년의 유전자를 저장하고 있는 나와 당신의 뇌와 심장을 단순히 동물의 장기로만 봐서는 안된다는 것이다. 침팬지와 같이 원숭이로부터 500만년 진화한, 불교적으로 선순환의 윤회로 이어진 생명체를 단세포적인 유물론이나 노예인간인 신의 피조물로 굴종과 체념 자기학대에 빠지지 말라는 것이다. 인간의 목숨은 하늘과 바꿀 수 없는 것이며 모든 인간과 생명체는 부처의 종자(선불교에서는 본래성불)이므로 고귀하며 키워서 완성시켜야 한다. 다른말로

자기완성이고 해탈(윤회에서 벗어남)이며 세상을 대동사회의 불국토(고통과 모순이 없는 이상세계)화 하는 일대사 인연一大事 因緣이 불교의 사명이다.

마지막으로 20세기 최고철학자인 야스퍼스는 일본 법융사의 백제관음을 극찬하면서 이렇게 말한다. "불교는 모든 종교 생활양식을 무조건적으로 수용할 수 있으며 일체의 사상, 윤리, 일체 신, 일체신앙, 원시적인 종교에서 볼 수 있는 무속신앙이라 하더라도 불교에 있어서 이것들은 모두 있어야 할 전 단계" 라고 했다. 그렇다 불교야말로 허공 같고 대해같이 모든 것을 수용하고 포용 한다고 본다. 원시불교 근본불교의 소승불교와 진보적이고 인간사상의 대해인 대승불교, 선불교, 금강승밀교 등이 역사적으로 어떤 변천과정을 거쳐 시대가 요청하는 불교로 발전했는지를 잘 살피고 깊은 사유의 깨달음을 얻기를 바란다.

승려와 신부의 아름다운 동행

사람의 길 생명평화의 길 찾아

수경스님과 문규현 신부가 주도하는 오체투지 국토 순례단은 작년 가을 지리산을 떠나 5월 22일 명동성당을 거쳐 조계사에 도착했다. 앞으로 북한 묘향산에도 갈 계획이다.

나는 수경스님의 목숨을 건 고행을 지켜보면서 만감이 교차했다. 80년대 민주화 운동에 투신해서 신부 목사 시민단체 운동가들과 오랫동안 활동한 나는 민주화가 성숙된 90년대에 와서 원자력 건설반대, 경제정의 실현, 지역감정해소, 통일운동 등으로 이어진 시민운동을 맹렬히 한바 있다.

민주정권이 여러번 바뀌고 사회운동이 소강상태로 바뀌면서 나타난 것이 환경·교육·여성 경제 운동이었다.

불교계에서는 수경, 도법 스님이 새만금 개발 반대를 주장 하면서 티베트 불교문화인 삼보 일배를 접목해 가장 낮은 자세로 평화를 말하는 시위문화가 정착되었다.

몇 해 전 비구니 지율스님의 경부고속철도 천성산 구간 터널공사에 항의한 처절한 단식농성이 있었다. 개발논리에 밀려 정부와 언론, 개발업자와 국민여론이 지율스님에게 불리한 방향으로 결정났다.

대법원에서 유죄선고를 받은 지율스님이지만 일반여론과 달리 터널공사자체를 방해한 것이 아닌 환경영향 평가를 객관적으로 받아 시행하기를 요청했으나 언제나 그렇듯 권력과 언론, 여론은 강자의 몫이었고 약자의 항변은 철저히 무시당하는 것으로 끝이났다.

뒤늦게 지율스님은 자신에 대한 왜곡보도를 바로 잡았다. 보수언론과 국민들이 무차별 공격한, 몇 조의 예산이 낭비되었다는 거짓주장을 겨우 백억 대의 예산이었음을 언론중재위원회 조정신청에서 밝혀 반론권 보도를 요청했다.

4대 일간지가 수없이 포탄을 퍼부어 연약한 비구니를 수백번 죽게 하더니 엄정한 법에 의해 반론보도는 아주 작은 기사로 정정사과문을 내었고 벌떼 같은 네티즌 여론은 아무말이 없었다. 대표적인 보수논객 서울대 박효종 교수는 비겁하게도 지율스님 개인 앞으로 사과편지를 썼다는 말이 있고, 조갑제 전 월간조선 사장은 사과한다는 말을 듣지 못했다.

사람을 인격살인 해놓고 아니면 말고 라는 무책임하고 무자비한 죽음의 공포에서 자유롭지 못한 비극의 땅이 우리 현실이다. 자살자가 속출하고 사회지도층이 쉽게 생명의 줄을 끊는 대한민국. 남북이 대치한 가운데 총부리를 겨눈지 60년이 넘고 남북화해보다 갈등과 대립으로 치달으며 상생과 협력보다 상극과 차별이 일상화 된 우리현실을 볼 때 경제적으로 잘 산다는 것이 무슨 의미가 있겠는가. 그래서 한국을 일컬어 '즐거운 지옥'이라 한다던가. 미국 유럽은 '재미없는 천국'이고.

오 체 투 지 가 지 켜 내 고 자 한 것 은

수경스님과 문규현 신부가 티베트인이 일생동안 한 번씩은 누구나 목숨을 건 수백킬로의 오체투지 순례를 하듯 저토록 몸을 극단적으로 학대하면서 얻고자 하는 것은 무엇인가. 그들은 해방 후 지금까지 보여준 각종 정치 사회 투쟁과는 확연히 다르다.

소리치고 울부짖으며 죽이고 상처 내며 파괴하고 깨어 부수는 극단적인 투쟁방법이 아니라 자신을 꾸짖고 자신을 학대하며 자신을 뉘우치며 남을 깨닫게 하는 불교의 자자自恣 포살布薩 참회운동인 것이다.

물론 불의에 대항하고 권력에 항거하는 방법이 비폭력 평화적인 것만 최선이 아니라 때로는 많은 군중들이 모여 제도 권력과 충돌하면 폭력이 난무하고 불상사가 생기는 것은 당연지사며 때에 따라 폭력대응도 필요할지 모른다.

그러나 대부분 폭력대응을 유발하는 것은 정통성 없고 국민의 지지를 받지 못하는 권력이 강제진압을 하는 순간 발생하니 말이다.

수경 스님과 문규현 신부, 종교 신도들과 환경 · 여성 단체 회원들이 동참하는 생명, 평화 운동은 비폭력투쟁으로 새로운 모델이다. 많은 국민들은 같이 참여하지 못할 지라도 전폭적으로 공감하며 감동을 느낀다.

바라건대 시민운동의 10년 후배이고 이 세대 운동가인 수경스님과 6공 때 평화축전에 참가한 임수경양을 보호해서 데리고 온 문정현, 문규현 신부의 생사일여生死一如의 투쟁이 결실을 맺어 우리사회의 극심한 대립과 갈등이 치유되고 남북이 평화롭게 공존하는 길이 열리기를 희망한다. 평화와 생명의 길은 이 땅에 그리고 나아가서 인류가 영원히 지향할 절대가치임에도 아직도 길이 먼 것은 무엇 때문일까.

인간의 탐욕과 무지가 빚어내는 분쟁과 갈등에서 언제나 벗어날 수 있을까 고뇌하고 번민한다.

천년 고찰을 국립공원에서 제외하라

다음 달 초 조계종단은 정부의 자연공원법 개정을 반대하는 대규모 결의대회를 열 계획으로 조계종과 정부의 갈등이 확산일로에 있다.

조계종의 요구는 전국 국립·도립의 자연공원 내 사적과 명승고적, 전통사찰 구역을 문화유산지역으로 지정하고 국가 법령을 문화유산법으로 단일화시켜 달라는 것이나 정부가 받아들이지 않고 있어 심한 마찰이 예상된다.

또 하나 조계종은 자연공원 내 전통사찰 소유지를 공원에서 해제해 줄 것을 요구 했지만 국민의 편의를 위한 공공성 차원이라 강변 할 뿐 사실상 거절하고 있다.

우리 사회는 대립과 갈등이 공존하는 탓인지 도시에는 붉은 십자가 교회가 밤하늘의 별처럼 가득하고 시골 산중은 조금 들어가면 거의 사찰이 자리잡고있다.

그런데 공존할 것 같은 양자의 사이가 깨어지고 있는 근본원인은 무엇인가.

신라 고려 백제의 1천년 불교국가 시대 였을때는 산중과 도심지에 두루 사찰이 존재했지만 조선조 5백년 동안 불교를 금지함으로써 도심지에 불교사찰이 사라졌고 근대화 1백년과 해방 후 60년 동안 서구 종교가 그 자리를 차지하게 되었다.

물론 1백년 동안은 종교 자유가 허용되었지만 산중 불교와 분쟁에 안주했던 한국불교가 포교와 사회참여를 소홀히 여긴 반면에 기독교는 정책 뒷받침과 해방, 전쟁을 겪어 서구 근대화라는 사회풍조를 업고 대약진한 탓에, 가야 불교전래로부터 2천년 역사의 한국불교가 불과 2백년의 신·구 기독교에 제 1종교를 내어주고 말았다.

70년대에 만들어진 공원관리법

60년대의 가난한 국가를 독재정치로 부강한 국가로 만든 박정희는 산업화 성공에 이어 전통문화를 복원 계승하는데 힘을 기울였고 대표적인 것이 경주 불국사를 비롯 전국의 천년고찰과 현충사와 같은 명승고적이었다.

국립공원의 지정도 그때 만들어 졌다. 도로를 내고 건물을 해체 복원해서 관광지로 개발하였다.

1백년 전만해도 산중에 호랑이 등 사나운 맹수들이 살고 있는 천년 고찰에 일반인은 쉽게 접근 할 수 있는 땅이 아니었고 해방 후 역시 도로가 없어 갈 수 없는 성역의 땅이었다.

박정희의 사찰복원과 맞물려 관광지 개발정책으로 오늘날 국민들이 누구나 국립공원에 있는 사찰에 갈 수 있게 되었다.

왜 천년 고찰이 있는 대부분의 지역이 명승고적이고 산림이 우거진 휴양지며 숲과 물, 공기 등이 청정한가.

단적으로 말해서 그 옛날 조정과 국가가 땅을 희사하고 사찰을 지어준 것도 많지만 청정자연과 사찰문화유산을 지킨 것은 사찰에 살았던 승려들이었다.

특히 조선조 5백년 행해진 유교지배층은 사찰을 파괴하고 승려들을 핍박하는 불교 말살정책을 폈으나 왕실이 관여하는 사찰과 외적의 침략을 막기위한 군막사찰, 깊은 산중의 사찰은 거의 목숨으로 지켜낸 불교 승려들 때문에 살아남게 되었다.

조선왕조실록 등 국가역사 문화재를 지키는 사고史庫도 병화와 자연재해가 없는 산중사찰에서 관리한 것은 무엇을 말해 주는가.

오래전 비행기를 타고 산을 내려다보고 전 국토가 묘지화 되었음을 개탄한 적이 있다. 묘지를 쓰면 나무를 훼손하고 1백년 동안 흙과 물이 썩어 못쓸 땅이 돼 버린다. 일반인이 산중에 가는 것은 전통적으로 보면 약초를 캐거나 묘지를 만드는 일 밖에 없었을 것이다. 1천년 고찰은 수 천년 역사와 문화를 간직한 소중한 문화유산이며 1천년을 가꾸어온 불교인들의 성역이요 자연생태 유산임을 정부와 국민들이 깊이 인식해야 한다.

수 천년동안 관심이없던 험한 산중을 수많은 고승대덕들과 수도승들의 피나는 노력으로 가꾸고 지켜 온 것을 하루아침에 국가가 무단점령해서 국민이라는 이름으로 사용하는 것은 사유권침해이며 민주주의가 아닌 사회주의와 독재정권의 발상이다.

개인과 작은 집단이 땅을 뺏기고 불이익을 당했다면 법률 소송이라 하지만 워낙 넓은 면적의 산림을 차지하는 방대한 자연공원지역을 어떻게 국가를 상대로 소송하기란 현실적으로 힘든 노릇이다.

크게 보면 종교도 국민 속에 있고 사찰도 국가 안에 있으므로 국가 없이 종교와 사찰의 권리를 내세울 수 있느냐 하겠지만. 민주주의의 법률은 개인과 단체의 권리를 우선 보호한다는 것을 알아야한다.

뒤늦었지만 역사 속에서 오랫동안 핍박과 탄압을 받아온 한국불교가 제자리를 찾는 일은 불교와 국민 모두가 상생협력과 행복으로 인도하는 길이다.

만일 정부의 법안대로 자연공원법 개정이 이루어지면 사찰의 생태환경이 파괴되고 그렇지 않아도 애꿎은 사찰측에 욕을 해대는 국민들이 온갖 위락시설과 공격적인 교회시설로 넘쳐난다면 큰 재앙이 될 것이다.

예컨대 박정희 정권 때 지은 콘크리트 건물로 대장경판을 옮겼다면 세계문화유산이요 민족의 얼인 팔만대장경판이 훼손되었을 것이다. 원형그대로 오랜 세월동안 관리해온 승려들의 고집 때문에 보존되고 있는 것이다. 작은 예를 들었지만 국가의 행정 편의주의와 국민들의 몰이해로 인해 갈수록 산중은 도심화로 변해가고 자연환경과 문화유산은 파괴되고 있다,

기독교 정권의 탄압정책이라는 오해를 불식시키기 위해서라도 40년 동안 국가와 국민에게 무상으로 제공한 국·도립 공원지역에서 사찰 부지를 되돌려 주고 문화유산 지역으로 고시하는 것이 불교문화의 보호는 물론 후손들에게 물려줄 우리들의 빛나는 역사 문화유산을 지키는 일이며 수 천년 동안 수많은 외침과 내분으로 민족과 국가가 망하지 않고 지켜낸 것 또한 불교의 힘이라는 것을 솔직히 인정하고 깨달았으면 한다.

다빈치코드와 기독교의 진실

유일신과 만신의 나라

신화와 역사

며칠전 신문칼럼에서 단수 이명박, 만수 정주영을 흥미롭게 읽었다. 단수 곧 수가 하나뿐인 이명박은 하나에만 집중하는 능력을 가졌으니 다른 것은 보이지 않는다는 것이 단점이요 한가지만은 확실하게 밀고 나가서 해결한다는 것은 장점이다. 만수는 만가지 수를 뜻함으로 정주영은 한가지 일에 몰두하기보다 전체를 통찰하고 종합적으로 판단하는 통합력을 지녔다는 것이다. 나는 이 글을 읽고 마치 정규적인 교육을 받지 않은 정주영이 산위에서 벌판을 굽어보고 백만대군을 지휘하는 영웅이라면 이명박은 일개 부대의 용감한 부대장 같다고 여겼다. 아닌게 아니라 정주영은 오직 조국의 근대화라는 통치이념으로 무장한 철인鐵人 박정희를 만남으로써 신화적인 경제영웅이 되었다.단수와 만수, 다른 것으로 보면 어떻게 될까?

단수가 기술자라면 만수는 총감독, 경영인에 해당될 것이고 단수가
교수라면 만수는 총장, 이사장쯤이 될 것이다. 만약 종교에 대비하면
단수는 유일신이요 만수는 만가지신을 신봉 하는 무속신앙이다. 사막
에서 발생한 유일신 신앙은 만물이 하나의 신이 만들고 귀속됨으로 오
직 하나의 신만을 강조한다. 반대로 무속신앙은 자연과 초자연현상이
수없이 많은 신들의 영향아래 있다고 믿는다.

단수는 기능, 만수는 지혜

인류역사는 신화로부터 탄생했다. 수천년동안 수많은 부족, 종족민
족이 생기고 사라졌지만 그 만큼 많은 신화가 있었다는 것이 문화인류
학에 의해 밝혀졌다. 모든 인류역사는 동물 자연 인간을 신으로 숭배
한 원시문화의 역사를 갖고 있었고, 인간이 인간을 지배하고 정복한
배경에는 탐욕적이고 비극적인 유일신 신앙이 자리잡고 있었다.

굳이 역사적 사실을 밝히지 않더라도 로마시대 이후 근대에 이르기
까지 무려 1500년 이상을 유일신사상이 지배했다. 그러니까 만신을
의미하는 무속신앙이 어머니 할머니의 사랑이라면, 유일신은 그의 아
들로써 역사적 가부장제도의 산물로 마치 전쟁터에 나가는 용감무쌍
한 무사와 같다.

인류역사는 신화에서 역사로 발전했듯이 수십만년동안 동물과 공존
하던 원시인인 인류는 쇠와 불을 만들고 활용하던 청동기 철기시대의

5~6천년 전에 비로소 문명과 문화가 생기고 인간이 자연을 정복하면서 강해진 무력의 힘으로 강자가 약자를 지배한 역사를 계승한 것이 현대인이다.

영국 산업혁명, 블란서 시민혁명의 불과 200여 년 동안 인류는 수만 년의 신화시대를 졸업했지만 아직도 유일신 문명이 주는 강자의 논리 강자가 약자의 모든 것을 빼앗는 지배의 정치, 종교권력의 맛은 포기하지 못한다.

예전에는 신을 내세우고 신에게서 통치권력을 위임 받은 권력자나 성직자가 돈과 권세, 세속적 부귀영화를 보장받았으나, 현대는 반대로 돈과 권세가 있으면 무한욕망을 채울 수 있고 신 마저도 부릴 수 있게 된 세상이다. 우리속담에 "돈만 많으면 귀신도 부린다"는 말이 있으니 말이다. 단군신화보다도 훨씬 낮은 수준의 신본주의 유일신 신화는 전쟁과 정복의 논리로 세계를 오랫동안 지배했으나, 인본주의의 인간중심 민주주의와 생명공존을 말하는 21세기 생명과학 우주통신시대에 와서 만신사상의 유용함을 깨닫게 되었다.

유일신독재에서 만신 생명수호자로

인간을 미혹하고 물리적 힘을 숭배하는 만신이 아니라 신(생명, 자연, 지혜, 평화)와 자연, 인간을 묶어주는 연결고리로써 원초적 에너지를 뜻하는 만신신앙으로 복귀해야 한다. 태초의 어머니는 아득한 신화만 아니라 자식이 어머니 뱃속에 있을 때를 의미하며 생명체로써 이세상에 나올 때 역사는 시작된다. 신화는 역사를 낳은 위대한 어머니 자궁이며 태초의 빛이다. 역사는 현실이고 힘이지만 신화의 탯줄을 끊고 나와 어머니를 배신할 수 없다. 유일신신화는 어머니를 죽이고 (희생양) 세계를 정복한 살육의 문화가 아닌가?

프로이드, 니체, 슈바이처, 토인비와 아인슈타인 등이 지적한 것처럼 21세기의 희망은, 탐욕적이고 폭력적이며 비이성적인 전쟁의 유일신 논리는 사라지고 공존과 평화, 사랑과 평등을 말하는 동양의 신화에서 찾아야 한다.다만 신화를 풀어서 이 세상이 온전한 평화로 나아가려면, 수천년전부터 신화를 넘어 인간 생명공동체를 말하는 불교의 역할이 지대 하다.

불교는 인문 사회, 자연과학의 열쇠를 쥐고 있는 오래된 미래의 해답인 까닭이다. 1,2차 대전 이후 서구지성이 불교의 우주, 자연 평화주의로 빠르게 바뀌고 있는 이유를 깨달아야 한다. 극동의 오지에서 바라보는 우리는 오직 눈앞에 현실이익에만 급급한 유일신주의로 다투고 있다. 좌우파, 남과북, 동과서, 기독교와 비기독교, 친미와 반미, 배타와 상극, 생명과 반생명의 옷자락에 언제까지 매달리고 있을 것인가?

선무당과 큰 무당 정치

유일신의 편협한 외눈박이 작은솥이 아니라 만신의 무궁무진한 지혜로 허허벌판에 용광로를 걸고 대립과 갈등을 녹여야 한다. 같은 꽃송이의 작은 화단이 아니라 천 가지 만가지 꽃이 형형색색으로 피는 대한민국의 아름다운 화원을 보고싶다.

이명박은 유일신의 제사장 신화에서 벗어나 세상을 살아 있게 하고 국민을 감동시키는 만인 제사장이 되어야 한다. 대통령 자리는 하나의 지혜(꼼수) 나 술수가 아닌 만개의 지혜와 술수가 필요한 자리로 천개의 손, 만개의 눈을 가진 관세음보살과 같다. 권력의 이름으로 국민을 이기려 해선 안 된다. 국민을 이기는 대통령이 없다고 하지 않는가? 촛불시위대에 맞아 죽을 각오로 앞에 나서라. 국민을 위해 살기보다 국민을 위해 죽으라 그러면 이명박은 역사에 남는 성공한 지도자가 될 수 있다.

다빈치 코드와 기독교, 허구와 진실

약탈 테러, 음모와 배신의 제국주의 종교

푸르른 늦봄답지 않게 낮 동안 뜨거운 태양이 내려쪼이다가 해지는 저녁이나 싱그러운 새벽녘이면 비단 같은 봄바람이 볼을 부드럽게 스치는 오월 하순이다.

낮에는 뻐꾸기 울고 줄장미와 아카시아가 향긋하다. 밤에는 소쩍새 울음이 어린 시절 고향생각을 나게 한다. 그래서 오월은 일 년 중 좋은 날이 많고 쉬는 날이 많아 행복한지 모른다.

며칠 전 부터 극장가를 뜨겁게 달구고 있는 다빈치코드를 짬을 내어 감상하였다. 원작의 복잡하고 현란한 구도와 재미에 비할 바 아니지만, 영화 한 편으로 압축하기에는 무리가 많고, 감동이 적었다. 다만 원작과 영화가 어떻게 다르고 대중들의 반응은 어떨 것인지 궁금해서 연중 한 두 편 볼까말까 하는 영화관을 찾았다. 참고로 나의 젊은 시절은 독서광, 영화광이라고 할 정도로 명작 소설이나 명작 영화는 빠짐 없이 보아야 직성이 풀렸고, 영화에서도 깊은 인생철학과 교훈을 감동 적으로 학습한 것이 적지 않다.

아무튼 경기지역의 작은 극장에서 매회 마다 표가 매진된다고 하니 전국 수많은 극장가 열풍은 가히 짐작할 만하다. 9십 여 국가에서 동 시 개봉된 다빈치 코드는 천문학적인 수입이 예상된다고 보도된다. 영 화에 대한 언론과 평론가의 평가가 상반되는 모양이지만 다빈치 코드 의 성공은 수 년 전 댄 브라운의 원작소설이 세계적인 초베스트셀러가 됨으로써 벌써부터 예견된 상황이다. 한국에서 이백만 부를 넘어선지 일 년 전이고 계속 베스트셀러 목록에서 빠지지 않는다. 세계 각국에 서 총 사천만 부를 넘어 오천만 부에 육박하리라 한다. 영화를 상영하 기 까지 우여곡절도 만만치 않았다. 바디칸의 고위 성직자들이 소설과 영화를 비난하면서 예수의 신성을 모독했다고 항의하였다.

그리고 영화상영이 임박한 시점에 가톨릭 단체와 개신교 단체들이 영화내용의 부당성을 제기하고 법에 호소하였다.

한국에는 가톨릭보다는 개신교의 한국기독교 총연합회가 법원에 상 영금지의 소송을 냈으나 이유 없다고 각하되었고, 이에 낙담한 많은 개신교 목사들은 신도들을 상대로 영화보이콧 운동을 벌이는가 하면 어떤 과격한 기독교단체는 청년들을 동원하여 주요 영화관을 점령하 고, 관객이 못 들어가도록 방해할 것을 논의했다는 보도가 있다.

사람들은 말한다.

다빈치 코드의 무엇이 전 세계를 경악 속에 빠뜨리게 했는가. 무엇이 그토록 기독교 단체와 기독교인을 흥분시키고 충격에 휩싸이게 하는가. 그리고 말한다. 소설은 그저 소설이며, 영화는 그저 영화에 불과하다고. 소설과 영화는 허구의 산물이나 실제로 영향을 받는 것은 기독교 단체와 기독교인이다. 그래서 민감하게 반응하고 총력을 다해 저지하는지 모른다.

다빈치 코드의 진실은 무엇인가

영화는 빠른 속도로 박진감 있는 배경음악과 함께 진행되었다. 루브르 박물관 큐레이터 암살에 이어, 주인공과 경찰이 쫓기고 쫓는 007작전을 연상케 하는 장면이 계속 이어지고, 가톨릭 주교의 지령을 받은 광신자가 주요 인물들을 테러 암살하는 장면이 포착된다. 사람을 하나씩 죽일 때마다 광신자는 신의 메신저로 자처하면서 스스로 극단적인 육체의 고문을 자행한다. 역사에 자주 등장하는 참회 및 기도의식이다.

이 영화는 원작에 따라 파리 루브르 박물관을 주 무대로 생쉴피스 성당, 로슬린 예배당, 악소거리, 빌레트 성과 런던의 템플 교회, 웨스트민스트 대사원, 세인트페이스 예배당을 배경으로 삼은 가톨릭 역사의 비밀을 파헤친 영화이다. 예수가 십자가에서 죽고, 부활한 것이 아니라 죽음 직전 이집트로 박해를 피해 도피했으며, 예수의 자식을 잉태한 막달라 마리아는 프랑스로 망명해서 예수의 혈통을 잇게 되는데,

5세기 프랑스, 독일 왕국을 지배한 메로빙거 왕조라는 것이다.

11세기 십자군 전쟁 때 창립된 시온 수도회와 템플 기사단은 예수의 후손을 지키기 위한 비밀단체이며, 반대로 예수의 혈통을 부정하고 없애기 위해 바티칸의 가톨릭 폭력조직 오푸스이와의 대립과 갈등, 은폐와 조작이 펼쳐진다.

소설을 몇 번 읽은 독자가 아니라면 영화 한 편으로 쉽게 이해되지 않는 난해한 부분이 많고, 두 시간 반이라는 시간이 지루하게 느껴질 것이다. 나는 오래전부터 기독교의 실체와 역사전개에 대하여 궁금증과 아울러 많은 의문점을 가졌고, 여러 가지 자료를 섭렵하였으며 다빈치 코드는 사실상 소설의 형식을 빌린 인간의 자유의지를 향한 종교권력의 고발이라는 점에서 이 영화는 허구가 아닌 다큐멘터리에 가까운 영화라고 본다.

기독교는 막달라 마리아가 창녀라 하는데 예수의 십자가 처형과 부활을 목격한 사람은 마리아가 유일하다.

이상한 노릇이 아닌가. 이천 년 동안 마리아를 창녀로 규정한 이유는 바로 예수가 부활한 신이 아니라 결혼까지 한 예수의 수제자이자 부인이기 때문에 신성을 침해한 장본인을 죽이지 않으면 기독교의 음모를 유지하지 않을 수 없었다. 종교의 절대 권력이 힘을 잃은 탓인지 수 년 전부터 예수와 기독교의 왜곡된 역사를 다룬 저작물들이 쏟아져 나오고, 위성방송에서는 권위 있는 학자들이 나와 종교역사의 진실을 다루고 있다.

다빈치 코드 역시 성배와 성혈, 성배와 잃어버린 장미 등에서 주요 모티브를 따왔고, 작가의 역사학, 기하학, 수학, 종교학의 넓은 지식이 예수의 혈통과 기독교의 비밀을 파헤치며 정교한 구성이 더 한층 흥미를 불러일으킴으로서 세계적인 성공을 거두고 있다고 본다.

다빈치 코드에서 예수의 부인으로 인정된 막달라 마리아. 마리아는 모나리자의 주인공이기도 하다. 마리아는 예수의 딸 '사라'를 낳는다.

모나리자와 막달라 마리아의 실체

다빈치의 최고걸작이라 알려진 모나리자는 알듯 말듯한 희미한 미소만큼이나 수백 년 동안 신비가 감추어져 왔다.

모나리자의 실존 모델이 누구라는 설이 분분했으나 정작 사실로 밝혀진 것은 하나도 없다. 신비한 미소를 띠고 있는 성스러운 모나리자는 대체 누구인가. 다빈치 코드에서 작가는, 모나리자는 예수와 마리아의 합성한 그림에 불과하며 모나리자는 바로 막달라 마리아라고 단정 짓는다.

그 근거로 외형적으로 너무 닮았으며, 도마복음에 막달라 마리아가 예수의 여섯 제자 중 한 명으로 되어있는데 예수의 사후 삭제되었고, 수제자 베드로의 질투 때문에 없어졌다는 것이다. 교황 성 그레고리오 1세는 591년 막달라 마리아가 창녀였다고 강론했다.이후, 막달라 마리아는 1400년 동안 매춘부로서 기독교의 신성모독죄를 뒤집어쓰고 역사의 무대에서 사라졌다.

1988년 교황 요한 바오로 2세는 그녀를 사도중의 사도라 복권시키고, 천한 신분을 해방시켰다. 내 생각으로도 수녀들이 받드는 성모마리아는 예수의 어머니가 아닌 막달라 마리아가 맞다. 역사속의 수많은 지식인과 과학자들을 단 한 가지 이단이라는 이유로 처형한 기독교가 과학의 발전과 인류지성의 진보로 더 이상 진실을 감출 수 없었기 때문이 아닐까.

인류의 진보는 절대 권력인 기독교에 저항하고 노예사상에서 해방된 순간부터 이루어졌다고 본다. 루터에 의해 촉발된 종교개혁 전까지 성직자가 아닌 일반인들은 성경을 볼 수 없었다. 만일 성경을 읽으면 죽음을 면치 못했을 것이다.

성경은 예수의 가르침 뿐 아니라 보는 시각에 따라 위험천만한 요소가 많이 들어있다. 기독교와 아무 관계없는 모세의 십계명을 기독교인들은 절대 윤리로 삼는다. 이스라엘인이 노예로 있던 이집트, 그리스, 로마를 비롯 메소포타미아, 인도 등의 각종 신화와 원시 신앙을 끌어들여 성경의 토대와 사상체계를 만들었다.

4세기 기독교를 국교로 삼은 콘스탄티누스 대제는 당시 로마의 태양신 미투라교를 기독교에 접목, 예수 탄생일로 정하고, 유일신 사상을 공의회에 선포하였다.(325년 니키아 공의회 밀라노 칙령)이후 인간예수는 신으로 만들어졌고, 이를 의심하거나 부정하면 모조리 이단으로 처형되었다.

기독교의 피의 역사가 시작된 셈이다. 예수가 사랑과 구원을 상징한다고 하면서 다른 한 편으로는 무서운 저주와 배타성을 지녀야 했는지 나는 오랫동안 종교적 진리가 아닌 정치적인 배경에 대해 의문을 품었다. 기독교인에게 미안한 말이지만 학식과 인격, 사회적인 배경까지 가지고 있는 멀쩡한 사람들이 기독교인이 되는 순간, 왜 일그러지고 추악한 인물이 되는지 숙제가 풀렸다. 바로 기독교는 신과 인간, 자연을 있는 그대로 보지 않고, 모든 것을 종교적 권력의 실체인 창조주 하느님 신의 종속물로 보기 때문이다. 인간을 정신적 노예로 만드는 노예 사상이 아닐 수 없다.

그리하여 기독교인은 말하기를 예수를 통하지 않고는 구원이 없다, 그리스도 외에는 저주이다, 여호와를 모르면 선행을 해도 가시만 거둔다, 바르게 잘 사는 길은 진리의 말씀, 오직 그리스도뿐이다, 오직 성령밖에는 진리도 구원도 없다는 등 요약하면 이런 말들을 절대 진리라고 맹신하여 어릴 때부터 혹은 사물을 분별할 능력을 가진 성인마저도 교회에 나가고 겨우 몇 개월 성경을 읽는 순간, 자신들이 구원자가 되어 비 기독교인을 핍박하게 되는 세뇌교육에 빠진다.

한 번 맹신과 광신에 빠지면 부모형제의 인륜도 친구의 의리도 인간과 자연의 이치와 과학의 합리주의에도 눈감게 된다. 오직 예수천국이오 불신지옥이다. 대한민국을 전국방방곡곡 날마다 소음공해를 일으키며 외국인들이 이해 못할 행동을 보이는 것은 기독교 사상의 근본이 본래부터 존재하는 것이 아닌 후세에 조작된 것이기 때문이다.

카나다의 진보적 종교학자 오강남 교수는 4월 14일자 동아일보 인터뷰와 그의 저서들에서 성경에 쓰인 것을 문자 그대로 믿는 근본주의 기독교인은 현재 유럽에서는 사라졌고, 미국에서 30% 있으나 한국은 90% 이상이라 하였다. 한국 기독교인이 불교 등 타종교를 박멸하자고 나서는 사람이 많은 것은 성격의 무오류성, 문자주의에 기인한다는 것이다.과연 그럴까

기독교인의 거짓과 정신질환

한국 기독교인이 성경구절만 가지고 순수하게 판단하는 것이 사실일까. 불교학 박사를 받을 정도로 진지하고 순수한 입장의 기독교인 오 교수는 기독교의 왜곡을 문제 삼으면서 결국 한국 기독교를 옹호하는 결과를 가져올 수 있음을 알아야 한다.

결론적으로 말하면 한국 신 구교 기독교는 유럽과 미국이 만들어준 외세 문화요, 권력 종교일 뿐이다.지난 1세기 휘몰아치던 근대사의 파란만장한 질곡에서 세계 식민지 야욕의 전략 목적으로 기독교 선교를 앞세운 유럽, 미국이 한국에 와서 최고의 성공을 거둔 것에 불과하다. 광신적 기독교 성직자들이 툭하면 부르짖는 제 2 이스라엘이 한국이고 수많은 구세주가 탄생되고 꺼져가는 세계 기독교가 한국에서 부흥하는 것은 하느님의 역사이고 축복이며 섭리일까.만약, 한국에서 과거 역사 청산대상이 있다면, 나는 먼저 미국도 일본도 아니오, 좌우익의

정치이념이 아니라고 생각한다. 바로 기독교의 척결이다. 철저한 사대
주의이며 강자에 맹종하는 기독교인들의 청산이다. 철저한 친일, 철저
한 친미, 독재 권력과 철저한 야합, 좌우 이념의 갈등, 민족의 분열, 사
회적 가치관의 파괴는 어김없이 기독교와 기독교인이 핵심에 자리 잡
고 있다. 기독교인들이 올바른 성경의 해석과 인간의 진리, 자연의 법
칙에는 눈감고, 목사와 신부들이 시키는 대로 광고포스터 수준의 획일
적인 언행을 일삼는 것은 기독교의 증오와 광기의 역사에서 찾아볼 수
있지만 무엇보다도 돈, 권력, 출세 등의 인간의 원초적 욕망에 사로잡
혀 있기 때문이 아닐까.

믿으면 모든 것이 해결되는데 무엇을 고민하고 사색할 것이며, 타자
와 대화, 토론할 필요가 있을까. 예수 믿으면 복 받고, 잘 살고, 구원
받고, 내세에 까지 천국을 보장 받지만 믿지 않으면 죄악이고 불지옥
이며 불행이라고 저주와 협박을 가르치는 종교, 그것이 기독교의 실체
가 아닌가.기독교의 신은 태양신으로 인간의 삶을 좌우할 수 있으며,
그리스 제우스신처럼 인간과 세상을 마음대로 만들고, 파괴하며 한국
의 기독교 힘 있는 대형교회 목사들처럼 돈과 여자를 자유자재로 부릴
수 있는 신이다.

예수의 십자가를 내세워 인류역사에 정복과 탐욕의 도살극을 벌이
는 제국주의 십자군들. 그들은 선신善神의 군대가 아닌 악마惡魔의 군대
이다. 인류는 각성하고 단결하여 십자군의 시대를 끝내야 한다.

예수가 아닌 이스라엘 부족신 여호와를 빌려서 우주만물의 창조신

으로 각색하고, 이 신 역시 시기와 질투가 많아서 세상을 사랑하다가 기분 나쁘면 하루아침에 쑥밭으로 만들고 인류를 몇 번이나 몰살시키는 무서운 악귀의 신이다. 기독교가 이처럼 천수천안의 관세음보살처럼 오직 자비와 사랑이 아니라 저주와 죽음의 신까지 합해서 수십 수백의 신(창조신화)을 용광로에 넣어 한 개의 신을 만드니 그것이 유일신이다. 말하자면 수 천 수 만의 권능을 지닌 괴물이다.

다빈치 코드나 앞서 나온 수많은 저술들은 인류 역사를 좌지우지 하면서 인간을 지배했던 절대 종교를 상징하는 기독교 유일신의 악령과 저주에서 해방되고자 하는 휴머니즘의 발로에 다름이 아니다. 아마 이런 종류의 기독교 바로 알기, 내지 종교 비판 서적은 수십 년 전만해도 출판되기 어려웠을 것이다. 개인이 종교 집단 권력을 상대하기 불가능했을 것이며, 단일화 된 유럽사회에서 다원화의 진보적인 견해를 밝히는 것은 비웃음을 샀을 것이다.

필자 개인의 체험으로 12년 전 어느 종교 심포지움의 기독교 역사를 발표하는 자리에서 진보적이고 양심적인 개신교 목사와 필자의 말에 반발과 증오감을 보이는 가톨릭 고위급 신부와 언쟁을 벌인 적이 있고, 수백 명이 꽉 찬 강당에서 독일 대학의 민중 신학을 전공했다는 가톨릭 대학 교수에게 한국 기독교의 성장은 반공과 친일, 권력과 전통문화의 억압에서 비정상적으로 발전한 것으로 기독교의 힘만이 아닌 독재 권력의 비호 때문이 아닌가 하고 신랄한 질문을 던졌으나, 민중 신학자라는 그 신부는 방청객이 거의 기독교인 탓인지 모르나 필자에게 냉소와 부정으로 답변을 회피하면서 동시에 방청객들이 야유의 폭소를 터뜨렸다. 진지한 강연의 진실한 질문과 답변이 오가는 지성적인 자리에서 획일적이고 감정적인 이야기만 있을 뿐, 다른 견해는 용납할 수 없는 집단적인 광기가 얼마든지 일어날 수 있는 사회가 오늘의 우리 현실이다.

종교권력과 정치이념은 같다

종교가 정치이념처럼 권력의 우상이 되면 좌파든 우파든 관계가 없다는 것이 나의 체험에서 오는 깨달음이다.

그리고 몇 해가 흐른 후, 요한 바오로 2세는 2000년 대희년을 맞아 기독교가 인류에 끼친 범죄와 잘못을 반성하고, 회개하는 성명서를 발표하였다.

작년에는 한국 개신교 원로 목사들이 기독교의 친일과 반공, 독재권력에 야합하고 불교 등 타 종교에 침해를 가한 사실 등에 사과하는 공동 성명을 발표하였다.

그러나 대다수 한국 기독교인들은 신 구교를 막론하고, 이번에 다빈치 코드와 기존의 역사서를 한낱 소설과 영화의 허구일 뿐이라 주장하면서 수백 년 동안 선구적이고 진보적인 사상과 이념을 무시해버리며 여전히 우리 아버지가 세상에서 최고라는 유아적인 정신분열증에서 벗어나지 못하고 있다. 이른 바 자각이 없고, 맹신적이다 보니 시대변화를 읽지 못하는 탓이다.

16세기의 진보적 사상가 스피노자는 우주를 창조한 신은 없다고 했다. 이 세상을 지배하는 종교 권력을 부정했다. 18세기 프랑스 대혁명 때 1%의 가톨릭 사제가 10분의 1의 방대한 땅을 소유하면서 권력과 결탁한 끝에 혁명이 일어나자 1천여 명의 신부가 시민들에게 죽임을 당하고, 교회가 무너지며 교황이 나폴레옹에게 피살되었는지 역사적인 성찰이 전무한 형편이다.

20세기 세계적인 철학자 니체는 '신은 죽었다'.

'신은 더 이상 필요 없다'

라고 선포했으며 쇼펜하우워, 하이데커 등은 신이 아닌 인간의 실존에 대해 왜 고민했는가.

영국의 대석학 러셀은 '나는 왜 기독교인이 아닌가' 에서 '내가 바라는 세계는 집단적 적대감에서 해방된 세계 만인의 행복이 투쟁이 아닌 협력에서 나올 수 있는 깨달음 있는 세계이며 그런 뜻에서 유일신 신앙의 기독교는 갈등과 대립을 초래함으로써 인간의 정의와 평화를 해칠 수 있기 때문이다'라고 말했다.

토인비 역시 20세기 최대의 사건은 '기독교와 불교의 만남'이라고 했으며 '21세기에 맞는 종교가 있다면 독선, 배타의 자기중심적 종교가 아니라 자기중심주의를 벗어난(무아, 무집착의 객관적 관용주의) 불교가 될 것'이라 설파하였고, 아인슈타인은 '현대과학의 결여된 부분을 메꾸는 종교가 있다면 그것은 바로 불교이다'라고 지적했다.(박광서 서강대 물리학 교수의 저서와 하버드대 출신의 현각의 법문) 21세기의 성자라 일컫는 슈바이처 박사는 생명외경을 말했다. 백인 기독교인들이 아프리카를 점령하고 노예로 삼아 수천만 명을 학살(유대인들이 이집트와 로마에 노예로 있었던 역사적 교훈을 망각)하거나 또는 미국과 남미에서 원주민 일억 만 명을 죽이고 땅을 빼앗은 사람들이 유색인종보다 더 무가치한 동식물 곤충까지도 생명의 존엄성을 말하는 불교의 생명사상을 펼치게 되었을까.

1차 대전과 2차 대전은 과연 국가 간의 분쟁이 원인이었을까. 절대권력 기독교가 개입되지 않았을까. 그것도 깊은 연관성이 있다. 다빈치 코드에서 언급한 가톨릭 극우 조직 오푸스데이는 나치스 당원이며 정신병력이 있는 에스크리바 신부가 1세기 전에 창립하였다. 엄격한 규율과 극단적인 금욕주의, 철저한 비밀과 세뇌교육이 특징이다. 1992년 요한 바오로 2세는 그에게 복자시성을 내리고 추기경급이 아닌 주교급인 그에게 이례적으로 묘소에 무릎을 꿇었다. 그는 생전 히틀러를 찬양하였다. 히틀러 자신이 지독하고 광신적인 가톨릭 신자로서 2천만 명을 죽인 나치스의 만행은 가톨릭의 음모와 교황의 지원하에 이루어졌다는 것이 소설이 아닌 역사적 진실이다. 인류 역사에 있어 극우 보수 세력의 뿌리는 가톨릭이라는 것이 정설이며, 다빈치 코드에서 초보수적이라 말한다.

십자군 전쟁을 일으켜 이교도와 타민족을 침략 살해하고 사실을 은폐하며, 앞서가는 여성을 마녀사냥한 광기의 역사, 인간을 고문하고 살해하는 온갖 잔인한 방법과 고문 장치를 만드는데 선구적인 그들, 성직자가 전쟁에 나가 피를 묻히고, 재판관이 되어 인간의 생사를 가름한 종교 권력의 만행, 강자에게는 굴종하고 약자에게는 가혹한 피의 역사, 여성 장애자 유대인, 유색인종을 학대하고 말살하려한 기독교의 어두운 과거는 히틀러의 세계 지배와 신의 심판에 정당성을 부여했던 것이다.

개신교와 가톨릭의 역사적인 범죄

개신교 역시 부패하고 타락한 가톨릭을 단죄한 후, 새 지배 권력으로서 인류 역사에 씻지 못할 범죄를 저지르고 말았다.

루터와 칼빈은 청교도의 기치를 들고 반대 세력을 수없이 처형하였으며, 종교 개혁이라는 이름으로 민중을 지배 억압하였다. 결정적인 것은 영국이 세계를 지배하고, 유럽이 남미를, 미국이 북미를 차지하고 200년 후 2차 대전의 최강자가 됨으로써 기독교는 새로운 파트너를 만나 세계적인 지배자로 부활하였다.

기독교인들이 밤낮 외우는 주문처럼 하느님의 은총이나 섭리, 성령의 가호는 새빨간 거짓말이고 사실은 막강한 군사력과 침략의 야만, 사탄과 하느님보다 무서운 핵무기의 보유 및 사용 때문이다. 수많은 양심적인 지식인, 선구적인 사상가, 평화주의자, 진보적인 과학자들처럼 다빈치 코드는 21세기 인류의 지향점을 밝힌다. 새 술을 새 부대에 담기 위해서 21세기인류와 지구의 공존을 위해서 패러다임의 대전환이 필요할 때라고 말한다.

그렇게 하기 위해서는 과거 인류가 걸어온 길, 어두운 기독교 지배의 역사를 태양 앞에 드러내어 음습한 광기를 없애는 것이라 제시한다.

다빈치 코드가 단순한 소설이나 허구가 아닌 역사의 진실과 사실에 입각한 역사기록이요, 천년 왕국 기독교 고발 작품이라는 의미가 매우 충격적인 것이다. 다만 평범한 인간들로서는 이해하고 소화하기 힘든 것도 사실이다. 왜냐하면 기독교가 세상을 지배하건 몰락하건 자신과 상관없는 일일 수 있으며(맹신도 및 이해관계가 있는 사람을 제외하고) 여전히 세상은 변하지 않을 것으로 믿으며, 살아가는 데 불편이 별로 없을 것이라 믿기 때문이다. 그렇지만 불교의 인연, 인과론에 의하면 이 세상은 수직과 수평으로 자신과 그물처럼 엮어져 있다는 사실을 깨달아야 한다.

태평양 건너에서의 나비 날개 짓이 수만리 밖에서 태풍이 되고 황사와 오염물질이 수 천 수 만 킬로를 뒤덮으며 지구 온난화가 인류의 재앙이 되는 세상이다. 기독교의 우주 정복자이며 절대 우상인 여호와 하느님, 천주님은 이 세계의 수호자가 아니며, 파괴자라는 것이다. 그들은 가짜 예수를 진짜 예수로, 가짜 하느님을 진짜 하느님으로 둔갑

시켜 인류역사를 왜곡하고, 지배하는 것이 생명과학과 우주과학, 위성
통신과 컴퓨터라는 첨단과학 문명 앞에서 그 실체를 드러내고 말았다.

다빈치 코드에 이어 최근 출간된 '예수 후 예수'는 기독교의 기원을
낱낱이 파헤치면서 인간의 아들이 어떻게 신의 아들이 되었는지 역사
적 사실을 근거로 기술한다. 그리고 기독교의 종말을 예고한다.

미국 우파와 바디칸, 중국, 러시아 등의 좌우파 세력으로 분열되어
마치 조선조 말이나 해방 정국을 닮아있는 한국은 표면적으로 대단히
안정적이고 부강해 보이지만, 내적으로는 태풍의 눈을 안고 있다. 분
열적이고 소모적인 좌파세력도 걱정이지만, 미국의 직간접 영향을 받
고 있는, 특히 기독교의 역할은 절대적인 상황이다. 선악이나 인권과
진실, 신과 악마와 아무 관계없이 한국 기독교인은 대다수가 종교와
국익이라는 이름으로 미국을 맹목적으로 추종한다.

왜냐하면 미국은 많은 문제점을 지니고 있으면서도 여전히 최대강
대국이기 때문이다. 그러나 세월이 흘러 미국이 로마제국처럼 멸망하
거나 미국을 추월하는 강대국이 나타난다면 한국 기독교인은 틀림없
이 기독교를 버릴 것이다. 말하자면 오강남 교수의 말처럼 한국 기독
교인이 믿는 것은 성경이나 하느님 말씀이 아니고, 초강대국 미국의
돈과 힘인 것이다.

기독교의 종말과 그 대안

수많은 세계적인 지성인들, 종교 지도자, 과학자, 철학자들이 말하는 기독교의 대안은 무엇인가. 나는 단연코 불교의 중도 사상의 가치관이라 본다. 이 세계는 신과 악마의 흑백논리가 아니며, 좌우 선악이념의 대립으로 평화가 오지 않고, 세계 지배의 종교 권력은 환상이며, 오직 신과 인간, 자연이 하나인 평등 세계, 생명 공동체인 화엄 사상이 그 해답이다.

중도 화엄사상은 이 세계를 커다란 원으로서 감싸는 원융무애 정신으로 지배, 대립, 차별, 분열, 증오, 갈등을 치유할 인류의 마지막 구원 사상이라 할 것이다. 나는 오래 전, 엄숙하고 경건하며 고상해 보이는 가톨릭을 좋아하고, 한 때 동경하였으나, 수많은 자료를 섭렵하고 고민하며 때로는 이름난 성직자들과 교류하였으나 허상을 보았고, 인류 역사에 해를 끼친 종교 권력 집단임을 깨달았다. 물론 개인적으로 순수하고, 인격이 높으며 양심적인 사람이 많은 것도 사실이다. 오히려 사회적 범죄를 밥 먹듯이 하고 이기주의와 위선적인 천박한 개신교인들이 대다수인 한국 개신교의 현실이 더 부정적으로 비치지만 극소수이나 기독교의 잘못을 반성하고 심지어 성경과 기독교 역사 자체에 낱낱이 근거를 대어 정직한 비판을 하는 개신교 목사들이 훨씬 인간적이며 탈권위적이라 느낀다.

불교에도 구원이 있다 라고 했다가 추방당한 변선환 전 감리대 신학

대학장. 평생 동안 이화여대 교목으로 신학을 가르치며 불교와 도교의 교재를 가르친 김용호 목사, 불교와 다도문화를 전공하여 목사라고 내세우지 않는 무주상無住相의 전 연세대 교목이며 박물관장 윤병상 목사, 신학 교수이며 동시에 불제자라 자랑하는 정선경 교수, 개신교단의 양심적인 신학자 김경재 한신대 목사, 불경을 번역하고 가르치는 이현주 목사, 기독교인이면서 종교학을 가르치는 불교학 박사 오강남 교수, 수십 년 간 기독교 교리와 역사에 날카로운 분석을 한 '기독교 대 조작사'의 심상용 목사,

'교회가 죽어야 예수가 산다'의 한용상 장로, 수십 년간의 불교학 연구에 몸 바쳐 '보살 예수'를 펴낸 하바드 종교학 박사 길희성 교수, 칠십 평생 기독교인으로 종교철학과 여성학을 대중화하는데 앞장서다가 작년 말 달라이라마를 만나 감화를 받은 황필호 박사, 종교의 자유를 위해 맞서 싸운 제자를 감싸다가 사직한 '한국 교회는 예수를 배반했다'의 저자 유상태 목사, 무교회 민중 기독교 사상을 위해 한평생 투쟁한 함석헌 선생, 인간과 벌레의 DNA가 98% 일치한다며 불교의 윤회 사상을 입증한 열린 사고의 기독교 최고 과학자 김용준 박사, 민족 분단과 독재 권력에 항거한 문익환 목사 등은 내가 직간접으로 만나본 한국 개신교의 양심이며 희망이다.

다수 기독교인들이 맹신하듯이 기독교 자체와 성경을 비판하면 사탄이요 징벌을 받을 것으로 믿는데 바로 그것이 세상의 종말이 아닌 기독교의 종말과 멸망을 가져올 이유가 된다. 스스로 정화하고 개혁이

없는 집단은 발전은 커녕 정체되어 역사의 뒤안길로 사라지고 마는 것이 냉엄한 인과법칙이기 때문이다.

현재 유럽, 미국에서 불고 있는 불교와 명상문화, 동양문화의 열풍이 아닌 정착 내지 접목 단계는 이 세상 어느 것도 상대가 없이 홀로 존재하는 것은 고립을 자초하는 것으로 잘못된 과거사를 청산하고 새로운 문화로서 생명을 이어가고자 함이다. 그것의 선두에 불교가 있다.

한국 기독교인들은 과거 유럽, 미국인들과 조선조 말 지식인들이 그랬던 것처럼 자신들은 항상 선택받은 사람들로서 신과 하늘의 성령과 계시를 받는 특별한 존재라고 자만하며 착각한다. 이 점 때문에 기독교인들이 비현실적인 몽상가나 종교적 절대주의의 오류를 깨닫지 못한다.

로마황제가 만든 하나님 우상을 버려야

인간의 운명은 어떤 절대자나 숙명이 결정하는 것이 아니라, 스스로 개척하는 것이며 인간은 또한 다른 인간과 똑같은 존재로서 자연법칙이라는 보이지 않는 신(인격신이 아닌)의 일부인 것이다. 다만 세상과 인간을 인식하고 초월하는 정신적인 능력이 다른 생명체보다 뛰어남으로서 영장류라 생물학에서 부르는 것이며 종교적으로 만물의 주인(인간) 세상의 주인(창조주, 마음)이라 하는 것이다. 인간이 다른 인간을 지배하고 자연(신)을 정복하는 것은 종교적인 개념과는 반대로 정치 권력적인 개념인 것이다. 역사적인 정통보수 기독교와 한국, 미국의 기독교가 하느님의 사랑을 말하면서 탐욕과 지배를 버리지 못하는 것은 돈과 권력, 무력의 우상숭배 때문이 아닌가. 그것은 거짓 예수요, 사탄의 기독교임을 정직하게 고백하고 반성해야 한다.

한국 기독교와 미국 개신교, 바디칸 등이 과연 말로서가 아닌 실천으로서 세계역사를 창조적으로 바꿀만한 예지의 능력과 순수한 양심이 남아있을까. 21세기 초, 최대의 화두일 것이다.세계는 전쟁인가 평화인가 그것을 보면 그들의 앞날을 알 수 있다. 그들이 바꾼다면 공산주의 권력도 호전적인 이슬람 세력도 평화적으로 바뀔 수 있지만 호전적인 막강한 기독교가 바뀌지 않으면 적그리스도 세력도 바뀌지 않을 것이다. 신이 있으면 악마도 있지만 신이 없다면 악마도 없다. 이 세상은 절대적인 가치가 존재하지 않는다(무유정법無有定法) 상대적인 가치만 존재한다. 악마(악) 때문에 신(선)이 존재한다는 것은 궤변이며 세뇌교육의 결과이다.

나는 기독교인을 볼 때마다 예전에는 불쾌하고 탐욕스럽게 느껴졌으나 이제는 불쌍하게까지 보인다. 인생의 진리에 눈감고 사는 이들, 교조주의에 빠져 한치 앞도 볼 수 없는, 보려 하지 않는 사람들, 현실적인 욕망을 신의 은총이라 착각하는 이기주의자들, 부모조상의 은혜를 망각한 사람들, 인간의 가치를 모르는 냉혈적인 사람들, 정신병자 같은 환상을 쫓는 사람들(다빈치 코드의 주교와 오푸스데이의 광신자, 암살자 같은), 지구와 태양계, 우주와 자연은 자연법칙에 따라 인과율에 의해 움직일 뿐인데 마치 인간을 닮은 거대한 신(수퍼맨, 사실상 괴물, 드라큘라, 인디아나 존스 시리즈)이 있어 조종한다는 착각이다.

서구인들이 불교와 명상문화를 받아들이는 것은 바로 역사적인 기독교의 위대한 착각을 현실의 인간으로 인도하는 이유에서다. 눈 감은 인간에서 눈 뜬 인간으로 변모시키는 것이다. 인간이(또는 예수) 영원하고 전능한 신이 아니라 자연계의 고등생명체라는 자각이 아닐까.

기독교 광기가 공산당보다 위험한 이유

한국 기독교의 종교편향 역사

반공제일 주의의 친미국가로서 국가보안법이 시퍼렇게 살아 있는 한국은 겉으로는 자유 민주주의를 표방하지만 실제로는 사상 이념 집회의 자유가 보장되지 않는 준 독재국가인 허약한 민주국가다.

극우 보수주의자들이 말하는 건국 60년은 성공한 역사라 자화자찬하지만 실상 자유를 최대로 누려본 것은 DJ, 노무현 정권의 10년뿐이며 나머지는 독재 내지 준 독재 정권임을 부인할 수 없다.

흔히 성공의 역사를 떠올리는 경제 발전 산업화도 박정희 군사정권의 경제성장주의가 성공했기 때문이다.

그러나 박정희 정권은 오로지 경제 살리기를 위해 인권민주주의는 용납하지 않았고 국민들도 새마을 운동으로 열심히 일했다.

오직 경제 하나만을 바라보고 다른 가치들은 등한하거나 외면했으며 다수 국민들도 동조한 것이 사실이다.

흔히 독재를 말할 때 박정희 정권을 독재정치의 시발로 단정하는 사람이 많지만 앞서 이승만 정권이 12년 동안 독재정치로 인한 부정부패가 만연되어 있어 나라를 새롭게 개혁하겠다는 열망으로 나타난 것이 4.19 의거요 5.16 군사혁명이다.

물론 권력이란 한번 잡으면 놓기 싫은 속성이 있어 박정희 장군도 민간이양을 약속했지만 이행하지 못했다.

세월이 많이 흘러 이승만 박정희 정권을 평가하는 학자와 전문가들의 기록물이 넘치고있지만 세계사의 큰 흐름에서 본다면 2차 대전 종전 직후에 식민지 압제로부터 독립한 나라가 부지기수이고 대부분의 국가들이 한국과 똑같이 민족상잔의 내전과 전쟁, 군사독재 및 민간독재를 경험하지 않은 나라가 없을 정도로 판박이요, 정해진 공식이다.

중국, 남북한 동구제국, 남미, 아프리카, 아시아 등 세계공통이었다.

한국은 박정희가 독재정치인이었으나 근대국가를 만들기 위해 혼신의 힘을 쏟은 민족주의 또한 강한 지도자로 중공업 건설 기계산업에 주력한 덕분에 다른 국가들의 성장모델이 될 정도로 빠른 시일에 산업화를 이룩하였다.

그런 뜻에서 박정희는 단순한 독재자가 아닌 줏대와 사명감을 가진 민족 지도자로 평가할 수 있다.

건국 60주년과 기독교의 음모술책

1945년 일제해방인 광복절을 없애고 48년 정부수립 일을 건국절로 만들자는 여론이 이명박 대통령을 만든 뉴라이트와 기독교 지도자들 사이에 크게 일어나고 있다. 한마디로 역사를 왜곡 날조해서 특정세력을 이롭게 하자는 불순한 목적이 있다.

세계 어느 나라도 수백 년, 수천 년 역사를 지워버리는 얼빠진 나라가 있는가?

반대편들의 주장을 일부만 수용하더라도 민족을 양분하고 국토는 유사이래 가장 작은 나라가 되었다.

친미 기독교 국가를 만들기 위해 (월간조선. 김구와 이승만 참조)친일인사를 등용 하고, 항일애국자와 민주주의를 탄압한 독재의 원흉 이승만을 찬양, 지지도 모자라 국민적 영웅 국부로 모시겠다는 것은 친일 친미 주의자들의 망동이요 그 후손이 대부분인 기독교인들의 반역사적 행위로 심판 받아야 마땅하다.

이명박 정권이 5천년 역사의 대한민국을 불과 신구교 1, 2백 년의 기독교 국가를 만들겠다는 발상은 미국과 이승만 정부의 망령을 부활시키겠다는 것으로 시대착오적 광기의 가치관이다.

양심적인 기독교인이 더러 있지만 현실적으로 힘이 없다. 대부분 친일 친미 반공세력과 성경의 정복주의, 예수천당, 불신지옥이라는 유치하고 위험한 정치논리로 인간을 저주, 협박, 심판하는 기독교의 광기는 세계가 모두 버리고 있는 추세임에도 남북문제, 과거사청산, 미국, 일본, 중국, 러시아 등의 패권주의 때문에 위력을 발휘하고 대통령과 다수정치인, 다수지식인, 다수기독교인, 다수국민등이 예수의 사랑실천이 아닌 역사와 문화 전통종교 등에 몰지각한 파괴를 일삼는 것은 기독교 정복사에서 보는 반역사, 반인권, 반윤리, 반생명, 반민족적인 죄악을 되풀이 하는 것과 다름없다.

수천년 찬란한 문화와 역사의 수호신이 되어온 불교를 사탄으로 몰아 국민들을 분열시키는 결과가 어떻게 될 것인가, 종교편향의 해독을 아직 깨닫지 못하는 이명박 대통령과 공직자들, 기독교지도자들이 하루속히 눈을 크게 떠서 세상을 밝게 바라보아야 한다.

이대로 가다가는 정권은 무너지고 나라가 망한다. 강대국에 의해 찢겨졌던 1백 년 전의 역사는 반복된다. 올바른 역사관을 위해 최고 전문학자들을 모시고 역사를 다시 배워라.

역사의식과 사회의식이 없는 지도자와 집단은 광기로 흐르고 그래서 위험하다.

18 기독교 정치코드가 나라를 망친다

역사와 전통문화를 말살하는 기독교의 악행

몇해 전 기독교 TV에 장경동 목사의 설교장면을 보았다.

약간 어눌하면서 코믹한 연기, 무식하게 말하면서 사람의 시선을 끄는 듯한 연출력과 무엇보다 촌사람 같은 어리숙한 얼굴과 친숙하게 만드는 어법과 표정이 큰 일 내겠구나 하는 생각이 들었다.

그 뒤에도 가끔 기독교 TV를 틀면 그가 또 나왔고 그뒤 인기가 오르면서 공영 TV에도 여러 번 출연했지만 나는 흥미가 없었다. 내용과 메시지는 빈깡통인데 단지 말장난과 원숭이 흉내내는 듯한 제스처가 대중들의 웃음을 자아내는 모양이었다. 개그맨이면 몰라도 성직자가 개그맨 흉내로 대중의 인기를 사로잡는 것은 명백한 자기 비하요 기만술책에 다름이 없다고 믿는다.

장 목사가 희극배우로 성공하려면 성직자 옷을 벗고 배우로 전업해야 마땅하나 성직자 신분에 배우짓을 하는 것은 배우를 모독하는 일이요 대중을 기만하는 것이기 때문이다.

희극배우 이야기가 나왔으니 말이지 채플린의 명연기와 명대사가 생각난다. 돈과 권력의 우상을 비웃고 비난하는 채플린의 연기는 인간 정신의 보편적 가치이며 절대권력자 히틀러를 풍자하는 장면에서는 숭고한 휴머니즘을 읽는다.

장목사가 기왕 원맨쇼를 하려거든 장소팔, 백남봉, 배삼룡, 후라이보이, 서영춘 정도는 되어야 하지 않을까…

사실과 진실에 어긋난 그의 설교와 연기는 표리부동한 비인간적 병적인 웃음을 유발할 뿐이다. 도대체 그의 설교에 신명이 난 기독교인들과 대중들의 폭발적 반응은 무엇을 의미하는가?

부자 기독교 거지 불교는 사실인가?

인간과 세계를 통찰하는 철학적 종교의 사유와 다르게 유일신 기독교의 설교는 단순 명료해서 수준 낮은 사람일지라도 수개월이면 공부가 끝난다.

장경동 목사가 국내의 인기를 업고 미국 한인교회에서 설교를 한 내용이 국내에 퍼져 크게 문제가 되고 있다.

그는 왈 "장경동이 장경동교를 만들면 안되듯이 석가가 석가교를 만들면 안되는 것이었다"라며 종교 모독수준이 아니라 정신분열환자와 같은 말을 해댔다. 그는 또 "기독교 믿는 사람은 잘 살고 불교 믿는 사람은 못살고 가난하다"면서 사실에 전혀 맞지 않는 선동적인 구호를 외쳤다.

나는 오래전 운동권학생 출신의 집을 위로차 방문했으나 교회 권사인 그의 모친이 하는 말에 아연실색한 적이 있다. 그후 개신교도들의 한결같은 예의 그말에 무신경했으나 장목사 같은 인기 무당이 악용하는데는 분노를 느낀다.

정확히 말하면 새빨간 거짓말이다. 불교 국가가 대부분인 동남아시아는 원래 곡창지대로서 천연자원이 풍부하고 평화를 사랑하는 나라들이었으나 서구 기독교 제국주의의 지배를 받아 피폐해졌고 독립후 내전으로 우리와 같이 동족살상 이념투쟁 등으로 이어진데 불과하다.

그리고 말이 나왔으니 하는 말인데 한국경제의 부흥을 주도한 재벌들의 대부분은 부산, 경남, 호남 출신의 불자 집안이고 기독교 신자가 없는 것은 어떻게 설명해야하나?

한국은 기독교인들이 세운 나라도, 발전시킨 나라도 아니다. 구한말 나라를 통째로 바치려는 카톨릭신도 황사영의 반역이 있었고 제주도 이재수난과 일제지배시기 신구기독교도들의 매국노 행각, 해방 후 미군정과 이승만, 박정희 정권과의 친미사대주의 독재정권 야합 반공정책지지 등이 오늘날의 대한민국이 아닌 오늘날의 비대한 돈과 권력 중심의 기독교를 만들었다. 대한민국은 친일, 친미 주의자 반공정책 근대화 산업정책 민주화를 관통한 결과물일 뿐이며 그중 독재자 박정희의 경제정책이 성공한 케이스다.

그러나 현재의 대한민국은 경제대국이라 하지만 후퇴와 발전의 기로에 놓여 있어 여전히 불안한 상태이다.

불교가 지배한 고구려, 신라, 백제, 발해, 고려는 전부 경제와 문화가 최고로 발전한 선진강국이었고(당시로서) 조선조 5백년 기독교전래 1백년은 개방과 폐쇄, 분열과 통합, 발전과 후퇴, 전쟁과 평화가 교차하고 있을 뿐이다.

이를 어찌 온전한 발전, 평화, 통합이라 하겠는가. 기독교가 전해진 국가 치고 분열, 대립, 상쟁을 겪지 않는 나라가 드물다는 사실을 알고 있는가. 미국 원주민을 멸망시킨 영국, 미국의 원죄, 남미, 아프리카를 침략해서 기독국가를 만들었으나 전쟁과 가난이 운명인 수많은 나라 등은 또 무엇이며, 좌파 기독교 국가인 러시아, 동구 국가들은 또 무엇인가?

기독교의 선교는 결국 세계정복의 야욕으로 실패하고 말았다. 마지막으로 역사적으로 실패한 권력종교인 기독교가 한국의 전통문화 역사를 파괴해서 기독교 국가를 만들겠다는 것이 과연 성공할 수 있을까?

세계복음화란 미명하에 기독교정복을 신의 사명으로 알고 있는 광신적 기독교지도자와 기독교인들은 답변해 보라.

김용옥은 수구 보수주의자인가

노무현 정권때 최고 인기스타였던 도올 김용옥 교수가 이명박 정권에 와서는 한마디 없이 왜 침묵을 고수하는지 이해하기 어렵다.

그 외 수많은 팬들. 방송강의에 열광하고 수많은 저서와 글들에 폭발적 반응을 보이던 독자들이 다 어디로 갔는지 조용하기만 하다.

김용옥이 늘 내세우던 3대 안태 개신교인으로서 개신교정권임을 표방하고 있는 이명박 대통령에게 무슨 말이든 해야하는데 외국에 이민 간 사람처럼 처신하고 있는 그가 이상스럽게 보이는 것이다. 5공때 머리를 삭발하고 고대교수자리를 박차고 나온 이후로 20년 넘게 한국의 지식인계를 대변하듯 능란한 화술과 박학다식한 다변을자랑하면서 대중의 이목을 집중시키던 천재학자요 유불선은 물론 기독교까지 통달

해 그 방면의 저술을 여러 권 갖고 있어 최고의 인문과학, 종교철학자
이며 동시에 역대정권의 고문관 같은 당대 제일의 경세철학자가 가만
히 있다는 것은 무엇을 의미하는가.

혹시 그가 평생 추구하던 기철학의 도를 통해 세속의 시비를 초월한
도인이 된 것인지 아니면 지식인의 책무를 포기한 것인지 알 수 없다.

DJ, 노무현 정권때만 하더라도 김용옥 전성기라 할 만큼 방송강의
는 물론 대통령과의 대화를 긴시간 생중계하는 방송을 했고 구약성경
의 폐기론을 주장하는 기독교개혁자였으며 노대통령을 수행해서 북한
을 방문하고는 집단체조의 관람을 통해 북한체제를 미화 · 찬양하던
왕성한 그이가 아니었던가.

자신이 개혁주의의 선두에 있는 학자임을 내세우는 언행을 숨기지
않으면서 그는 왜 노무현 정권이 언론과의 전쟁을 벌이는 당사자의 하
나인 재벌신문 중앙일보와 무슨 밀착관계가 있길래 오랫동안 글을 쓰
고 최고의 대접을 받았는지 일반인의 상식으로는 요령부득이다.

수구보수주의자들의 혹세무민

김용옥은 오만하고 경박한 지식인이면서 때로는 유치하고 솔직한
발언을 거침없이 하는 사람이다. 유교를 비판하면서 공자맹자의 제자
이기를 바라고 윤회와 출가승려를 비난하면서 도가 높은 고승과 같다
고 말하며 구약성경을 부정하면서 기독교를 버리지 못하고, 진보적인

역사와 문화, 민족과 이념을 주장하면서도 자신은 양반귀족이요, 예수 같은 만들어진 구세주로 머물러 있다는 점이다.

공자?맹자를 따르려면 시류에 영합하지 말고 평행 올곧은 소리를 내어야 하고 불교도인이 되려면 고행만행을 거치고 수많은 스승들에게 학습과 수련을 쌓아야 하며 진짜 예수가 되겠다면 거지성자처럼 무소유의 사랑을 실천하고 감옥에 수없이 드나든 문익환 목사처럼 많은 고난을 겪어야 한다. 그러나 그는 그렇게 살아오지 않았다. 동경대와 하버드 학위를 입버릇처럼 자랑한 그는 미국이나 일본 등 세계학계의 중심에서 활동하지 않고 이 땅의 좁은 곳에서 최고라며 자화자찬했다. 제자들과 대중들에게 쌍소리도 거침없이 해대고 록가수처럼 입에 거품을 물고 열창해대는 그의 강의에 대중들은 주눅이 들고 그의 인기가 하늘 높은줄 몰랐던 그가 아닌가.

지나치게 조용한 것은 폭풍전야의 고요함인가 또 무슨 메뉴를 준비해서 대중앞에 나타날지 모르나 광기와 신기神氣가 강한 그가 조용해 대중들은 촛불집회로 노무현대통령 서거로 들끓고 이제 전국의 대학 교수들마저 들고 일어나는 것이 아닌가.

김용옥은 정여립인가 정도전인가

김용옥은 천재학자답게 모든 사물과 학문에 통달하고 정치를 바로 잡고 세상을 구제하는 등 만능에 가까운 신인가 도인인가. 그렇지 않으면 일개범부인가. 그러나 그가 아무리 죽었다 깨어나도 예수나 불타, 공·맹자, 노·장자가 될 수 없고 더구나 민중사상가 또는 민중혁명가가 될 수는 없다.

그러기에는 그는 너무 많은 지식과 명성, 돈, 종교권력을 가졌다. 그는 이 가운데 한가지도 없으면 생존이 불가능해 보인다.

불교에서는 세상의 모든 욕심 곧 부귀영화를 추구하지 않거나 버리라고만 하지 않는다. 불교를 조선조 개국공신 정도전처럼 정치적 편견으로 규정하면 왜곡된다. 돈이나 권력, 명예와 감투 같은 보통 인간의 생각하는 행복, 야망의 조건을 그 자체로 부정하면 허무 도피주의 일수가 있다.

불교의 지혜는 욕망에서 집착하지 않는 자유로운 삶을 말한다. 자신을 비우고 더불어 살아가라는 나눔의 철학이다. 현대인처럼 욕망의 노예가 아닌 자신의 주인이다隨處作主 入處皆眞 김용옥은 불교수도인으로서 가장 경계하는명예名와 교만相에 너무 깊이 빠져있다. 그것을 버리는 일은 목불구어木不求魚인지도 모른다.

권력을 비판하려면 댓가를 바라지 말고 그대로 비판하라. 기독교를 새롭게 하려면 죽을 각오로 순수 예수가 아닌 종교권력에 맞서 싸우라. 민족을 말하려면 남북한은 물론 네강대국의 모순과 왜곡을 철저히 파헤쳐라. 민중을 들먹이려면 그 자신이 허균이나 정여립이 되어 민중의 평등사상을 설파해야 한다.

그렇지 않는 그는 기껏, 역대정권들 앞에서는 치고 뒤에서는 손을 잡는 위선적 형태의 정치적 지식인일 뿐이다.

유교성리학도 기독교도 중화 사대주의와 서구 식민지의 영향으로 번창했고, 또 분열하고 있지 않는가. 정도전과 정치유교에 의해 혹세무민이라고 정치적 탄압을 5백년 동안 당하고도 순교라고 말하지 않았으며 허균, 정여립 같은 혁명가가 오히려 불교를 평등사상과 인문주의 과학으로 여겼고, 동학, 증산, 단군 등의 민중사상 등은 거의 불교의 민족신앙에서 비롯되었음을 아는가 모르는가.

종교권력이 조작한 유일 지배자 하나님과 권력자 예수가 동일인물이 아니라 하나님의 실존이 아닌 우리 마음속의 사랑의 힘이며 예수 또한 평범한 인간으로 민중의 벗이자 지도자로 살아갔음을 뒤늦게 깨달은 김용옥을 보수 신구교에서는 영지주의자로 기독교를 부정하는 사람으로 공격했다.

예수와 쌍둥이 형제인 도마의 복음서에 보통인간 예수를 기록한 문서가 발견됨으로써 세계 기독교학계의 일대전환이 이루어지고 있음에도 한국 기독교는 바티칸과 미국의 우산아래 무풍지대로 남아 있다. 돈과 조직, 반공이념에 눈멀어 정신을 잃어버린 까닭이다. 좌우파수구 보수자의자였던 김용옥이 점차, 양심적 지식인으로 깨어나고 있음은 분명 반가운 일이며 대중들과 지식인들을 위해서라도 긍정적인 변화로 본다. 그의 진보적 변화를 좀더 지켜보고 싶다.

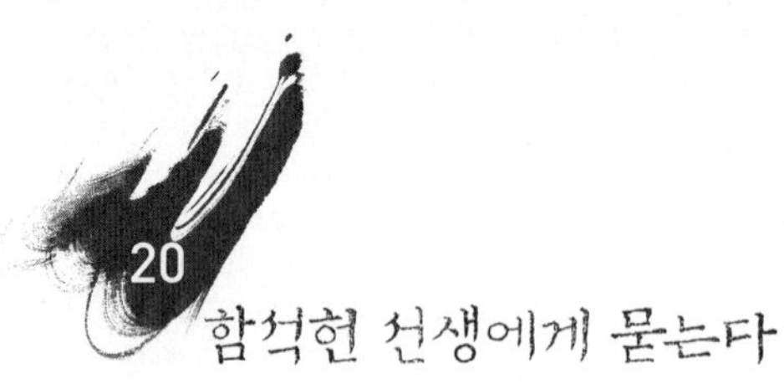

모세와 같은 선지자

함석헌 선생님! 선생님이 돌아가신지 벌써 20여년이 되었습니다 인생무상이 느껴집니다. 1970년대 박정희 독재정권이 횡행할 때 백발의 머리에 흰 두루마기를 입고 종로거리를 바람처럼 나투셨던 선생님을 기억합니다.

수많은 투옥과 고난의 세월로 초췌하고 수척한 표정의 선생님은 눈빛만은 형형하셨고 마치 산신령같은 위엄으로 가까이 다가가지 못해 약간 떨어진 곳에서 존안을 뵙기만 했지요.

선생님 같은 야인을 가까이 뵙는다는 것은 30대 초반의 병약한 승려의 몸으로 감히 언감생심 낼 수 없었다고 생각합니다 그때만 해도 산중과 세상을 드나들면서 편력과 방랑으로 지내던 제가 무엇을 알겠습니까만 다만 제가 보고 들은 절대권력과 민주 투쟁으로 세상은 마치 폭풍같았고 유월 땡볕의 폭염같은 혼돈의 세월 속에 한줄기 청량감으로 심신을 달래고자 했습니다.

그래도 저는 어릴 때부터 곧은 성품에 수많은 고승대덕을 뫼시고 생각을 익혔고, 이렇다할 배움은 없어도 책읽기를 좋아해 많은 고전과 비평서, 사회 언로을 통해 인간이 무엇이고 정의가 무엇인지는 희미하게 알고 있을 때였습니다.

저는 그때 이광수와 유주현의 소설을 즐겨 읽었고 간디와 김구의 책, 사상계와 잡지 신문에 연재한 이병주의 소설도 감명깊게 읽었습니다.

그로부터 30년 선생님은 오래전 서거하셨고 영원히 지속될 것 같았던 화무십일홍인 박정희와 5, 6공 군사정권도 막을 내리고 민주정권이 들어선지 네 번째인데도 여전히 우리사회는 민주주의와 평화통일이 화두가 되어있고 약육강식의 사회문제에 민중들이 고통을 겪고 있습니다. 민주화가 되고 독재정권이 사라지면 모든것이 잘 풀릴 것으로 기대했지만 풀어야 할 과제가 산적하며 청산하고 매듭지을 일이 태산같아 가슴이 답답하고 분노가 치밀어 오르는 것은 무엇때문입니까.

기독교사관은 민중사관인가

근대사에 있어 선생님은 김구, 조봉암, 여운형, 한용운, 안창호, 안

희재, 정인보, 신채호 선생 등 많은 민족지도자들과 함께 민족선각자였습니다.

선생님은 일찍이 일본의 선각자 우치무라간조의 가르침을 받고 유영모, 김교신 선생을 스승으로 삼아 한평생 무교회주의 퀘이커교인으로 민중기독교와 씨알의 소리를 전파하신 분입니다.

선생님은 70년에 걸친 방대한 저술등은 동서양을 넘나들고 종교를 뛰어넘은 탈이념, 탈종교의 대자유인의 외침이고 투쟁의 기록입니다.

선생님도 말씀하신 것처럼 "제나라 백성들을 악착스럽고 더럽게 고혈을 짜먹었던 조선 양반 사대주의"의 원흉을 전주이씨 이성계로 보셨고, "더 올라가면 김부식, 나당연합과 고구려 멸망" 때문이라는 데에 동의합니다.

저는 조선왕조 500년 사대주의 반상차별의 봉건주의와 1백년 근세와 혼돈의 역사를 겪는 동안 사람을 키우고 사람을 알아보는데 인색하였던 관계로 선생님의 말년 부도덕한 처신이 전체 삶을 지울 수 없다고 보며 그래서 저는 선생님이 근대의 위인 간디와 같은 성자로해도 무방하다고 생각합니다.

그럼에도 불구하고 저는 선생님이 평생 추구하시고 관통하셨던 가치인 민중해방과 자유평화가 기독교만의 가치인 것처럼 오해할 수 없는 부분이 적지않은 데 대해 납득이 가지않고 불만을 가지고 있습니다. 혹시 살아 계시면 선생님께 묻고 밤새워 토론도 하고 싶은 심정입니다. 물론 선생님은 제국주의 기독교 같은 제도권종교를 비판하셨고 민중신학에서 길을 찾았으며 노자, 장자 같은 대자유사상가의 영향을 많이 받음으로써 종교도그마를 넘어셨지만 선생님을 따르는 양심적인 제자들은 여전히 선생님을 1천년만에 나오는 불세출의 성자이며 사상가로서 마치 예수와 모세같이 떠받드는 기독교적 사상과 신앙에서 한 치도 못 벗어나고 있다는 점입니다.

사실 세계왕국과 식민지를 1천년 지배했던 기독교 제국주의자들은 살륙과 착취의 역사를 은폐했으나 선생님과 같은 근대 선각자들에 의해 인간의 자유와 평등을 말하고 투쟁한 것처럼 어떻게 보면 세계사에서 자유와 진보사상은 기독교를 넘어서거나 부정하는 것에서 출발이 되었다고 보는데 어떻게 생각하시는 지요.

미국과 남미, 한국과 이스라엘의 다른 역사

이미 고려 초인 1천년 전에 노예해방 투쟁이 있었고 고려말에도 신돈의 인간평등의 개혁정치가 펼쳐졌으며 수없이 많은 조선시대, 허균, 조광조, 정여창, 정여립 등이 있었고 러시아 혁명전, 기독교를 몰랐던 이 땅에 동학혁명 등 민중 운동이 줄기차게 계승된 것은 무엇을 의미하는 것입니까. 권력의 독점이 기독교의 전유물이 아니듯이 민중해방을 말하는 민중신학이 어찌 기독교의 전유물이겠습니까? 선생님께서 젊은 시절에 남긴 "성서적 입장에서 본 조선역사"는 뒤에 "뜻으로 본 한국역사"로 개정되지만 가야, 고구려 이후 한국 역사 2천년을 '보잘 것 없고 실패한 역사'라는 데에는 동의할 수 없고, 혹시 선생님께서는 많은 후학들이 부정하고 있음에도 기독교 사관에서 벗어나지 못 하신 게 아닌가 묻고 싶습니다.

물론 선생님은 나중에 "세계역사가 모두 고난의 역사"였음을 인정하시고 민족주의, 국가주의를 넘어 세계주의, 생태주의로 사유영역을 넓히고 확대해 나가신 점에서 선구자의 면모를 보이신 점임을 부인할 수 없습니다.

한가지 아쉬운 것은 불교가 민족을 구했다고 단 몇 줄로 말씀하셨지만 가야, 고구려, 발해, 신라, 백제의 1천 5백년을 관통하는 불교의 역사, 문화에 대해 지나치게 인색하셨으며 그 수많은 역사 속에 민중지도자들은 거들떠 보지 않으시고 오직 고려말 신돈의 민중개혁만 간단하게 언급하신 것은 제가 생각하기엔 구약?신약성서에 나오는 민중해방정신과 더불어 지배와 살육의 기독교 역사를 감추거나 드러내 보이지 않고 싶은 것 때문이 아닌지 모르겠습니다.

시대에 따라 다르게 해석되겠습니다만, 제가 평생 공부하고 사회참여를 통해 알게 된 것은 불교는 인류역사상 최초의 인본주의 사상으로 석가모니는 인간평등과 남녀평등을 가르친 사회 혁명의 시초라고 봅니다.

요즘의 진보기독교학자들은 기독교의 모순과 거짓을 말하고, 심지어 구약성서를 폐기해야 된다고 합니다. 생전의 문익환 목사님도 구약에 상당히 의지하신 것으로 알고 있는데 애굽탈출의 민중성만 부각하지만 그 후 유대인들이 가나안(이스라엘)을 정복해서 원주민을 모두 학살한 것을 어떻게 해석해야 될지 모르겠습니다.

저는 마치 영국이 원주민을 모조리 죽여 기독교 국가인 미국을 세우고 스페인 등 가톨릭 제국주의가 남미를 전부 점령하고 야만인이라는 이름으로 수천만 명을 학살한 것은 어떻게 설명해야 할까요.

신구교 기독교 성직자와 신도들은 잘한 것은 신에게 영광을 돌리고 잘못한 것은 전부 신의 섭리라며 모호하고 막연한 자기합리화를 합니다.

저는 전세계를 손아귀에 넣고 식민지를 삼은 기독교제국주의의 피해를 적게 본 국가는 그나마 한국, 일본, 중국 정도가 아닌지 생각합니다. 아프리카, 인도, 동남아, 중앙아시아, 북미, 중남미 국가들은 기독교로 인해 본래의 국가와 민족이 멸망했고, 문화가 사라졌습니다. 마치 메뚜기가 지나간 벌판같았지요. 2백년 동안 이 땅에서 수많은 기독교 선각자와 지식인들이 쏟아지고 식민지와 정권의 특혜로 불같이 일어났지만 기독교 통일국가가 아직 되지 않은 것은 천만다행으로 여기며 또한 힘없이 무너졌다고 믿는 유교, 불교, 민중종교 등이 아직도 뿌리를 박고 있기 때문이 아닐까요.

그러니까 저는 선생님과 정반대로 생각합니다. 이 땅에 전통문화와 민중사상이 살아있는 한 기독교 같은 외세가 성공하지 못하리라 보며 선생님의 핵심사상인 씨알이 건강하게 이 강토를 푸르게 할 것입니다. 실패한 한국사가 아닌 역사는 흥망성쇠를 거듭하는 것이며 수천년의 민초가 지켜온 한국역사, 특히 불교 민족 역사는 2천동안 나라없이 전 세계로 흩어진 이스라엘의 역사와 비교할 수 있겠으며 기독교인들이 늘 내세우는 미국, 유럽의 야만의 역사와 비교할 수 있겠습니까.

구약의 유일신이 이르는 곳마다 살육과 파괴가 생기지만 불교의 범신론내지 평등평화사상이 전해지는 곳에는 꽃이 피고 봄이 오는 문화 문명의 발전이 도래하지 않았습니까. 선생님같이 이치에 통달하고 동서고금의 역사에 박식한 분이 바깥의 독재에는 온 몸을 바쳐 투쟁하셨지만 기독교안의 독재에는 왜 눈을 감으셨는지 안타까운 심정입니다.

지금 한국은 친 기독교 지도자가 많이 나왔지만, 마지막인지 몰라도 결사적으로 기독교 국가를 만들겠다는 맹신적인 정권과 목사들과 1천만 십자군 군사들이 남북과는 다른 종교 이념 전쟁을 벌이고 있습니다. 선생님이 계신다면 꾸짖으시겠지요. 아무리 기독교 복음을 최고가치로 여기는 선생님 일지라도 원주민이나 식민지 국민을 사냥하듯이 비기독교인이나 타종교인을 향해 밤낮 지옥에 가고 죽어야 된다는 등 극단적인 증오와 분열을 가르치는 광신적이고 폭력적인 기독교인들이 셀 수 없이 많은 우리 현실을 보시고 또 다른 절망감을 느끼실지 모르겠습니다.

소수의 양심있는 기독교인들도 막지 못하는 다수의 횡포 앞에 그저 속수무책이고 독재정권과 보수언론, 반공주의, 수구사대주의 등 선생님이 그토록 싫어하고 질타하셨던 악의 무리, 악의 권세에 신구기독교가 깊숙이 뿌리박고 있다는 것을 어떻게 설명하실지 듣고 싶습니다.

저는 한국인으로 부끄러운 점도 많지만, 우리 역사가 결코 남의 역사에 조금도 뒤떨어진 역사라고 폄하하고, 패배의 역사라고 부정하고 싶지 않습니다.

세계사가 그렇듯이 지배와 봉건의 역사와 탐욕과 약탈의 역사로 점철되었지만 민중들은 그때마다 위기를 극복하고 국난을 극복해 왔습니다.

수 많은 민족과 국가들이 지구상에 없어졌지만 본래 약소국가가 아닌 민족사와 세계사에 빛난 위대한 인물과 시대가 많았음을 역사가 증명해주고 있는데 한낱 정치적인 수사에 불과한 실패하고 보잘 것 없다고 규정짓는 것은 자학이며 사실왜곡으로서 후손들에게 역사관을 오도할 위험이 있다고 생각합니다.

기독교학자들과 선생님의 제자들은 기독교 교조주의가 가르치는 대로 기독교 국가의 역사는 위대하나 비기독교 국가의 역사는 열등하다는 논지에서 선생님만이 위대한 역사가요 구원자 였노라 침이 마르지만, 기독교에 자유로운 지식인들은 민족평화통일의 단초를 제공한 원효과 중국제국주의를 막아낸 의상, 통합사상의 선구자 보조와 민족역사상 최대위기였던 몽골침략과 70년 무신 군사정권 시대의 국난을 맞으면서 의연하게 민족의 살길을 열어보인 삼국유사의 일연이나 근대민족사학자 단재 신채호의 조선민족상고사 등이 영원불멸의 역사이며 등불이라고 말합니다.

역사학자 이이화도 근래에 발간한 민족인물사중에 선생님과 의인 장준하를 아직 평가하기에 주저하고 있습니다. 그 까닭은 무엇인지요. 선생님과 장준하 선생이 민족지도자와 민주주의 투쟁에 큰 족적을 남긴 것은 사실이나, 혹시 기독교사관에 너무 빠진 나머지 불교민중사관은 제대로 통찰하지 못한 때문이 아닐까요. 참고로 조선조 5백년간 민중 승려들의 피눈물과 희생은 이 땅을 적시었고 말없이 헌신하고 사라진 것은 제대로 알고 계시는지 궁금합니다.

기독교 종교권력과 불교정신문화의 차이

1세기 전 천재철학자 니체는 세기의 명저 '짜라투스트라는 말했다'의 발표로 서구사회에 엄청난 충격과 지각변동을 불러 일으켰다.

오직 유일신앙만을 천년이상 진리로 믿고 절대가치로 지배하던 서구는 독일종교개혁, 불란서 시민혁명, 영국산업혁명을 거치면서 신 중심에서 인간중심으로, 신비주의에서 인본휴머니즘으로 천지개벽할 근대문명이 싹트고 발전 변화단계를 지나 마침내 신의 종언을 외친 폭탄선언이었다. 그러나 인간의 역사는 활동사진처럼 빨리 바뀌는게 아니고 서서히 진행된다.

그 이후 1, 2차 대전의 인류대살상이 있었고 좌우파전쟁, 민족독립 및 분리전쟁, 종교 인종전쟁이 끝임없이 계속되었고 월남, 발칸반도전쟁과 미국, 중동 전쟁에서 보듯 인류의 참극은 현재진행형이다.

인류역사상 가장 발전되고 진보한 현대문명에 와서도 왜 인간들은 원시의 야만과 정복욕을 버리지 못하는 것일까. 죽고 죽이는 살상은 하등동물에서 진화한 인간 DNA의 숙명인가, 신의 뜻인가, 윤회의 결과인가 나는 가끔 잠 못 이루는 밤에 화두를 던진다. 니이체를 비롯 쇼펜하우워 아인슈타인 러셀 토인비등 세계의 최고석학들의 인본주의는 신의 종교인 기독교를 부정하고 인류가 새로운 패러다임으로 살아갈 것을 당부한 메시지다.

신본주의의 대표격인 기독교와 인본주의의 뿌리인 불교의 차이는 무엇이 길래 동서양의 양대사상, 혹은 21세기 미래의 대안이라 말하는가?

사대주의 기독교, 주체적인본주의 불교

근대 1백년은 서양이 인문, 자연 과학의 선진문명을 주도해서 사회개혁을 일으켰고 동양은 열심히 수용 흡수한 시기였다. 근대를 19세기 초 부터 친다면 약 150년 현대 50년으로 보면 근현대200년 동안에 세계사의 변혁이 이뤄졌던 것이다.

그런데 서구와 일본을 제외한 세계 모든 국가들이 정상적으로 근대문명을 받아 들인게 아니라 대부분 봉건왕조의 붕괴와 서구 제국주의 식민지 상태에 있었다는 것이 문제였다.

그러니까 건강하고 합리적인 문명교류가 아니라 정복차원의 굴절되고 왜곡된 문명의 영입이었으니 지도자와 지식인, 민중들이 비판적으로 선별수용해서 주체적으로 받아들였다면 국력

에 크게 도움이 되었겠지만 무비판의 일방적으로 받아들였다면 반드시 부작용과 재앙이 미칠 것은 저명하다.

한국과 가까운 일본의 근대화는 전자의 경우이고, 한국은 후자에 가깝다. 이미 왕조의 붕괴와 식민지배를 동시에 경험한 지도자와 민중들은 국난의 위기에 대책을 세울 힘도 지혜도 없이 무기력했다.

그러나 정신이 살아있고 주체성이 확립되어 있는 민족이라면(이광수의 민족개조론)하나로 뭉쳐 외세에 대항하고 내부결속을 공고히 했어야 마땅하나 일부 뜻있는 양반지식인, 다수의 민중세력을 제외한 다수의 양반들과 지식인, 노비들은 외세 정복의 주구가 되거나 타협해

서 국가민족의 안위보다 일신의 사리사욕을 먼저 챙겼던 것이다.

친일 진상규명이나, 1백년 과거사문제는 자료와 증언자가 있음에도 정치, 이념의 문제로 아직 완전히 밝히지 못하고 설사 전문가와 학자들에 의해 규명되었더라도 다른 한쪽에서 시비와 부정으로 일관한다. 지난해를 뜨겁게 달구었던 이승만의 건국문제와 4,3항쟁, 여순반란 사건등이 한 예다. 6.25전쟁도 아직 남침이냐 북침이냐 또는 이승만 북진통일정책인가 북의 스탈린 적화전략인가 분분하다. 심지어 김구와 이승만을 대비 좌우이념, 수구반동, 애국, 반역으로 흑백논리가 해방정국과 다름없이 기승을 부린다.

어둠과 불의 정복종교 , 빛과 물의 평화종교

기원전 6세기 조로아스터교는 기독교교리의 원형인 예수탄생, 부활 불의심판, 동방박사, 원죄론, 선과악, 신과 악마 동정녀, 구세주 죄악 종말, 천국과 지옥의 이원론 유일신을 창시했다. 전지전능의 창조주 아후라마즈다는 부족신을 탈피한 유일보편적인 빛의 신이다. 반대로 어둠의 신인 악신 앙그라 마인유는 인간을 타락으로 이끈다. 이 종교 는 유대교와 기독교 이슬람교를 탄생시킨 모태종교였다.

유대인들의 부족신 여호와는 인간 및 동물을 희생해서 제사지내는 샤머니즘이었으나 유대인들이 바빌론 지역으로 잡혀가 노예로 살면서 불과 빛의 창조신으로 바뀌었다. 조로아스터교의 핵심을 그대로 모방 한 유대교 기독교 이슬람교의 구약이 신의 명칭만 다를 뿐 내용이 같 다는데 일치한다. 유대교에서 신의 아들 예수를 부정했지만 4세기 로 마 황제 콘스탄티누스가 권력강화를 위한 방편으로 만든 것이 신약이 며 예수라는 가공인물을 신으로 만든 것이 기독교세계 지배의 서막이 다. 말하자면 신정일치시대에 황제자신이 신이 되어 종교권력으로 국 가를 통치했던 것이다.

신약의 신과 예수는 이름만 유대인을 빌렸을 뿐 몸뚱이는 로마의 태 양신 미트라였다. 과학이 발달하기 전 인간은 광활한 우주에 태양이 오직 하나라고 믿었던 것이 곧 전지전능한 유일신 창조주신앙이다. 현 재의 과학은 우주에 천억개가 넘는 태양이 존재한다고 하니 불교의 삼

천대천세계설이 타당하다.

　지구상에 사실 태양만큼 강력한 절대신이 없다. 생명의 빛과 에너지를 주는가하면 불기둥으로 지구(태양계)를 파괴할 수도 암흑으로 만들 수 있다. 기독교계통의 유일신이 태양을 상징한다면 고대불교에서는 태양을 대일大日여래라 불렀고 우주의 법신불인 바로 자나불과 같다.

　기독교의 사랑과 구원사상 역시 조로아스터교의 영향이다. 서쪽으로 조로아스터교가 이집트 메소포타미아 로마 그리스로 영향을 미쳤다면, 동쪽으로는 페르시아를 거쳐 인도에서 불교를 만나 대승불교의 구원사상이 펼쳐졌다.

부처 보살상은 자비 구원 , 생명의 수호신

　2세기 페르시아아인 쿠샨왕조는 북인도 중앙아시아 터키 그리스의 일부를 지배하면서 불교를 만나 조로아스터교에서 불교로 개종하고 아쇼카대왕 다음으로 불교를 세계화했다. 신 악마 선악 천국 지옥 밖에 없는 조로아스터의 쿠샨왕조는 불교의 자비사상, 관용, 윤회와 환생신앙에 감회를 받고 불교의 대전도사가 되었다.

　5백년동안 없던 부처의 얼굴을 인간이 조성하는 것은 신성모독이며 우상이라 생각한 인도인들이였으나 페르시아 쿠샨왕조와 당시에 이주한 그리스인, 메소포타미아인 등 여러민족들간의 논의에 따라 불상이 만들어졌으니 시대적인 요청인 셈이다. 그리스인을 닮은 초기불상은

중앙아시아 인도 중국 신라로 이어지면서 불교신앙과 문화의 민족적
인 다양성으로 발전한다. 불상은 불교자체의 작품이 아니라 인류4대
문명의 문화와 지혜 종교가 집약된 결과로 종교예술의 극치라고 볼 수
있다. 그리스 메소포타미아 인도 중국의 문화가 담겨있고 몽골 티벳
한국 일본 동남아제국의 종교 예술을 상징하는 불보살상이 어찌 특정
종교의 전유물이며 단순한 가공물이라 할 수 있겠는가 참고로 보살 신
중 칠성 산신신앙을 힌두교와 샤머니즘의 영향으로 보는 사람들이 있
음으로 제대로 알기를 바란다. 페르시아의 사막에 물의여신 아나히타
가 인도 대승 불교를 만나 감로수를 쥔 관세음보살의 구원사상이 생기
고 태양신 미트라에서 인도불교와 대세지보살이, 중앙아시아 불교수
도승이 미래의 구세주로 미륵신앙을 탄생시켰으니 예수와 성모마리아
신앙은 페르시아의 아나히타, 태양신 미트라 관음 미륵신앙을 합성한
것이다.

프랑스 알르래드후세박사는 "신을 인간의 모습으로 만든것이 불상
이며 불교로 개종한 그리스 페르시아인의 작품이다" 말했다. 안도인
이 불상을 만들었다는 것은 어디에도 나오지 않는다.—민희식 박사의
간다라—보살신중상은 여러문화와 종교가 만나서 이루어진 구원, 수
호사상으로 불교만이 아닌 인류의 보편문화요 종교가 되고 있다. 칠성
은 도교신선사상에서 비롯된 한민족의 북두칠성신앙으로 우릿말로 삼
신할매다. 산신은 단군이 중국에 패해서 산신이 되었다는 것으로 다
같이 우리민족의 수호신앙이며 고대에는 모든 인류의 원시신앙이 동

식물의 토템, 자연의 샤머니즘 인간의 조상숭배 영웅신앙으로 계승되었으며 신화, 역사, 문화를 낳은 것으로 만약 미신이 있다면 이 세상을 하나의 신과 하나의 종교와 하나의 국가가 지배하고 독점한다는 독선적이고 배타적인 문화인 것이다.

기독교 같은 유일신종교는 역사 속에서 만들어져서 시대와 함께 발전해온 것 임에도 그 유일신관의 세상 끝 복음주의와 인류사의 가장 오래된 극우종교권력의 위험을 버리지 않는다면 더 이상 존재할 가치가 없을 것이다 신의 세계를 정복하고 인간을 살상하는 종교권력이야말로 인류종말의 원인이며 세상의 어둠이 아닐까...

노무현 대통령을 회상하며

노대통령 광대 놀음, 이젠 그만두이소…

진짜 광대에게서 광대 정치 깨달아 실천하기를

집권 4년차에 들어선 노무현 정권은 이제 측근정치 · 편가르기 · 코드 맞추기 · 보은 인사 등 현란한 연극배우 같은 몸짓의 광대놀음도 이제 그만둘 때가 된 것 같다.

금년의 국정지표를 경제 및 사회적 불균형을 해소하기 위한 양극화 해소로 삼았는가하면, 1월 18일 신년연설에서는 "신상필벌信賞必罰의 평가시스템을 도입해 책임 있게 일하고 경쟁하는 공직사회를 만들겠다"했으며 1월 25일 열린 신년기자회견은 어느 해와 달리 차분하고 평온했다고 하니 말이다.

묵은해가 가고 새해로 바뀐다고 해서 세상사가 갑자기 바뀌고 좋아지는 것은 아니지만 한 나라의 운명을 틀어쥐고 있는 가장 중요한 책임있는 자리의 대통령이 국민이나 나라의 장래보다 특정 지지세력의 선호와 감정적인 게임에 열중해서야 국민들은 장차 누구를 믿고 살 수 있겠는가.

그래서 한 때는 대통령 탄핵이라는 극약적인 처방까지 나왔고, 극심한 사회분열현상으로 인해 불신의 늪은 더욱 깊어갔다. 물론 우리 사회의 모든 문제점과 해법이 모두 대통령에게 귀속되는 무한책임을 강조하는 것은 지나친 점이 있으나, 대통령 중심의 권력체계와 권위주의 시절 역대 대통령의 국정폐해를 경험으로 알고 있는 국민들은 대통령의 말 한마디를 천근의 무게로 가늠하고, 대통령의 일거수 일투족에서 막중한 의미를 찾는다.

민주정치는 국민이 주인이고 대통령을 비롯한 공직자는 머슴과 같다는 말과 뜻이 좋긴 하지만 현실에서는 그걸 곧이곧대로 믿을 사람이 없다. 대통령은 왕과 같은 존재이며 어떤 면에서 봉건주의 왕조보다 더 막강한 권력을 갖고 있다고 믿는 것이 일반적인 정서이다.

왕의 남자, 연산군의 광대놀음

노 대통령이 연초 극장에 왕림해서 보았다는 영화 '왕의 남자'는 관객 800만을 넘어 1천만에 육박하고 있다. 영화는 무엇이 그토록 관객의 시선을 일시에 잡아끈 것일까. 어떤 이는 감독의 연출에, 다른 어떤 이는 광대 장생과 공길의 연기력에, 또는 시대정신에 절묘하게 맞아떨어졌기 때문이라 한다. 어찌되었든 수많은 관객의 동원은 흥행성과 함께 국민들의 폭넓은 공감대가 주요원인이었을 가능성이 높다.

전통적인 궁중암투와 당쟁정치에 카메라 초점을 맞추기보다 왕과 광대를 대비시킨 최고권력자와 최하 천민의 대결이 흥미롭고 권력의 광기에 대한 풍자와 해학이 돋보이는 까닭이다. 조선조 최악의 폭정군주 연산군은 폭군의 대명사로 알려진, 실패한 대표적인 왕이다. 그의 비참한 최후는 위정자와 국민들에게 산 역사의 교훈이다. 그를 닮거나 그의 포악은 국민 모두에게 불행을 안겨줄 것이라는 것을…

노 대통령이 '왕의 남자'를 감상하고 나서 재미있고 잘된 작품이라는 코멘트 외에 남긴 것이 없다. 다변이고, 여러 가지 의미를 붙이며, 평하는 것이 노 대통령의 특기라고 알려졌는데 의외라는 반응이다.

인터넷의 어느 네티즌은 노 대통령이 아마 영화를 보고 속으로 뜨끔한 나머지 혹시 자신이 연산군 신세가 되지 않더라도 유사한 점을 발견했을 것이라고 진단한다.

노무현, 공민왕, 신돈의 광대정치

친노세력과 노 대통령은 그들 스스로 개혁정치가 정도전과 정조를 닮았다고 하는데 반해 다수 국민들과 반노 세력들은 연산군이나 아무리 잘 봐주어도 광해군에 미치지 못한다고 한다. 누구 말이 맞는가.

한 가지 분명한 것은 당대의 잘잘못은 역사가 평가할 일이로되, 잘못한 것을 잘했다고 우기고 자화자찬하는 버릇은 예나 지금이나 똑같다. 비참하게 살다가 비참하게 죽은 광대들에 대한 연민을 권력자에 대한 지지로 착각하는 어리석음을 범하지 않기를 바란다.

항간에는 '왕의 남자'가 유시민 복지장관 내정자라고 소문이 자자하다. 평소 그의 독선과 독설이 유명하고 대통령을 위해 목숨 바치겠다는 유시민은 노 대통령도 평했다시피 "남을 조소하고 조롱하는 표정이 역력하다. 장관직을 잘할 수 있을 지 걱정"이라 할만큼 광대 그대로다.

본래 광대廣大란 세상을 넓고 크게 만드는 것이다. 불교의 최고 경전인 화엄경의 핵심 사상이다. 그렇게 본다면 나라와 국민이 작아지는 게 아닌 크고 넓게 펼친 세상, 요즘말로 하면 천민, 곧 노동자·장애인·가난하고 힘없는 서민들이 춤추는 세상이어야 한다. 그렇게 될 때 양극화 해소의 진정한 의미가 살아날 것이다.

조선조 5백년동안 탄압 받고 왜곡된 불교의 이미지는 오늘날까지 잘못 전해지고 있는 것이 한 두가지가 아닌데 광대의 고귀한 뜻도 천민의 보잘것없는 것으로 격하되었다. 우스개 말로 우리의 광대들이 한류붐을 만들고 있다.

탤런트 배용준과 이영애가 각각 '겨울연가'와 '대장금'으로 한류붐을 엄청나게 조성해 국익의 대표선수가 되더니만 며칠 전에는 가수 비가 뉴욕에서 성공적 공연으로 세계인들의 열광적 사랑을 받고 있으니 말이다. 사물놀이 김덕수는 80년대에 알려졌고, 가수 서태지, 조수미, 정명훈 형제 역시 광대가 분명하다. 그 뿐 아니다. 축구선수 박지성,

박주성, 야구선수 박찬호, 골프선수 미셀 위, 박세리 등도 한국의 빛나는 광대이다.

비록 대중 예술인, 스포츠 선수에 국한하지 않고 생명과학자 황우석 같은 사람도 검증과 법의 심판을 기다리고 있는 터이지만, 갖은 고생과 시련 끝에 학문과 기술을 빛낸다면 광대가 될 수 있다.

오래전 서울대 역사학자 최병헌 교수가 신돈을 가리켜 불세출의 개혁정치가라 논문을 쓴 적 있는데 요즘 TV 사극 '신돈'은 '왕의 남자'와 공통점이 있다. 신돈은 창녕 옥천사 노비신분으로 공민왕 때 최고공직인 섭정에 올라 철저한 개혁정치를 펼쳤으니 진정한 광대인 것이다.

대다수 기득권신들의 모함과 중간에 뜻이 꺾인 공민왕의 약한 의지에 끝내 신돈은 비참한 죽임을 당하고 그로부터 수십년 후 고려왕조는 무너지고 말았다. 1천5백년 이어온 긴 역사 동안 불교의 광대정치와 중도이념의 가치관이 붕괴되고 조선조 5백년동안 성리학을 표방한 유교 패권주의와 사색당파, 여성 억압, 신분차별의 협소하고 폐쇄적인 조선조의 수구보수 정치가 서막을 열었던 것이다.

노 대통령이 정권 초기 자신을 가리켜 "대통령이 아무 힘이 없다"고 자주 불평인지 조소인지 모를 말을 했는데 지금 생각해보면 가난하고 못 배운 비주류 계층인 자신이 최고권력자에 오른 것에 빗대어 한탄한 진정성의 말이다. 결코 대통령 자리에서 언감생심 배가 불러서 하는 소리나 무책임에서 나온 말이 아니었다.

노 대통령과 집권 세력은 이제 광대놀음에서 해방되어야 한다. 그리고 진정으로 넓고 큰 세상을 위해 몸을 바쳐라. 작년 8 · 31부동산 대책과 방사선 폐기장 선정에 공이 조금 있다고 무더기 훈 · 포창을 벌이는 광대 놀음, 자신의 책임은 방기하고 야당 · 국민 · 언론에 전가하는 광대 놀음, 세상을 큰 안목으로 보지 못하고 고작 인터넷과 일부 비위나 맞추는 측근들에 의지하는 광대 놀음은 즉각 중단되어야 한다.

젊은 연예인들과 학자, 기술자, 스포츠맨들처럼 생명을 소중히 하고 세상을 사랑하는 환경론자, 깨끗한 종교인, 배낭여행자, 주어진 것에 만족하는 양심적 소시민 같은 세상을 밝고 지혜롭고 깨끗하고 사랑하며 크고 넓게 소통하는 광대를 신뢰하고 그들에게서 광대 정치를 깨달아 실천하기를 바란다. 그것이 국민들의 여망이 아니겠는가.

겨울이 아무리 춥고 암울해도 봄이 오면 온 천지가 환하고 따뜻한 생명의 계절이 되듯이 우울하고 괴로워 힘들어하는 사람들이 한바탕 신명나는 광대놀이로 재앙과 악귀를 물리치기를 소망한다.

광해군 닮은 노대통령에게 고함

조선시대의 대표적인 개혁 군주로 어떤 분은 정조와 대원군을 지적하나 나는 정조와 광해군을 꼽겠다.

대원군은 어린 왕인 아들을 대신한 섭정으로 70년 세도가인 안동 김씨 일문을 혁파하고 온갖 민폐와 향리 유생들의 부패온상이었던 전국의 서원을 철폐하는 등 개혁을 꽤했지만 평생동안 며느리인 민씨 일가와 권력 다툼을 하고 급변하는 세계정세를 읽지 못해 유교적 쇄국정책에서 한 발자국도 벗어나지 못함으로써 나라를 끝내 혼란과 망국으로 이끌었으니 진정한 개혁자라 할 수 없다.

광해군 개혁 재평가

그에 비해 광해군은 비록 기득권 세력에서 쫓겨난 폭군이라는 역사에 기록되어 있으나 현대에 와서 많은 왜곡된 부분이 밝혀져 사실상 나라와 백성을 위한 개혁정치가로 새롭게 평가받고 있다. 세자 때부터 임진왜란에 뛰어들어 무능한 선조를 대신해 활동을 했고 즉위 직후 기득권 정치 세력을 척결해서 전쟁중에도 정쟁의 회오리를 못 벗어난 분열의 정치를 개혁의 정치로 탈바꿈시킨 일, 기근 질병 노역 등 참혹한 백성들의 고통을 덜어 주기 위해 대동大同법을 시행한 일, 남南의 일본과 북北의 명나라 후금 사이에서 나라를 지키기 위해 탁월한 외교정치를 편 것은 개혁이 아니라 나라를 살릴 수 없다고 믿는 지도자만이 할 수 있는 일이었다.

노 대통령은 여러 가지 면에서 광해군을 닮았다. 실패한 군주로서 기분 나쁘게 생각할 일이 아니고 역사적인 교훈으로 삼으면 좋을 것이다.

첫째, 개혁에 대한 실효성이다. 국가보안법과 행정수도 이전, 과거 청산 문제, 재벌 및 언론개혁 등 말하자면 해방 후 60년간 지속되어 온 기득권 세력을 혁파 내지 척결하겠다는 것이다.

둘째, 대동법과 같이 돈과 부동산을 많이 가지고 있는 강남과 전국의 모든 부자들에게 중과세를 물리고 부동산으로 인한 불로소득을 허용하지 않겠다는 것이다.

셋째, 민족문제의 남북이 해결의 주체가 되어야 한다는 것으로 가급적 주변 강대국의 영향권과 지배를 벗어나야 한다는 의지를 갖고 있다.

그 외에 과거사 청산문제로 역사를 바로 세우겠다는 것과 신행정수도 이전으로 수도권의 과밀인구를 해소하고 만에 하나 전쟁이 발발하더라도 정부기관을 안전한 곳으로 옮긴다는 뜻이 있다.

국가보안법 문제는 이 법으로 인해 기득권 세력이 이익을 보고 상대적으로 힘없는 국민에게는 불이익을 안겨주었으며 독재정권의 인권탄압 수단과 민주주의 발전의 심각한 장애로 작용했으므로 폐지는 당연하고 정보화 시대의 낡은 유물을 철폐한다는 시대적인 당위성이 있다.

노 대통령의 개혁은 과거 정권이 못했던 숙제였던 만큼 만사지탄이며 어느 때 누군가가 반드시 이루어내야 할 우리의 과업일 것이다. 그런데 국민들은 자꾸 불안하다 국민적인 과업을 달성하려면 한 덩어리로 뭉쳐도 힘이 모자랄판에 갈수록 분열이 심화되고 해외로 급속히 국부가 유출되고 있는 현상은 무엇을 말해주는가. 노 대통령의 개혁이 필연적이고 정당성이 있다 할지라도 국민적인 호응을 크게 얻지 못하거나 혹은 방법이 문제가 있는 것이 아닐까.

노 대통령의 경제정책과 친노조 정책, 언론개혁, 신행정수도 이전 같은 것은 광해군의 대동법과 다름없이 빈부귀천이 없는 대동의 평등사회를 만들자는 것이지만 현실적으로 가능한 것인가.

더욱이 광해군 시대의 개혁은 전쟁 직후 나라 전체가 황폐회되어 백성들이 삶의 목숨을 부지하기 힘든 상황으로 개혁이 나라의 존망을 가르는 절박한 선택이었으나 노 대통령의 개혁은 그렇게 한꺼번에 위급하게 추진되어야 할 아무런 이유가 없다.

더구나 2년여 동안 대선과 총선에 모두 승리했지만 국민의 지지는 낮은 형편이 아닌가. 386세대를 비롯한 젊은 유권자들의 지지가 절대적이라고 믿는 것은 단순하고 위험한 발상이다. 아직도 다수 국민들이 불안을 느낄 정도로 취약하고 개혁세력 역시 코드와 편가르기 때문에 강건하지 못하다.

합리적 안정개혁

큰 지도자란 들판과 큰 바다같이 풀과 꽃나무와 많은 크고 작은 생명체들이 살 수 있어야 한다. 쪼개고 쪼개면 무엇이 남는가. 광해군과 정조가 조선시대 최고의 개혁정치가였지만 추방과 좌절을 맛본 것은 무엇 때문인가를 깊이 헤아려 역사의 교훈을 삼아야 한다. 만일 노 대통령의 개혁이 비록 정당하더라도 현실에서 공감하지 못하고 실패한다면 두 임금의 전철을 밟지 않을 수 없을 것이다. 국민들은 다수 국민들이 함께하는 합리적인 안정개혁을 원한다. 대통령과 소수 지지자들만 찬성하는 독선적인 급진 개혁을 결코 원하지 않는다.

노무현 대통령과 집권세력에게 보내는 글

노무현의 국정실패와 그 해법

 **국민의 원성이 고조되고 있다**

국민의 참여를 표방한 노무현 참여정부는 지난 만 3년동안 국정이 표류하고 실패한 원인에 대하여 통렬한 자기비판과 성찰이 있어야 할 것이다.

정치개혁을 외쳤지만 집권여당에 대한 국민들의 지지도는 22%의 낙제점수고 노대통령의 국정운영의 지지도 역시 30%를 넘지 못하는 여론조사이다. 아마 역대정권중 최하위로 기록될 전망이다.

국가보안법폐지, 과거사청산, 일자리창출, 사학법개정 등과 한나라당과의 대연정까지 시도했지만 물건너 가버렸거나 난항을 겪고 있는 것이 대부분이다.

사회적 약자를 돕고 그들의 생활수준을 높이는 분배복지정책은 좋은 것이다. 그렇다고 부자들과 기업인들, 많이 배운 기득권층을 미워하고 매도한다고 해서 사회가 더 나아지고 빈곤한 계층과 못배운 사람들의 삶이 향상되는가, 중산층이 무너지고 가난한 사람이 더 가난해진 것이 이를 말해준다. 오죽하면 노무현정부를 가리켜 좌파정부라 부르겠는가.

좌파란 말에는 왜 그렇게 민감한 반응을 보이고 한사코 아니라고 하는가. 성장을 기피하고 분배를 선호하는 것은 좌파정책이 맞다.

작년에 물러난 청와대 정책자문위원장 이정우는 노정권의 대표적 좌파분배주의자가 아니었던가. 북한에 충성하듯 많은 것을 지원해주고 핵발전소, 개성공단 등에 막대한 금액을 투자한 정부는 북한의 인권, 문제와 납북자문제는 왜 그렇게 침묵을 지키는가.

오랜 우방인 미국 일본의 반미반일로, 적대관계였던 북한 중국 러시아는 친북, 친중, 친러시아 정책으로 돌아서는 발언을 자주해서 동맹국과 국민의 불신을 키우는 정부가 좌파가 아니고 무엇인가.

그리고 무엇보다 좌파가 확실한 것은 친노조 친시민단체 친여親與의 신문, 방송, 인터넷언론단체가 분배정책의 이념화에도 있지만 우파정당인 한나라당과 대비되기 때문이다.

양당의 정책내용을 뜯어보면 별차이가 없는데도 노무현정부와 우리당, 노사모같은 지지자들은 입만 열면 한나라당을 수구보수당으로 몰고 한나라당과 그 지지자들은 반대로 노정권을 좌파 빨갱이쯤으로 매도하기 바쁘다. 양당의 싸움을 보면 조선조의 사색당파싸움과 빼어 닮아있다.

북한 핵문제와 6자회담마저 진전이 없는 터에 김정일위원장을 서울에 초청하고 정상회담을 갖는다고 세상이 바뀔만큼 큰 국가적 이익이 생길것이 아닌데 대통령과 집권여당의장은 늘 목을 메는지 국민들은 알길이 없다.

혹시 경색된 국면을 타개하기 위함이라 야당과 언론이 지적하지만 남북관계를 일시적이용이나 정치적계산으로 생각한다면 국민들은 더더욱 등을 돌릴것이다.

과거 독재정권시절부터 수없이 속아왔지 않는가.그러나 한켠으로 생각하면 일촉즉발의 전쟁상황같은 극한적 대접을 보이던 과거보다는 투자와 관광, 친척방문으로 하여 남북관계가 좋아진것은 진일보의 정책이라 할 수 있다.

五無정책을 타파해야 길이 열려

노무현정부는 정권초기 50%대의 높은 지지율이나 20%대로 추락한 근본원인은 철저히 검토하고 반성해야 한다.

내부의 잘못을 외부의 잘못으로 돌리고 자신들의 정책실패를 야당과 언론, 기업과 국민들만, 탓하는한 이 정부는 살아날 길이 없다는 것을 깨달아야 한다. 노정권은 많은 사람들이 지적한 바 무능無能, 무책임無責任, 무책無策, 무치無恥, 무정無情의 오무를 청산하여야 한다.

첫째, 국정운영의 무능이다.

정치개혁정책이 평준화, 사회안정, 대외정책어 낙제점으로 밝혀졌다. 왜 그런가, 편향된 시각, 코드인사 편가르기, 이념의 굴레, 운동권 투쟁 논거 등이 개방된 의식과 현명한 정책을 가로막고 폐쇄적인 집착과 욕망은 역사진보와 사회발전에 한 발자욱도 나아가지 못하고 있는 원인이다.

둘째, 결과에 대한 무책임이다.

무릇 모든 공직자는 권한만큼 책임을 져야 하는데 이상하게도 노정부는 권한은 무한정이나 잘못에 대하여 책임지는 공직자가 없다. 특히 집권여당의 책임자인 대통령, 국무총리, 당의장, 장관쯤 되면 그의 일거수 일투족은 개인이 아닌 국가적인 행위로 전국민들에게 절대적인 영향을 미치기 마련이다. 대통령 측근들이 줄줄이 퇴출되고 구설에 오르는가 하면 홍보책임자들은 기회있을 때마다 대통령을 칭송하고 국민들을 비하하니 지금이 독재시대인가, 왕조시대인지 국민들은 헷갈린다. 대통령은 21세기에 살고 국민들은 20세기 과거에 산다. 조기숙 전 홍보수석의 아첨은 압권으로서 노정권의 모든 것을 상징한다. 노대통령은 대학총장이다. 이백만 홍보수석이 국정홍보처장에 있던 얼마전의 말이다. 국민들을 초등학교 학생정도로 생각하고 있는가? 총리

와 장관들이 외국에서 술을 먹고 막말을 해대고 국회와 언론에 대고
아무생각없이 야유성 발언을 쏟아내는 것과 이들과 측근들의 방자함
과 무책임을 엄격하게 다스리지 않는 것들이 노정권의 무책임한 정책
인 것이다.

셋째, 무치정책이다.

전통적인 한국인의 양심과 도덕관념은 수치이고 염치이다. 수치와
염치를 외면하는 자들은 짐승같은 자라고 말하기도 한다. 사람이 살다
보면 잘못도 많고 실수도 할 수 있는데 그 행위에 대해 부끄러움을 느
끼지 못한다면 금수와 무엇이 다를까. 노대통령이 내심 권력에 집착하
면서도 국민을 향해서는 엄살을 피우듯 대통령자리 못해먹겠다는 말
을 자주 해대고, 급기야는 탄핵의 대상이 되자, 용퇴하지 않고 헌법재
판소 재판관들에게 걸기대乞期待하여 대통령자리를 되돌려 받고서야
안도하는 모습을 보이고, 야당과 대연정을 수개월간 고집하고 북한에
는 최고권력자로써 마구 퍼주면서 국민들에게는 대통령은 아무 힘이
없다고 기묘한 강변을 늘어놓는 것은 국민을 우습게 보기 때문이다.

넷째, 국가현안문제에 대해 지혜와 대책이 없는 무책이다.

노대통령은 자신이 솔선하여 권위주의시대를 청산하고, 부패추방,
부동산 정책등을 빛나는 치세의 업적이라고 꼽는 것 같다. 그것은 구
렁이 제몸추듯 한다는 속담에 비견되는 자화자찬에 불과하다. 대다수

국민들은 동의하지 않기 때문이다. 노대통령이 무책의 대상자가 되는 것은 사회적 원로와 경륜과 철학이 뛰어난 학자들을 멀리하고, 인터넷 지지자들과 코드가 맞는 자들의 말에만 귀기울여 행동하기 때문이다.

다섯째, 노대통령의 무정하고 비정한 정책수행이다.

대통령과 집권세력들의 분배사회정책은 약자를 위한, 유정의 정책 같기도 한데 자세히 보면 그렇지도 않다.

맹종하는 지지국민과 지지언론, 지지측근과 측근 공직자들에게는 한없이 관대하고 정이 많아 보이나 반대여론과 반대언론, 반대정치세력과 안티지식인들에게는 왜 그렇게 가혹하고 무정한가. 특히 대통령과 총리, 일부 맹종하는 측근들의 반대자와 비판언론에 대한 강한 거부감과 정책, 정서는 국민들도 이해하지 못하는 수준이다.

노르웨이의 세계적 석학 요한 갈퉁은 지식인의 비판은 강자에 대한 비판이라고 했다. 언론과 지식인, 반대자들이 노정권을 비판하는 것은 바로 권력에 대한 비판이다. 권력자에게 비판을 못하게 하면 바로 그것이 독재이고 파시즘이 아닌가. 비판을 받기 싫으면 권력에서 물러나면 된다. 노대통령은 얼마전 야당을 하고 싶다고 했다. 비판을 받기보다 비판을 좋아하는 공격적인 성향의 그에게 야당이 맞을지도 모른다.

노대통령, 명예퇴진 할 것인가?

失政을 만회할 기회는 아직 남아있다

얼마 전 노무현 대통령은 코드가 맞는 언론인들과의 청와대 오찬석상에서 "참여정부는 국정과제를 뽑아서 할 수 있는 것은 다했다. 내가 뭘 잘못 했는지 한 번 꼽아 봐라"고 했다.

그러면서 그는 "양극화나 비정규직, 소득 재 분배 문제 등은 진전을 보고 있으나 해결되지 못 한 게 사실이다. 그러나 누가 해도 마찬가지다. 다음 정권도 마찬가지다." 라며 격한 심경을 토로하였다. 대통령의 애타는 심정은 능히 헤아릴 수 있다. 임기 말 레임덕이라는 말이 떠돌고 믿을만한 측근은 하나 둘 다 떠나고 언론 야당뿐 아니라 집권당으로 부터도 대통령 비판이 그치지 않으며 민심은 더욱 멀어져 가기만 해 거의 바닥권이니 말이다.

누구를 믿고 어떻게 이 난국을 수습해 나가야 할지 앞이 캄캄하다.

남은 임기는 아직 많이 남았는데 정치공세와 총체적 불신의 가시방석을 앉아서 견디려니 분통이 터질 노릇 아닌가. 명색이 국민이 뽑은 대통령이고 좋아서 뽑아 줄 때는 언제이고 이제는 잘못한 것이 별로 없는데 끌어 내리려 하는가 입장을 바꿔 생각해도 대통령의 외로운 처지를 십분 이해할 수 있다.

민심의 바다에 배 띄운 노선장

DJ 정권과 노무현 정권을 열렬히 지지했던 호남의 어느 유명한 지식인은 이렇게 말했다. 원래 "바보 노무현으로 대통령에 당선되었는데 이제 교주 노무현으로 변한 것이 문제다." 라는 것이다. 아니 대통령이 되기 전 바보 노무현이었을 때도 사실상 교주님과 다를바가 없었다는 것이다. "모든 게 자기 마음대로였다. 기존 상식을 무시하고 역발상으로 밀어 붙였다. 그게 인기를 얻은 비결이었다." 는 것이다. 문제는 대통령이 되고 난 후 여태껏 바보 노무현과 교주 노무현의 아웃사이더 기질을 못 버린 것이 오늘의 실정과 실패의 원인이라 진단했다.

심지어 어용 코드 신문이라는 비판을 받고 있는 어느 열성적인 노무현 지지 신문기자마저도 간담회에서 대통령의 발언을 두고 "이런식으로 말하는 사람은 맹세코 초등학교 3학년이후로 만난 적이 없다"라고 말했다. 대통령 답지 못한 순진무구하고 유치한 수준의 발언이라는 것이다.

금년 봄 어느 원로 지식인의 대담을 보니까. "노대통령의 최대문제
는 대통령 자신이 대통령인줄 자각하지 못 하고 잇는 점이다." 라고
한마디로 압축한 적이 있다. 흔히 최고 권력자와 국민을 빗대어 민심
을 바다.권력은 배, 권력자는 선장에 비유한다. 때때로 정치 권력자는
바닷물을 가르는 홍해의 모세같이 바다를 정복한 것처럼 생각하지만
민심이 배를 띄우기도 하지만 성난 파도는 배를 뒤 엎기도 한다는 사
실은 동서 고금의 영원한 교훈이건만 최고 권력자만 가끔 망각 하는
것 같다. 권력의 달콤한 광대놀음에 도취된 탓일까.

천하흥망에 필부도 책임이 있다

중국을 자주 드나드는 사람이라면 중국의 대학교, 관청기관 곳곳
에 천하흥망 필부유책이라는 글귀가 나붙어 있음을 보았을 것이다.
나는 10여년 전 상해의 어느 대학에 잠시 머물러 그 글귀를 읽고 감
명을 받은 적이 있고 인생교훈으로 삼고 있다. 등소평이 특히 좋아했
던 글귀로 지도자와 인민의 책임을 강조한 것이다. 명나라 말 어느
사상가의 말로 회자된 것인데 인민민주주의를 말하는 중국에 딱 들
어맞는 말이다.

그러면 한국처럼 작은 나라는 해당되지 않을까. 큰 나라든 작은 나
라든 지도자와 국민들이 자주의식과 책임감을 나눠가질 때 단합결속

이 되고 부강한 나라가 될 것이다. 바꿔 말하면 서민은 서민대로 중산층이나 상류층은 그만큼 사회적 책임이 있고 일반시민, 정부관료, 정치 지도자, 기업인, 종교 문화인은 주어진 역할과 권한이 있는 만큼 책임이 있는 것으로 민주주의 기본이요 원칙이라 할 수 있다. 답은 이미 나와 있다. 이 나라 4천 5백만 국민들의 생존권과 운명을 책임지고 나아가서 북한주민까지 늘 걱정하고 지원을 아끼지 않는 민족 지도자로 자처하는 대통령이 자신은 아무 잘못이 없고 책임이 없다는 식으로 말하는 것은 민주주의를 부정하고 나라의 근간을 흔드는 발상이 아닌가. 참으로 안타깝고 불행한 일이다. 평소 우리 국민들은 우수하고 똑똑한데 정치 지도자 특히 대통령복은 지지리도 없다고 탄식해 마지않았으나 참여 정부마저 그럴 줄이야 누구 예상 했겠는가.

국정 실패. 사회불안 광기의 코드 정치

사실 필자와 노대통령 핵심 참모들의 인연은 깊다. 80년대 중반 어느 시골의 암자에 머물러있던 필자는 큰절의 등쌀과 종단의 위협으로 겨우 밥이나 먹던 암자에서 쫓겨나 고향인 부산에서 조폭과 다름없는 폭력 승려들과 종권다툼이 극심하여 늘 갈등과 분쟁의 중심에 있던 조계종단, 유신독재와 전두환 군사정권, 5 · 18광주항쟁 부마민주항쟁 등의 시대상황을 지켜보면서 사회정의와 종교개혁의 칼을 갈고 있었다.

평소 친하게 지내던 중진 언론인들과 통도사 수안화상의 추천으로 재야 단체의 불교 대표로 활동하게 되었다. 본말사 주지의 냉대와 경찰의 감시하에서 동가숙 서거식 하면서 민주화 운동의 불교권 대표 임에도 뜬 구름 승려라는 별명으로 운동권에서 통하고 있었다. 그나마 6공과 YS 민주화 정권이후 조금 안정을 되찾았으나 중진승려에 걸맞지 않게 늘 빈곤에 시달렸고 돈도 조직도 없이 몸으로 때웠다.

부산 경남이 최대의 불교 인구를 차지할 정도로 전국에서 불자 비율이 높으나 대개 기복성향이고 사회의식에는 무관심하였다. 정치인이나 고위 공직자가 주관하는 모임에는 승려와 불자가 넘치지만 민주화 운동이나 시민사회 활동에는 지원은 고사하고 참여도 하지 않으며 심지어 나쁜 소문을 퍼트리기도 했다. 지금 생각하면 20년 가까이 불교인으로 사회 민주화 내지 의식개혁에 적극참여 하느라 에너지를 많이 쏟았다. 민주화 운동과 여타 시민운동의 경력이 없는 신부 목사 승려들의 교단기득권과 정부의 각종위원회 진출을 보면 적당히 현실에 타협하고 힘 있는 자들의 비위에 맞춰서 일신의 안위를 도모할 것을 그랬나 할 때도 있다. 더욱이 독재정권에 맞서서 싸우던 운동권들이 권력을 잡게 되자 타협하지 않는 바른 말하는 과거 동지들은 외면하고 철저하게 소외시킨 채 기득권과 아첨 아부하는 자들로 권력의 측근을 삼아서 코드를 맞추고 태평가만 부르고 있으니 난국에 처한 현실이나 나라의 장래가 눈에 보일 턱이 없다.

전 정권에 비해 실업자, 생활고 자살자, 반인륜 흉악범죄가 몇 배로 급증해 사회가 불안하고 업친데 덮친격으로 북한 탈북자문제, 북한 핵 문제, 한미자유무역협정FTA 교육문제 법조인을 비롯한 공직자 비리문제. 대통령 친인척 측근들의 부정과 횡포 언론 야당과의 갈등, 전시 작전 통제권 환수 등 시급한 국정현안을 제대로 해결하거나 신뢰받는 정책을 추진하지도 못한다. 최근에는 대통령 친인척이 연루된 사행성 도박게임과 천문학적인 액수의 상품권 발행허가 게이트가 정치권과 국민들을 뒤흔들고 있다. 사실 규명과는 별개로 참여정부와 대통령이 기업의 성장보다는 분배와 복지정책을 그토록 강조하더니 불건전한 망국의 지름길인 도박 공화국을 조장했더란 말인가.

집권여당의 양심적인 정치인마저도 대통령을 가리켜 무능 오만 무책임한 준비안된 정치 행보가 문제이며 대연정 제안 등 충동적이고 생각없이 불쑥 내뱉는 정치 실험을 절재하라고 요구했겠는가.

대통령 코드가 국민코드보다 중요한가

3년전 나는 대통령의 최측근을 만나 간단하게 충고한 적이 있다. "대통령은 국정을 책임지는 최고지도자이므로 끊임없이 고민하고 사색하며 국민과 호흡을 맞춰야 한다. 필요하다면 매월 1회씩 대통령과 측근, 각료 집권당 간부들이 모이는 정책 토론회도 좋지만 그 보다는 국가 원로 학자들을 모셔다가 국정철학과 역사 공부를 하면 크게 도움이 될 것이다." 라고 진언했으나 운동권 후배인 그는 "대통령이 잘 알고 있다. 대통령은 모르는 것이 없다"라며 한마디로 일축해 버렸다. 나는 대통령의 후보시절 그의 지나친 대권행보와 정치 야심을 경계했고 측근들의 일탈을 비판했다가 그들 정권친위대로부터 변절자 또는 거짓말쟁이로 공격당했다.

다 지나간 이야기지만 어이가 없었고 정치권력이 뭐길래 사람을 완전히 바꾸어 놓는지 인간에 대한 환멸을 느꼈다. 생전에 친했던 국민작가 이병주 선생의 인생, 정치, 권력 무상을 느끼게 한다.

오랫동안 민주화 운동의 한 솥밥을 먹다가 대권에 미쳐서 동지의 직언과 충언을 힘의 논리로 왜곡시키다니 나는 오히려 대통령과 386측근들의 배신에 고향을 떠나야 했다.

대통령과 측근들의 국정실패와 권력 농단은 이미 예고된 수순이었다고 본다. 만일 대통령과 측근들이 현명하고 나라와 국민을 걱정하는 입장이라면 코드가 맞지 않으나 국정의 성공적인 수행을 위해서라도 반대자 비판자의 다양한 그리고 사심 없는 말에 귀 기울여 하는 것이 당연한 도리가 아닌가. 내 개인적으로는 노대통령이 준비가 안 된 상태에서 갑자기 대선에 승리함으로써 많은 문제들이 노출되고 있다고 본다. 대통령이 임기를 무사하게 마칠 것을 국민들이 바란다. 도중에 하차하는 일이 발생하게 되면 대통령의 불행은 곧 국민의 불행이 될 것이기 때문이다.

결론적으로 대통령의 결정적 잘못은 국정이 산적하고 하나같이 어려운 판에 통합과 화합. 지혜와 중지로 반대 세력과 국민들을 설득하고 해결할 의지와 정치철학은 없고 오로지 혼란과 갈등만을 조장하여 파국과 분열로 치닫고 있으니 이 어찌 큰 잘못이 아니란 말인가 더구나 국정책임자로서 잘못과 허물은 국민 언론 야당에게 떠 넘기고 자신은 마치 면죄부 받은 중세기 사람처럼 행세하는 것을 보면 편견과 옹졸함을 넘어 무지함과 후안무치의 극에 다달았다는 느낌을 받는다.

대통령과 국민 중 누가 바보인가 대통령의 생각이 나라를 걱정하는 일개 필부보다 못한다 해서야 그게 말이 되는가 대통령과 추종자들의 말을 들으면 자기들은 아무 잘못이 없는 완벽한 사람인데도 무지한 세상 사람들이 공연히 트집 잡아서 생긴 일로 여긴다. 국민들은 뜨거운 열대야 처럼 스트레스를 받고 답답한 심정을 풀지 못한다. 무엇 때문인가 한 번쯤 고뇌하고 숙고해서 마음의 눈을 뜨기를 바란다. 친구와 옛 동지로서 하는 충고이다. 아직 실정을 만회할 기회는 남아 있다.

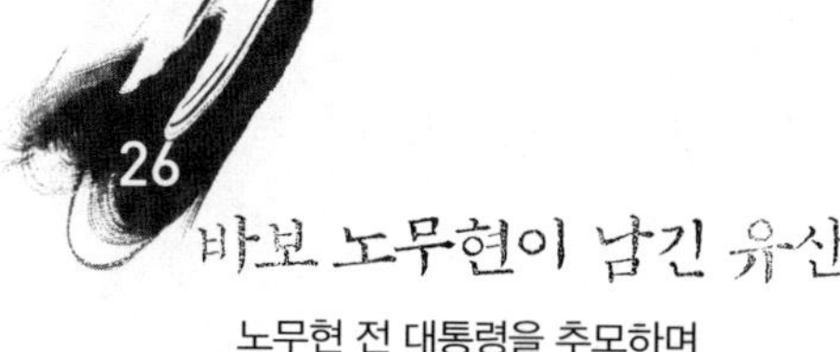

바보 노무현이 남긴 유산

노무현 전 대통령을 추모하며

 TV뉴스 속보를 들었을때 나는 한동안 눈과 귀를 의심하였다.

노무현 전대통령이 등산길에서 추락사 하였다니 그저 망연자실 하였다.

그러나 조금 뒤 생각해보니 그가 실족사한 것이 아니라면 투신한 것이 맞다고 생각했다. 왜냐하면 그는 너무 지쳐있었고 장기간 동안의 검찰수사에 의해 가족 측근들이 사법처리가 되는 것을 지켜보면서 삶의 의욕을 상실했고 죽음으로써 소중한 가족과 가치를 보호하고 싶었을 것이다. 서거하기 수개월전 "내가 괜히 정치를 하고 대통령을 했다. 그렇지 않았다면 다들 이런 일이 없었을 것" 이라며 괴로워하고 자책하는 말을 자주 했다고 측근들의 전언을 언론에서 접했을 때 강직하고

타협을 모르던 분이 얼마나 고통스러우면 저렇게 나약한 심정을 토로
하는 것인가 여겼다.

사실 필자와 노무현은 엄혹한 독재정권 시절에 만나 민주화 투쟁과
통합정치를 위해 몸을 던진 동지사이로 때로는 소통하고 때로는 갈등
하던 애증의20년 친구로 마음은 늘 가까이 있었다.

정치권력은 좋은 약 이지만 때로는 위험한 독 같은 것이어서 나는
평소 불가근 불가원의 거리를 유지하는 것이 현명한 지혜라 믿고 있지
만 대부분 정치지향의 사람들은 권력을 쟁취하기 원하고 반대로 밀려
난 사람들은 한풀이로 생각하기 십상이므로 언제나 갈등관계가 상존
한다.

이미 지난 얘기지만 그해 초겨울 나는 노무현의 대통령 만들기에서
비판을 했고 5년후를 기약했지만 그의 지지세력들은 나를 적으로 몰
아세웠다 당선후 최측근후배를 만나 운동권 지도자가 아닌 국정을 책
임지는 국민의 지도자로 통합의 정치를 해줄것을 당부하였지만 끝내
분열과 편가르기를 극복하지 못해 마음 한가운데 불안감이 가시지 않
았다. 그렇지만 노무현 동지는 탄핵등 정치적 시련을 거쳐 무사히 임
기를 마치고 고향 봉하마을에 정착했을 때 나는 누구보다 기뻤다.

대통령의 운명은 나라와 국민의 운명과 같이하므로 그의 무사 귀향
은 곧 국민의 안전운행과 동의어로 봤고 그도 이제 고향에서 환경생태
운동과 아울러 민주주의 운동의 어른으로서 후배를 육성하는 일이 아
름다운 노년이라고 생각했다.

집을 고치고 사람들이 많이 모인다해서 미루다가 재임시절 단 한번도 만나지 않은 그를 만나서 약간의 견해차이에 대한 오해를 풀고 그동안의 노고를 위로하며 옛 동지로서의 회포를 풀 날만 기다리고 있었는데 무슨 청천벽력같은 소식인가.

뒤늦게 인생무상을 깨달아

4.22일 그는 인터넷 홈피에서 "이제 저는 민주주의나 진보정의를 말할 자격을 잃었다. 더 이상 여러분이 추구하는 가치의 상징이 될수 없어서 헤어날 수 없는 수렁에 빠진 저를 여러분이 버리셔야 한다" 라고 했을때만해도 얼마나 자신을 자책했으면 늘 당당하고 거침없는 그가 의기소침해 졌을까 안된 마음이었지만 설마 극단적인 선택을 할줄 꿈에도 몰랐다. 아마 많은 지지자들과 측근 가족들도 같은 심정이었을 것이다. 옆에 내가 있었으면 멱살잡이를 해서라도 그의 마음을 다잡아주었을 것을, 오호통재라!

그는 평범한 개인이 아니라 대통령을 지낸 우리사회의 최고 지도자요 특별한 분이기 때문에 고통스럽더라도 어차피 추하고 혼탁한 세상에서 슬기롭게 극복해 마침내 한 송이 향기로운 꽃을 피워낼줄 기대했다.

동서고금의 역사에서 보듯 큰 지도자는 치욕을 능히 견디는 불굴의 의지가 있어야 하므로. 희망이 절망으로 바뀌고 밝은 세상이 혼돈으로

바뀌는 순간 많은

국민들은 그의 제단앞에서 분노했고 통곡하고 있다.

노무현의 정치적 서거는 현 국정세력과 국민들에게 많은 짐을 떠안게 한다.

비록 그의 국정 방식은 대부분의 국민들에게 갈등을 일으켰지만 그가 추구한 민주주의와 인권 권위주의 지역주의 타파 남북화해정책, 사회적약자의 복지정책 등은 계승하고 발전시켜야 마땅하다.

너무 갑작스럽게 일어난 일이라 1주일 내내 생각한것은 그와의 인연뿐이다.

더럽고 치사스럽지만 좀 더 오래 살면서 함께 나누는 삶을 택했으면 하고 두고두고 안타깝고 분통이 터진다. 있어야 할 사람은 가고 없어도 될 사람은 오래 남아 있으니 하늘도 무심하지 않는가.

이제 좋은 친구로 만날 수 있는데 저녁놀 처다보면서 막걸리 한잔 나누고 봄날 그가 만든 장군차를 시음하면서 지난 이야기와 세상이야기를 나눌 기회가 영영 사라저버렸다.

"삶과 죽음이 모두 자연의 한조각이다. 미안해 하지마라 누구도 원망 하지마라. 운명이다. 화장해서 작은 비석하나 세워라."

그가 남긴 짤막한 유언에서 보듯이 그는 사랑도 미움도 모두 버렸다 마치 도가 높은 고승의 법어게송을 읽는 느낌이다.

29일 진행된 영결식과 노제,1백만인파의 봉하마을등 전국에서 수백만 국민들의 호곡소리가 천지를 진동했다.

박종철 이한열 열사의 1백만인파 추모인파가 20년만에 재현 된것같다.

과거 권위주의 시절로 회귀한다는 비판을 받고있는 이명박정부가 두려워하고 두려워 해야 할 일이다.

슬프다! 노무현 동지여! 영원한 벗 노무현 바보여!

노무현 대통령이시여! 저승에서 안식하시고 다시 이승으로 돌아와 고락을 함께 나누소서 삼가 소암 구봉 3배 분향

민주화 동지 노무현을 회상하며

80년 중반 금정산에서 만난 친구

먼저 아무도 예상치 못했던 노무현 전 대통령의 투신자살에 의한 서거에 대해 비통한 심정으로 고인의 명복을 빈다.

뉴스를 접하고 버스에 올라 그와의 인연을 회상하면서 눈물이 났다. 버스 안이 아니었으면 통곡이라도 했을 것이다. 20년전 쯤 입적한 친구 시인 원광스님과 문익환 목사의 별세 때처럼 말이다. 산중사람 출신으로 비교적 냉정한 사고를 가진 내가 평소에는 눈물 흘릴 일이 많지 않기 때문인지도 모른다.

80년대 중반 5공 군사정권이 기승을 한참 부릴때였다. 나는 당시 불교신문 논설위원으로 조계종의 개혁과 우리사회의 소통을 위해 왕성하게 글을 쓰고 있었는게 이것이 빌미가 되어 시골의 가난한 암자주지에서 추방되었고 승려제적이라는 가혹한 처분까지 받게되어 졸지에

오갈데가 없는 신세가 되었다.

　하는 수 없이 고향이고 본사本寺가 있는 부산으로 거처를 옮겨 일정한 거처없이 동가식 서가숙하는 방랑승려, 재야인사, 뜬 구름이라는 별명처럼 황야에서 살았다. 그해 삼월 말 초봄이었을 것이다. 기억으로는 식물원에서 도보로 금정산동문을 거쳐 북문으로 오르는 등산행에서 노무현을 처음 만났다. 부산의 민주화사령탑인 부산민주시민협회 단합대회 같은 성격의 모임이었다.

　변호사로서 보장된 상류층인사의 인상과 달리 노무현은 무척 평범하고 노동자 농민처럼 투박했다. 서너걸음 뒤 떨어져 오면서 그는 이렇게 말했다. "너무 외로워서 민주화 운동에 동참하게 되었다." 25년이 지났지만 그때의 말을 또렷하게 나는 아직 잊지 않고 있는데, 그는 민주화 운동과 각종 노조 운동, 그리고 대통령 재임시와 퇴임후 짧은 휴식을 제외하고 투신에 이르기까지 줄곧 그는 인간적으로 고독하지 않았나하는 생각이 든다.

　동병상련이라고 할까 나역시 당시의 사회참여에는 대부분 기독교인이었고 불교인은 가뭄에 콩나듯 귀했다. 승려가 사회 참여를 하는 것을 전혀 이해하지 못했고, 특히 독재정권에 대한 투쟁을 편견으로 바라보는 승려와 신도들이 대부분이었다.

　불교계의 비리와 독재정권의 비판에 이어 민주화투쟁의 현실 참여를 하다보니 나 자신이 고독하고 가혹한 삶의 무게에 짓눌려 생애 최고 힘든 순간에 만난 노무현은 의기투합한 동지로서 훗날 대통령이 될 때까지 각종시민단체의 주요멤버로 함께 주도적 역할을 했다.

그러나 노무현은 가난한 빈농출신이었지만, 형제, 친척, 친구가 많았고 민주화투쟁과 정치인을 거쳐 대통령을 역임하기까지 얼마나 많은 지지자와 측근들이 모여들었던가. 나는 그에 비해 한 줌도 안될만큼 축소지향으로 살았다. 중산층 가정이었으나 어릴 때 뿔뿔히 흩어진 부모형제를 떠나 십대에 고독이 절절하게 사무치는 산중절에서 청소년 청장년기를 보냈다.

불교계에서 유례가 드물만큼 개혁과 참여의 글을 많이 쏟아내고 20년 동안의 민주화투쟁과 각종 시민단체에 몸바쳤으나 아직도 나는 혼자다. 불교계에서나 사회, 민주화 정권 10년 동안 내내 찬밥신새였다. 푸념같은 말이지만.

독재정권 때도 호의호식하던 사람들이 민주정권에 들어와서도 과거청산이 안된 탓인지 얼굴을 바꾸어 여전히 비단방석에 앉아 세상을 호령하고 어제의 민주화 동지가 권력의 힘을 빌어 나와같은 비동조자를 핍박하는 일이 계속되었다.

오랜 기득권 세력에서 새로운 기득권 보수세력이 양산되는 현실에서 원인을 찾을 수 있고, 보수와 진보 기득권과 비기득권, 지배세력과 민중세력이 제대로 물갈이 되지않는 이유 때문이다.

민주정치인 김근태는 김대중, 노무현 양대정권에서 국회의원과 장관을 역임한 진보좌파정권의 핵심이었다. 그는 말했다. "이제 민주화운동을 한 사람들은 보상을 제대로 받았다." 그 말을 듣고 나는 그의 의도를 몰랐다. 해방 후 억울하게 죽어간 원혼들과 희생양, 그리고 각종 민주화 투쟁때 얼마나 많은 사람들이 동참하고 자신의 삶을 희생했는데, 민주화정부 불과 10년도 안되어 배부른 소리를 하고 있는가. 정신적 물질적으로 보상받지 못한 사람들은 어떻게 해야하며 김근태가 말한 것처럼 이 땅의 민주주의가 완전히 결실을 맺은 것이지, 아니면 도로 후퇴할 여지가 있는지 의아스러웠다.

노무현을 비판한 대가

나는 7년간 대선에서 노무현을 비판했다. 아직 대통령을 하기엔 역부족이었고 젊었으며 경륜이 짧다고 여겼다. 무엇보다 민주화세력이 소수였으므로 다음을 기약해도 좋았다. 노무현처럼 뛰어난 대중지도자가 백기완 선생의 말처럼 민주시민운동을 몇 단계 발전, 강화시킬 필요가 있었으므로 그가 있어야 했다. 역사적으로 보면 세계를 1천년 이상 지배해온 기독교 우파 종교권력과 80년 공산 좌파권력의 광기는 놀랍게 일치했다. 따라서 종교와 정치의 권력투쟁은 좌우파가 따로 없다.

인간의 이성이 마비되고 양심이 사라질만큼 미친 광기가 연출된다. 나는 그런 인간의 광기역사인 권력투쟁에서 멀리 떨어져 있었으나 노무현은 불행히도 너무 가깝게 있었다.

그가 늘 입버릇처럼 말하던 "권력 한 번 잡아보자"는 것은 나에게는 위험신호이면서 동시에 그가 민중지도자로서의 성공을 바랐다.

나는 권력자 노무현을 싫어했으나 인간 노무현을 신뢰했다. 진정으로 말이다. 나는 그가 대통령이 된 후 몇 번 연락했으나 한 번도 답변이 없었다. 꼭 만나려하면 만날 수 있겠으나 포기했다. 그대신 재임기간 내내 국정방향의 올바른 길을 글로써 전달, 자문했으나 마이동풍이었다.

정치 전문가들은 흔히 노무현을 베네주엘라의 좌파 대통령 차베스와 브라질 좌파 대통령 룰라, 그리고 진보정치인 대만의 천수이벤에 비유한다. 재미있는 것은 차베스와 룰라는 재임에 성공해서 10년째 집권하고 있으나 연임을한 천수이벤은 뇌물수수로 구속된지 6개월로 "자신은 노무현처럼 죽지않고 당당히 살아서 나갈 것"이라며 기염을 토하고 있다.

못 배우고 못가진 사람들의 한풀이 대명사요, 우상인 노무현이 억울하게 죽음으로써 마치 미륵과 메시아처럼 여기는 것보다 신이 아닌 보통인간으로 몇 개월 고초를 겪고 명예를 훼손하더라도 살아 있으면서 언젠가 정치적인 재기를 할 수 있다는 나의 희망이 잘못되었는지 묻고 싶다.

그리고 어떤 것이 더 건강하고 합리적인 생각인가. 혹시 그를 초월적 인간이나 영웅으로 숭배한다면 다른 차원이니 할 말이 없다.

노무현은 메시아가 아니다

사람이 살아 있을 때 제대로 못 알아보다가 죽거나 옆에 없으면 아쉽고 마음이 더 끌리는 법인가. "노무현은 죽어서 신이 되었다." 이 말은 대한문 지하도 벽에 써붙인 글이다. 또 어떤 지지자들은 예수라고 했고 부활했다고 말한다.

민중들의 그에 대한 사랑과 믿음을 상징적으로 표현한 것이라 본다. 종교적인 차원으로 까지 비약한 것은 그만큼 노무현의 사랑이 지극했고, 심지어 생전에 비판한 사람들마저도 그의 죽음을 애도하고 반성하고 있기 때문이다.

나는 그가 임진난 당시의 혁명가 허균과 광해군을 빼닮았다고 생각한다. 천수를 누리고 정치개혁에 성공한 세종, 정조 보다는 귀천이 없는 평등사상을 부르짖고 이상국가로 변혁의 꿈을 가진 나머지 끝내 나이 50에 사형당한 불세출의 혁명사상가 허균과 선조의 서자로 기득권층과 명나라 제국주의의 모함과 견제를 받아 왕위를 박탈당하고 서민으로 삶을 마친 광해군말이다.

노무현의 죽음은 헛되지 않고 역사의 교훈으로 살아남을 것이다. 이 나라 정치인들의 귀감으로 삼아야 한다. 현 정권도 예외가 아니므로 몇 년 후 임기가 끝난 후 대통령과 측근들은 국민들 앞에 떳떳하게 나설 수 있는지 권력남용과 부패의혹으로 또 역사의 악순환을 밟을 것인지 국민들은 엄중하게 지켜볼 것이다. 이 땅에 수많은 노무현이 나오기를 희망한다. 유일한 구세주가 아닌 민중이 모두 미륵이 되어 꿈과 희망이 되는 세상, 지배하고 구원하는 것이 아니라 나누고 깨우치고 함께가는 세상이다.

나는 노무현의 결벽증에 가까운 정직한 인간성을 믿는다. 그가 돈을 받았거나 사실을 알고 있지 않았을 것이다. 부모없이 어려운 집안의 사위를 맞아 집한 채 작만해주고 싶은 부인 권양숙 여사의 생각이 화를 불러일으킨 것 같다.

현직에 있을 때 받은 것은 법리적으로 그릇된 것이지만 자식을 생각하는 세상의 모든 어머니의 자애에서 비롯되었다 할 때 얼마든지 공감할 수 있는 대목이다.

어린 시절 어머니의 독경소리에 잠을 깨곤 했다는 노무현은 재야, 정치인 시절 특히 대통령 재직시에도 특정종교의 색깔을 비치지 않았고, 모든 종교를 똑같이 차별없이 대한 것으로 생각된다. 그 점은 현 이명박 대통령과 현저하게 대비된다. 말끝마다 특정 종교를 찾고 특정 종교지지자들이 꿀발린 벌떼처럼 모여들어 국민을 편 가르고 화합을 깨는 행위는 지도자의 자격에 중대한 하자가 된다.

내가 알기로는 사실 노무현은 아버지, 형님, 누님이 모두 개신교 신자였고, 재야 운동 때 천주교 영세를 받았으나, 그 자신이 종교를 그다지 신봉하지 못하다가 대통령 말기에 비로소, 어머니의 종교인 불교로 회귀했다. 고향절인 정토원에 부모님과 장인, 장모의 위패를 모시고 돌아온 탕자처럼 어머니의 품에 기대고 싶었을 것이다.

그와의 추억을 회상하면서 이 글을 쓰자니 눈물이 앞을 가린다. 생전의 모든 한과 못다이룬 꿈은 다음 생애서 이루시고 부디 왕생정토하소서.

28. 봉하마을 방문기

노무현 대통령 생가와 정토원 참배기

옛말에 마음이 지척이면 천리도 지척이요, 마음이 천리면 지척도 천리길이라는 말 그대로 마음만 먹으면 쉽게 갈 수 있음에도 여기를 오는데 삼십 수 년이 걸렸다.

봉하마을. 진영단감으로 유명한, 대통령이 나고 자란 그리고 이제는 그 대통령이 이 세상에 가고 없는 그곳이 전국민적 추모의 마을로 알려져 전국에서 온 참배객으로 넘쳐나고 있다.

6월 중순 뙤약볕을 머리에 이고 나는 암울한 80년대의 민주화동지이었던 노무현 대통령 생가를 방문했다. 앞에는 넓은 평야가 펼쳐지고, 약간 높은 언덕에 황토빛 자택이 아담하게 자리잡고 있다.

먼저 유골과 위패가 모셔져 있는 정토원으로 발길을 돌렸다. 산쪽으로 처음 만난곳은 산딸기 밭, 대통령의 붉은 마음같은 새빨간 산딸기

가 길손을 맞는다. 그리고 넓은 공터, 노대통령이 귀향해서 농촌운동
과 생태환경을 위한 시설물을 계획한다는 말을 들은 생각이 났다.

좁은 돌계단을 올라 산길을 오르니 숲 속에 작은 암자 정토원이 나
타난다. 30년전 숲으로 둘러싸인 시골동네가 지금은 도로와 공단 주
택이 잘 가꾸어진 요충지로 변했다.

방명록에 기재하고 법당에 참배했다. 위패를 모신 영단 분향하고 노
대통령의 명복을 빌었다. 가지고 간 금강경을 꺼내 독경하려 했으나
경비원이 제지했다. 많은 추모객과 좁은 법당, 그리고 때가 때이니만
치 개인 행동을 자제해달라는 뜻이다. 콘테이너 임시사무실로 가서 이
절의 주인인 선진규원장을 만났다. 오전에 미리 연락을 해 두었던터라
그는 30여년만이지만 나를 한 눈에 알아보았다. 70년대 초 그는 조계
종 중앙포교사로 이름꽤나 알렸다. 동국대총학생 회장에 불교청년회
장 출신인 그는 큰 키와 우렁찬 웅변, 딱 부러지는 성격과 포교에 대한
열정으로 불교 청년포교사들의 우상이었다.

그에 대한 일화가 많다. 봉하마을의 농촌계몽운동과 불교청소년 수
련에 뜻을 둔 신진규원장은 돈이 없어 동국대총장 친지들에게 도움을
받아 절과 산을 구입했다. 식목과 개간을 하고 농촌운동을 펴면서 그
는 산정상에 호미든 관음보살상을 세우기도 했다.

1950년대말 60년대 초는 자유당말기의 독재정치와 부정부패가 판
을 쳤고, 황폐한 산야와 가난한 농촌은 그 시대의 상징이었다. 그는 불
교청년동지 31명과 규합해서 청소년운동, 농촌계몽, 문화운동을 고향

에서 주도했는데 당시 청소년기였던 노대통령도 영향을 많이 받았으
리라 짐작된다. 노대통령은 7살까지 생가에서 살다가 이사했다고 하
나 고등학교 시절과 군복무후 고시공부때 정토원에서 많이 머물렀다
는 말을 들었다.

　노대통령과 봉하마을, 정토원과 선진규원장은 서로 뗄 수 없는 인연
을 가지고 있으며 나이차가 열 살 이상이 나는 선원장을 노대통령은
큰 형님과 고향 선배로 호칭했다. 평생의 반려자인 권양숙여사도 이곳
정토원을 오르내리면서 장래를 약속했을 것이다. 법당에는 노대통령
과 권양숙여사의 부모위패가 각각 모셔져 있다.

　선원장은 노대통령의 서거를 운명이고 인연이라 말했다. 산 위에서
바라본 봉하마을은 그야말로 축복받은 땅이다. 전형적인 배산임수의
마을로 좌청룡 우백호가 감싸고 넓고 기름진 별판이 있으며 사통팔달
해서 교통이 좋은 곳이다. 노대통령의 자택은 부엉이바위 옆의 능선이
내려가 멈춘 약간 높은 언덕의 명당이다.

　마을에서 보면 노대통령의 집 뒤로 부엉이가 앉아 있는 형상의 바위
가 병풍처럼 에워싸고 정토원의 왼쪽 좌청룡쪽에 사자바위가 웅혼雄渾
한 기상을 자랑한다. 수백년된 봉화대가 있고 부엉이 바위 옆에는 천
년은 됨직한 마애불이 자리를 찾지 못해 거꾸로 박혀 있다. 조금내려
오면 약수터가 있고 집 한채가 족히 들어설 공터가 있다. 노대통령도
정토원과 산책 길에 또는 더운 여름날 이곳에서 책을 보거나 땀을 식
혔을 것이라는 생각에 나는 한동안 자리를 떠나지 못했다.

이 곳 봉하마을은 다른 가야지역처럼 웅장한 산림, 낙동강을 끼고 있는 빼어난 산수, 넓은 곡창지대가 있고 5세기 일본 철기 문화를 낳은 선진국가인 대가야국의 기상을 지녔다.

그렇게 본다면 노무현 대통령은 비록 정치적 죽음으로 짧은 생을 마감했지만 봉하산과 봉하마을, 가야국의 상서러운 기운이 만든 인물이었다고 본다. 옛날 사람들의 말을 빌리면 그는 용마를 탄 장수였던 셈이다.

옛날이나 지금이나 정의를 부르짖고 세상을 구제하겠다는 충의열사는 순탄하지 못한 역경의 삶을 살고 사리사욕과 현실이익에 눈 밝은 소인 간신배들을 항상 부화뇌동하면서 대중을 현혹시키고 부귀공명을 탐한다. 부엉이 바위 밑의 투신처는 금줄을 쳐놓아 먼 발치에서 바라보았다. 부엉이 바위는 작은 암석이 아니라 45미터의 15층과 맞먹는 높이다. 넓은 공간을 차지한 거대한 암석으로 옆에는 크고 작은 암석군이 많다.

산에서 내려와 다시 한 번 생가쪽을 바라보았다. 친구부인이며 독실한 불자인 권양숙여사를 위로방문하고 싶었으나 얼마동안 사람을 일체 만나지 않는다는 말을 전해듣고 발길을 돌렸다. 비통하고 처절한 심정이겠으나 잘 참고 견디어서 대통령의 명복과 가족들을 보살피는 일을 오래 해주시기를 열망하면서.

주차장 뒷편 식당에서 국수 한그릇을 먹었다. 가게를 겸하고 있는 식당벽에 노대통령이 손녀와 앉아 있는 사진과 겨울잠바를 입고 담배를 물고 있는 사진이 붙어있다. 신문, TV에서 소개된 그 사진이다. 생전에 자주 찾았다는 가계 아주머니의 말에 대통령이 앉은 의자에서 국수를 먹으니 새삼 감회가 새롭다.

사랑하는 사람은 반드시 이별한다지만 요 몇 년 전후 형제 친구 선후배들이 돌아올 수 없는 먼 길을 떠나는 것을 보고 허무하고 허전한 마음 달랠 길 없다. 주차장 옆 제단에서 다시 한 번 합장기도를 하고 돌아나오니 소설가 공지영의 글이 눈에 띄었다. 영결식 제문으로 유명했던 글이다.

우리의 영원한 대통령

여기 대통령이면서 시민이고자 했고

정치인이면서 정의롭고자 했으며

권력을 잡고도 힘없는 자 편에서

현자였으나 바보로 살아

마침내 삶과 죽음까지

하나가 되도록

온 몸으로 그것을 밀고갔던

한 사람이 있으니

그를 미워하면서 사랑했던 우리는

이제 그를 보내며 영원히

우리 마음에

그를 남긴다.

나도 그랬고 많은 국민들도 그러했다. 신뢰하면서 의심했고 사랑하면서 미워했다. 이제 사랑도 미움도 멀리 떠나 보낸다. 그러나 그를 기억하는 많은 사람들은 영원히 가슴 속에 그를 묻을 것이다. 민주주의를 사랑하고 민중혁명을 위해 못다핀 꽃 한송이의 추억을.

5장

이명박과 이재오의 정치생명

이명박과 이재오의 정치생명

이명박 정권을 만든 공신들이 적지 않은 숫자이고 음으로 양으로 도운 알려지지 않은 사람들을 포함하면 대단히 많을 것이라 생각한다.

어떤 사람들은 대표적 일등공신이 열명, 또는 스물이 된다하고 압축해서 사오명이라 하는데 언론에 여러 번 보도되어 일반인들도 이들이 누구인지 알게 되었다.

여기서는 짧은 지면에 여러 사람을 분석하거나 논할 수 없고 딱 두명만 든다면 이명박 대통령 본인과 이재오 전 한나라당 의원이다.

이 두분의 인연은 길고도 질기다. 평생 인연이요 평생 동지라 할만큼 긴 세월이었다. 20대 초반의 피끓는 젊음으로 만나 60년대 한일 협정 반대운동에 뛰어든 운동권 동지였다.

그후 사회인으로 살다가 한 사람은 개발독재정권에 순응하여 조국 근대화에 이바지함으로써 엄청난 사회적 성공을 거두었고, 또 한 사람은 반대로 독재정권에 항거함으로써 엄청난 시련과 고난의 길을 걸었다.

두 사람이 다시 만나 의기투합하게 된 것은 이념을 버리고 현실 정치에 뛰어든 것이 계기가 되었다. 젊음의 방황과 이상의 꿈에서 냉정하고 엄혹한 현실이 가로놓인 40대 이후, 공자의 말씀인 사십불혹의 나이다. 선후배, 형 동생으로 지내던 이들이 결정적으로 밀착하게 된 것은 십여년전 외국에 가서 대운하 시설을 둘러보고 온 이명박에게 대통령의 꿈을 불어넣어 준 이재오의 말이었다. "형님이 대통령이 되어야 이 나라에 대운하를 성공시킬 수 있다"는 말 한마디 였다.

그로부터 이명박은 대권의 꿈을 꾸게 되었고 동시에 대운하를 통한 경제프로젝트를 계획하게 되었다.

대운하와 대권을 꿈꾸다

십여년 전 한나라당 대통령 후보 이회창은 보수 세력과 YS, 수도권, 영남, 강원도 등의 지지기반을 등에 업고도 두 번이나 참패했다.

반대로 열악한 위치에 있던 DJ, 노무현 후보는 진보세력 충청, 호남 및 수도권의 젊은 유권자들을 결집시키는데 성공해서 마침내 대권을 성취했다. 근소한 차이로 말이다. 그때나 지금이나 필자가 못마땅하게 생각하는 것은 좌파 진보를 표방한 DJ, 노무현 정권도 마찬가지이지만 한나라당이 보수우파 이기는 하지만 왜 중도적이고 진보적인 정치인 또는 지식인, 사회운동가들을 영입하는데 그토록 배타적이고 인색하는가 하는 것이다. 보수정치인인 이명박 이재오도 40대 이전에는 중도, 진보적인 사람들이 아니었던가.

물론 사람이 젊을 때는 진보적이다가 나이가 많으면 보수가 된다고 여기는 것이 자연의 순리라고 본다. 그러나 보수가 표방하는 국가, 국민에 대한 안위와 수호가 중요하듯 진보가 뜻하는 인권평등 사상의 자유가 또한 중요한 가치라고 본다면 나이가 많아도 인간과 세상에 대한 기본가치는 불변이어야 한다.

필자는 평생 동안 국가 국민 수호와 법질서의 수직적 보수 이념을 망각한 적이 없고 또 인간 생명, 자연법칙의 수평적 진보 사상을 저버린 적이 없다.

그러므로 필자에게는 좌파와 우파, 진보와 보수의 가치와 개념이 충돌하지 않고 조화를 이루며 상극갈등관계가 아닌 상생 조화의 관계이다.

1세기 동안 식민지와 전쟁, 독재정치와 민주정치를 두루 경험한 오늘날에 와서도 많은 지식인들과 정치인들이 여전히 이념과 사상의 대립 갈등 구조에서 벗어나지 못함을 안타깝게 여긴다.

조선조 사색당쟁과 다름없는 여야간 계파간 대권 총선 지방자치단체 선거에서 보듯이 죽기 아니면 살기 정치, 국민 편가르기 정치가 여전히 횡행하고있고 무엇보다 남북간 긴장 갈등 구조가 원인이라 생각한다. 자신은 옳고 상대방은 그르며 그래서 자신은 살아 남아야 하나 상대방은 죽어야 한다는 상극의 정치논리가 지배하는 한 증오와 폭력의 악순환, 분열과 대립의 사회는 불가피할 것이다.

이명박과 이재오의 성공 키워드

이명박 정부가 성공하려면 하루 속히 추락할 대로 추락한 국민의 신뢰를 찾는 길부터 찾아야 한다. 신뢰회복의 길은 열려있다. 큰길은 문이 없다. 大道無門이 아닌가. 많은 양심적인 지식인들과 전문가들이 제시했으므로 답은 이미 나와 있다.

일의 선후, 경중, 최선과 차선, 최악과 차악을 밝은 지혜로 살피고 실천하면 된다. 사족을 붙이면 여론과 국민들의 중지에 따라 국정수행을 하라. 대중의 뜻을 꺾거나 과거로 회귀하지 말라. 이명박 후보때의 공약은 선진화 정책이 아닌가.

앞으로 나아가는 국민의 뜻을 모아 수순하고 이끌어 나가라. 이명박 정부가 실추되고 있는 원인은 현실과 미래의 (조화, 지혜) 학습보다 과거와 실패의 교훈을 답습하고 역행하는 까닭이다.

이명박의 실패와 성공은 세상을 (정책) 통찰하고 국민을 통합(리더십)해서 어떻게 현실정치에 응용하는가 그렇지 못하는가에 달렸다.

그런 점에서 이재오는 누구보다도 책임이 크다. 만일 이명박이 실패하면 정계은퇴가 아니라 같이 한강에 가야 할 것이다.

그는 과거 민주화 투사로서의 오만, 독선의 이미지와 친박과의 갈등, 대운하 전도사 역할 때문에 낙선되었고, 자의반 타의 반으로 망명 학습효과를 누리고 있지만 권토중래의 재기발판은 늘 마련되어 있을 만큼 이명박의 분신같은 존재다.

금년 말쯤 귀국해서 환경파괴와 개발독재형 대운하 사업은 단념하고 사강과 한반도의 아킬레스건인 남북문제를 해결하는 통일부총리를 맡으면 좋을 것이다. 나는 그가 적임자라 생각할만큼 이십여년의 동지애를 갖고 있다. 비록 나는 진보정권에서 보수정권교체로 바뀐 10여년 동안 온갖 고통과 노력 끝에 일정한 공을 세웠으나 여전히 찬밥 먹는 신세를 면하지 못하고 있다.

민주화 동지인 노무현을 걱정 비판한 것처럼 같은 민주화 동지인 이재오와 경제대통령 이명박을 맹목적으로 추종 찬양하기보다 문제점을 지적하고 대안을 제시하는 것으로 역할을 다하고자 한다.

권력은 영원하지 않다. 옛 사람들은 인생무상, 권력무상이라고 했다. 5년은 길지 않는 지나고 보면 봄날의 꿈같은 것이다. 달콤한 권력의 향기에 도취되어서는 실패뿐이다. 자신을 경계하고 권력을 경계하라. 너무 가까우면 불에 데이고 멀어지면 춥다. 국민과 시대 정신에 눈높이를 맞춰야 한다.

고난당하는 이재오를 위한 친구의 변명

이재오는 민주와 평등을 위해서 순수하게 투쟁했다

내가 이재오를 처음 만난 것은 87년 여름이었다. 부산에서 불붙은 6.10항쟁이 전국을 뒤흔들고 난 후 노태우가 직선제를 수용하겠다고 선언한 뒤였다. 재야 민주화의 사령탑인 민통련 전국모임에서 나는 부산 민주화대표로 참석했다. 역시 재야원로인 계훈제 민통련 의장이 사회를 봤고, 내 옆에는 전 방송위원 성유보가, 조금 떨어진 곳에는 전 국무총리 이해찬이 앉아 있었다.

전국에서 모인 쟁쟁한 투사들의 격론은 가열되었다. 아마 그때 주제가 김영삼, 김대중의 후보 단일화와 비판적 지지가 이슈였던 까닭이다. 몇 달 전 모임에서는 문익한 목사와 백기완 선생이 참석했는데, 그때는 그 분들이 없었다고 생각된다. 아무튼 능력은 없으나 열정 하나만은 남 못지않은 내가 용감하게 문제제기를 했는데, 요지는 김영삼,

김대중으로 양분되는 민주화의 영호남 세력이 갈라서고는 군사독재 정권을 절대 이길 수 없으므로 단일화의 중요성을 역설한 것 같다.

이에 옆의 성유보와 멀리 대각선 방향의 이재오가 일어나서 나의 말을 지지하고 옹호하였다. 그때 이해찬은 비판적 지지를 강변하였으나 찬성하는 사람들이 적었다. 나중에 손을 들어 의사결정을 했지만 단일화와 비판적지지가 8대 2로서 단일화가 채택되었으나, 민통련 집행부는 문익환 목사와 함께 김대중을 지지한다는 성명서를 발표하고 말았다.

세월이 흐른 뒤 강만길 교수가 지적한 대로 김영삼, 김대중 양대 지도자가 마음을 비우고 통합해서 이 나라를 이끌어 나갔더라면 영호남의 분열도 김영삼, 김대중 정권의 모순과 비리가 발생하지 않았을 지도 모른다. 김영삼, 김대중의 분열은 분명 민주화 세력의 편가르기요 지역과 계층 간의 갈등을 심화시킨 역사발전의 후퇴였다. 정치지도자의 그릇된 선택과 탐욕의 업보는 오늘에도 계속 이어지고 있으니 말이다.

나중에 들으니 그날 이재오는 출감하는 날이라 했다. 대학생 시절인 6.3 운동 때부터 5.6공에 이르는 30여년을 그는 독재정권에 저항해서 세상을 바꾸겠다는 민중혁명의 선구자로서 젊음을 바쳤다. 감옥도 숱하게 드나들어 보통 사람의 상상을 뛰어넘는 10년이라는 장기간이다. 결정적인 사건은 남민전의 핵심인사로 시인 김남주와 함께 지옥 같은 고통을 겪었다.

나는 승려로서 세상의 질곡을 뛰어넘는 출세간의 신분 때문에 세간의 고통을 관조하는 입장이어서 마음의 고뇌와 고통을 무수하게 느낀 터였지만 직접 몸으로 부딪히는 고통은 적었다. 만일 내가 수행자가 아닌 세간에 있었더라면 그들과 함께 사회정의와 민중해방을 위한 활동으로 감옥행도 기꺼이 감수했을 것이다. 어릴 때부터 감수성이 예민해서 저항 심리와 정의감이 강한 나로서는 절 집안에 있으면서도 사회부조리와 인간 고통을 외면하기 힘들었다.

말과 이론에 능한 사람들은 흔히 어떤 이념이나 사상의 틀에 집어넣어 도식화하기를 좋아하는데, 나는 정치적 수식이나 흑백논리에 지나지 않는다고 생각한다. 좌우파의 이념대결은 서구사회에서의 선악구도나 종교분쟁 같은 것으로 정치권력적 지배논리라고 본다.

중요한 것은 사람이고 자연이다. 그리고 평등이고 평화에 관한 것이다. 이것을 지키면 정正이고 선善 이며 아름다움美이다. 반대로 이것을 파괴하고 훼손하면 반反이고, 불의不義이며 악惡일 것이다. 인류역사 5천년은 그만두고 근현대 100년 역사를 보면 자유 민주주의가 발전 되었다고는 하나, 정의가 힘이 아니라 힘이 정의라고 믿는 사람이 대부분이다. 가치관의 붕괴 아닌가!

이재오가 젊은 날의 사상투쟁과 독재항쟁에 온 몸을 바칠 수 있었던 것은 바로 정의가 힘이라고 믿었기 때문이고, 그런 그가 인생후반기인 50대에 우파 정치인이 된 것은 반대로 힘이 정의라고 믿은 발상의 전환 때문이 아닐까!

대문호 이병주는 인간의 삶이란 월광에 비추이면 신화가 되고 일광에 쏘이면 역사가 된다는 명언을 남겼다. 그리고 20대에 마르크시스트가 아니면 바보고 40대에 마르크시스트로 남아있으면 미친놈이라는 말을 했다. 방황하던 젊은 시절 이병주의 글로 많은 교훈과 위안을 받았으며 몇 번씩 정중한 대접을 받고서도 가까이서 선생의 위대함을 느끼지 못해 버릇없던 불찰을 사과드린다.

이재오가 민주혁명의 선봉장으로 민주화진영의 대변인으로서 좌파부대의 장수로서 일세를 호령한 것은 대장부로서 마땅히 할 일을 한 것이요, 40대 중반부터 신화의 시대에서 역사현장의 무대로 옮겨 우파정치인으로 성공한 것은 이병주의 공식이나 헤겔의 변중법 철학에 따르면, 지극히 정상적인 발전이었다. 그런데 사람들은 노선이 다르고 조직이 다르다 해서 조상의 뿌리까지 파헤치는 사상검증을 하려 든다. 조선조의 당파싸움이나 중세 및 근세까지 지속된 기독교의 마녀사냥 같은 정치권력의 논리인 탓이다.

김대중을 지지하던 급진 좌파진영에서는 대표적으로 이재오, 김문수, 제정구, 이부영 등이 김영삼 우파진영으로 갔다고 해서 변절자로 낙인찍고, 좌파언론들마저 그들의 일거수 일투 족을 감시하고 취재했다. 김대중 정권시절 내가 직접 그들과 있을 때 목격한 일이다. 반대로 민자당, 한나라당의 우파진영에서는 수구보수파들의 표적이 되었다. 걸핏하면 이재오를 비롯한 운동권 정치인을 좌파라 몰아세우면서 색깔론을 제기했다. 견디지 못한 중도보수 일부는 김대중 정당으로 당적을 바꾸었다.

　나이로나 경륜으로 따져도 한참 아래인 박근혜는 당대표를 했다는 것 말고는 잘난 것이 없는데, 이재오한테 머리를 숙이고 과거 아버지의 빚을 갚아야 했다. 민주화했다는 한 가지 잘못으로 피 끓는 청춘들을 박정희의 절대권력은 용서하지 않고 감옥에 가두거나 죽인 업보가 있지 않은가! 흔히 극우지식인들은 이승만, 박정희의 독재를 비판하지 못했고 오히려 숭배의 감정을 가지고 있지만, 좌파인사들의 목숨을 건 고통에는 함구하는 비겁함을 보이고 있다.

　국회의원 3선의 이재오는 지금 시련기를 맞고 있다. 이명박 대통령을 서울시장에 그리고 대통령에 당선시키기 위해 그는 혼신의 힘을 다 바쳤다. 언론이나 야당이 그를 집권당의 실세니 권력의 2인자로 부르기 좋아한다. 대통령 취임이후 2개월 만에 치르는 총선 문제로 지금 야당도 그렇지만 한나라당은 더욱 공천의 홍역을 앓고 있다. 공천혁명이라는 말대로 현역의원을 대폭 교체하고 새 인물을 채우는 과정에서 계파갈등이 불거져 나온다.

　실제로는 이재오가 추천한 인사들이 대거 탈락했음에도, 이재오를 견제하는 당내 간부들은 상당수 자기 계파를 챙겼으면서도, 책임론이 불거지자 이재오에게 화살을 돌린다. 야당은 야당대로 대선 설욕의 분풀이로 이재오의 지역구의 후보단일화로 이재오를 낙선시키겠다고 벼르고 있다. 권력 2인자가 아직 되지 못했고 확고한 기반이 마련되지 않았음에도 언론과 야당은 물론 유권자들까지 이재오 죽이기를 경쟁적으로 하고 있다. 인물을 키우지 못하는 반도백성들의 운명이라 할까….

이명박 초대내각과 청와대 비서관 인선에 중대한 하자가 발생했으나 책임자는 말이 없고 인선에 간여하지 않은 이재오는 희생양으로 덤터기를 쓰게 되었으니, 이러고서도 한국정치가 발전 할 수 있겠는가. 1백만 대군을 지휘하는 관우, 장비 같은 맹장을 정치권력과 국민의 이름으로 죽이겠다는 한국의 현실정치가 성공할 수 있을까. 반듯이 실패할 것이다.

역대 정권에서 보아오듯이 권력의 친인척을 멀리해야 한다. 이 대통령도 늘 말한 것처럼 혈연, 지연, 학연을 타파하고, 인재를 널리 구하며 정치적 대의를 지켜서 나라와 국민을 수호하는 국정철학의 소신을 가져야, 이명박 정부가 성공 할 수 있다. 과거의 실패를 반면교사로 삶아 공명정대한 사람, 남의 고통을 헤아리는 사람, 이재오 같이 혁명과 죽음의 문턱을 넘나든 사람들과 함께 가야 대통령과 국민이 다 함께 성공할 수 있을 것이다.

진보태생의 이재오, 통일부장관 적임자

'MB와 이재오가 사는길' 자연법칙의 '수평적 진보사상' 저버리면 안돼

이명박과 이재오의 정치 생명

이명박 정권을 만든 공신들이 적지 않은 숫자이고 음으로 양으로 도운 알려지지 않은 사람들을 포함하면 대단히 많을 것이라 생각한다.

어떤 사람들은 대표적 일등공신이 열명, 또는 스물이 된다하고 압축해서 사오명이라 하는데 언론에 여러 번 보도되어 일반인들도 이들이 누구인지 알게 되었다.

여기서는 짧은 지면에 여러 사람을 분석하거나 논할 수 없고 딱 두명만 든다면 이명박 대통령 본인과 이재오 전 한나라당 의원이다.

이 두분의 인연은 길고도 질기다. 평생 인연이요 평생 동지라 할만큼 긴 세월이었다. 20대 초반의 피끓는 젊음으로 만나 60년대 한일 협

정 반대운동에 뛰어든 운동권 동지였다.

그후 사회인으로 살다가 한 사람은 개발독재정권에 순응하여 조국 근대화에 이바지함으로써 엄청난 사회적 성공을 거두었고, 또 한 사람은 반대로 독재정권에 항거함으로써 엄청난 시련과 고난의 길을 걸었다.

두 사람이 다시 만나 의기투합하게 된 것은 이념을 버리고 현실 정치에 뛰어든 것이 계기가 되었다. 젊음의 방황과 이상의 꿈에서 냉정하고 엄혹한 현실이 가로놓인 40대 이후, 공자의 말씀인 사십불혹의 나이다. 선후배, 형 동생으로 지내던 이들이 결정적으로 밀착하게 된 것은 십여년전 외국에 가서 대운하 시설을 둘러보고 온 이명박에게 대통령의 꿈을 불어넣어 준 이재오의 말이었다. "형님이 대통령이 되어야 이 나라에 대운하를 성공시킬 수 있다"는 말 한마디 였다.

그로부터 이명박은 대권의 꿈을 꾸게 되었고 동시에 대운하를 통한 경제프로젝트를 계획하게 되었다.

대운하와 대권을 꿈꾸다

십여년 전 한나라당 대통령 후보 이회창은 보수 세력과 YS, 수도권, 영남, 강원도 등의 지지기반을 등에 업고도 두 번이나 참패했다.

반대로 열악한 위치에 있던 DJ, 노무현 후보, 진보세력 충청, 호남 및 수도권의 젊은 유권자들을 결집시키는데 성공해서 마침내 대권을 쟁취했다. 근소한 차이로 말이다. 그때나 지금이나 필자가 못마땅하게 생각하는 것은 좌파 진보를 표방한 DJ, 노무현 정권도 마찬가지이지만 한나라당이 보수우파 이기는 하지만 왜 중도적이고 진보적인 정치인 또는 지식인, 사회운동가들을 영입하는데 그토록 배타적이고 인색했는가 하는 것이다. 보수정치인인 이명박 이재오도 40대 이전에는 중도, 진보적인 사람들이 아니었던가.

물론 사람이 젊을 때는 진보적이다가 나이가 많으면 보수가 된다고 여기는 것이 자연의 순리라고 본다. 그러나 보수가 표방하는 국가, 국민에 대한 안위와 수호가 중요하듯 진보가 뜻하는 인권평등 사상의 자유가 또한 중요한 가치라고 본다면 나이가 많아도 인간과 세상에 대한 기본가치는 불변이어야 한다.

필자는 평생 동안 국가 국민 수호와 법질서의 수직적 보수 이념을 망각한 적이 없고 또 인간 생명, 자연법칙의 수평적 진보 사상을 저버린 적이 없다.

그러므로 필자에게는 좌파와 우파, 진보와 보수의 가치와 개념이 충돌하지 않고 조화를 이루며 상극갈등관계가 아닌 상생 조화의 관계이다.

1세기 동안 식민지와 전쟁, 독재정치와 민주정치를 두루 경험한 오늘날에 와서도 많은 지식인들과 정치인들이 여전히 이념과 사상의 대립 갈등 구조에서 벗어나지 못함을 안타깝게 여긴다.

조선조 사색당쟁과 다름없는 여야간 계파간 대권 총선 지방자치단체 선거에서 보듯이 죽기 아니면 살기 정치, 국민 편가르기 정치가 여전히 횡행하고있고 무엇보다 남북간 긴장 갈등 구조가 원인이라 생각한다. 자신은 옳고 상대방은 그르며 그래서 자신은 살아 남아야 하나 상대방은 죽어야 한다는 상극의 정치논리가 지배하는 한 증오와 폭력의 악순환, 분열과 대립의 사회는 불가피할 것이다.

이명박과 이재오의 성공 키워드

이명박 정부가 성공하려면 하루 속히 추락할 대로 추락한 국민의 신뢰를 찾는 길부터 찾아야 한다. 신뢰회복의 길은 열려있다. 큰길은 문이 없다. 대도무문大道無門이 아닌가. 많은 양심적인 지식인들과 전문가들이 제시했으므로 답은 이미 나와 있다.

일의 선후, 경중, 최선과 차선, 최악과 차악을 밝은 지혜로 살피고 실천하면 된다. 사족을 붙이면 여론과 국민들의 중지에 따라 국정수행을 하라. 대중의 뜻을 꺾거나 과거로 회귀하지 말라. 이명박 후보때의 공약은 선진화 정책이 아닌가.

앞으로 나아가는 국민의 뜻을 모아 수순하고 이끌어 나가라. 이명박 정부가 실추되고 있는 원인은 현실과 미래의 (조화, 지혜) 학습보다 과거와 실패의 교훈을 답습하고 역행하는 까닭이다.

이명박의 실패와 성공은 세상을 (정책) 통찰하고 국민을 통합(리더십)해서 어떻게 현실정치에 응용하는가 그렇지 못하는가에 달렸다.

　그런 점에서 이재오는 누구보다도 책임이 크다. 만일 이명박이 실패하면 정계은퇴가 아니라 같이 한강에 가야 될 것이다.

　그는 과거 민주화 투사로서의 오만, 독선의 이미지와 친박과의 갈등, 대운하 전도사 역할 때문에 낙선되었고, 자의반 타의 반으로 망명 학습효과를 누리고 있지만 권토중래의 재기발판은 늘 마련되어 있을 만큼 이명박의 분신같은 존재다.

　금년 말쯤 귀국해서 환경파괴와 개발독재형 대운하 사업은 단념하고 4강과 한반도의 아킬레스건인 남북문제를 해결하는 통일부장관을 맡으면 좋을 것이다. 나는 그가 적임자라 생각할만큼 이십여년의 동지애를 갖고 있다. 비록 나는 진보정권에서 보수정권교체로 바뀐 10여 년 동안 온갖 고통과 노력 끝에 일정한 공을 세웠으나 여전히 찬밥 먹는 신세를 면하지 못하고 있지만 말이다.

　민주화 동지인 노무현을 걱정 비판한 것처럼 같은 민주화 동지인 이재오와 경제대통령 이명박을 맹목적으로 추종 찬양하기보다 문제점을 지적하고 대안을 제시하는 것으로 역할을 다하고자 한다.

　권력은 영원하지 않다. 옛 사람들은 인생무상, 권력무상이라고 했다. 5년은 길지 않는 지나고 보면 봄날의 꿈같은 것이다. 달콤한 권력의 향기에 도취되어서는 실패뿐이다. 자신을 경계하고 권력을 경계하라. 너무 가까우면 불에 데이고 멀어지면 춥다. 국민과 시대 정신에 눈높이를 맞춰야 한다.

MB, 항우, 유방의 용인용병술 배워야

MB와 이재오가 부족한 것

미국 쇠고기를 거부하는 촛불시위가 잦아들면서 정부와 이명박 대통령은 안정을 되찾는 중이다.

부시 방한, 올림픽 한국선수단 승전보, 광복 및 건국기념행사, 국회 개원, 국제유가 하강국면 등으로 정부와 국민들은 유달리 더운 폭염이 물러나고 시원한 가을 날씨로 접어드는 것만큼 한숨 돌리고 있다.

정치 경제가 안정되고 민생고가 해결되어야 국태민안이든 국운융성이든 태평가를 부를 수 있겠으나 아직은 희망사항일 뿐이다.

대통령 취임 6개월 이후인 8월 하순부터는 더 바빠질 것이다. 휴가가 끝나고 학교 개학이 되며 대통령과 야당, 국민들의 밀월기간도 끝나므로, 노무현 정권에 잘 보여서 KBS 사장을 두 번이나 역임한 대단히 정치적 성향의 정연주 前사장의 뒷처리와 후임결정 국회상임위 구성, 당 정청의 긴장관계 정립 쇠고기 문제 특위의 여야합의, 고환율과 물가폭등 해결, 교육, 남북, 독도문제 등등의 이슈가 꼬리를 물고 기다리고 있다.

국정과제는 쌓였고 사람은 없다?

전체 유권자 득표율 30%에 불과하지만 역대정권사상 5백3십만표의 압도적인 득표로 당선된 한나라당의 MB는 당선에서 취임식까지 2개월 동안의 행보를 보면 무척 기쁘고 의기양양하면서 모든 것이 뜻대로 될줄 자신감에 넘쳤다.

인수위원회가 마음이 콩밭에 가 있어 前정권의 장단점을 챙기지 못한 것이며 국민의 마음에 벗어난 오만방자한 행동거지, 미숙함과 그것에 더해 자기 밥그릇 챙기기에 정신이 없었던 것이 오늘의 화를 자초한 원인이 되었다.

MB 역시 국가 백년대계를 위해 살신성인의 각오로 전문분야에 최고 인재를 등용하며 국가대사에 빈틈이 없는 정교한 논리를 냉정하게 가지고 있어야 함에도 노무현 前대통령이 사용한 대통령기록문서인 e서브를 말 한마디에 몽땅 내어 주고 말았다.

참모들과 의논해서 결정하겠다고 했으면 前대통령의 체면이나 MB의 권위도 섰을텐데 국가기밀문서를 대통령 임기가 끝난 후 개인에게 그냥 사용해도 좋다고 해 놓고서는 그후 중대한 문제로 확대되니까 이번에는 돌려 받느라고 상호 인신공격에 법적 문제로까지 불이 옮겨 붙은 형국이다.

미국 쇠고기 문제도 이미 전세계와 대한민국 국민들이 모두 알게 되었지만 MB와 인수위, 현 정부, 당의 공동책임인 것은 변명할 여지가 없다. 광우병 쇠고기라는 화약고의 자물쇠를 단단히 채워 두었는데 화약고인지도 모르고 함부로 문을 연 것은 현 정권이 아닌가. 그 결과 화약고에서 비롯된 촛불집회는 100일이나 지나도 불씨가 꺼지지 않고 있다

항우와 유방의 용인술, 용병술에서 배워야

기원전 중국 최초의 통일국가 진나라를 양분한 영웅 항우와 유방은 참모를 잘 써서 어떤 전략을 구사하는 여부에 따라 운명을 결정지었다.

역발산의 용맹을 가진 항우였으나 최고의 전략을 가진 한신을 몰라보고 적을 만들었다. 자신의 용맹만 믿고 수하 참모들의 말을 잘 듣지 않는 항우, 그에 비해 유방은 가무풍류를 즐겼으나 유연하고 통합적인 통치력을 지난 탓에 장량 한신 소화 진평 번쾌 등 뛰어난 전략가와 장수들의 신뢰를 얻어 드디어 천하를 통일하게 되었다.

당나라 태종은 또 어떠한가. 고구려 영웅 연개소문과 을지문덕 양만춘 고건무 등에게 연속 참배를 당했으나 정관정요를 지은 위징 등 현

명하고 충의로운 신하들로 인해 중국 역사상 빛나는 명군으로 기록되었다. 우리 역사상에도 수많은 최고의 임금과 신하들이 존재했다.

세종 때의 황희정승은 5대 임금을 섬긴 명정치가 였고 성삼문을 비롯한 집현전학자, 5개국어에 능통하여 한글에 외국어의 풍부한 어휘를 만든 신미대사, 천민출신의 천문과학자, 장영실 등의 등용으로 세종대왕은 조선조 5백년 동안 첫째로 꼽히는 성공한 군주가 되었다.MB는 기질적으로 교활한 유방 조조, 부시 풍신수길을 닮았고 이재오는 우직한 항우, 장비 가등청정을 닮았다.

그러나 자신들이 최고의 지도자이고 주위에 일등 참모들이 많다고 믿지만 통찰력이 있는 사람 눈에는 장자방, 제갈공명, 황희, 주은래, 키신저 같은 특급참모가 보이지 않는다.

그렇게 보는 사람 중에는 한겨레 김선주위원, 성한용 기자, 문화일보 윤창중 위원, 중앙일보 배명복 정진홍 위원, 동아일보 전진우 대기자 한국경제 정규제 위원, 연세대 김호기 교수, 윤여준 전의원, 김문수 지사, 박근혜 의원 등이 있다.

앞의 정권은 좌파코드 정책을 현정권은 우파코드 정책을 고집하고 있다. 코드와 정책은 다르지만 공통적인 것은 상대편의 장점을 계승하거나 반대파 비판자들을 내편으로 만들어 적재적소에 써지 못하는 점이다. 그래서 앞 뒤 정권이 모두 아집이 강하고 편협하며 옹졸하다는 말을 듣는다. 김영삼 정권은 중도적이고 진보적인 정치인을 썼고 김대중 정권은 5, 6공 국회의원인 김중권을 초대비서실장으로, 대표적 반공논객인 허모씨와 정세현씨를 통일부총리로 기용함으로써 특히 남북 문제에 보수적인 정파와 시민단체, 국민들의 반대를 막아 내었다.

이이제이, 이독치독의 전략이다. 노무현정권이 보수우파 인사들을 많이 등용했더라면 좌파코드는 욕을 먹지 않았을 것이고, 마찬가지로 MB정부가 우파코드 답게 모조리 우리편 코드가 아니라 좌파진보 인사들을 적지만 요소요소에 배치했더라면 이렇게 짧은 시간에 국정실패의 낭패를 안보았을 것이다.

인간을 비롯 생물학에서 동종교배는 열성종자를 낳고 이종교배는 우성종자를 만든다고 한다. 우리편 끼리끼리는 친목단체요 이익단체며 획일주의고 전체주의 단세포 집단의 위험을 안고 있다. 반대로 사르코지 프랑스 우파 대통령처럼 좌파를 과감히 발탁해서 국민을 통합하고 반대자들을 설득하는 것이 진정한 용기이고 지혜이며 최고의 전술이다.

MB정부가 성공하려면 다른 목소리와 다양한 견해를 가진 반대편 사람들을 압박하고 외면하는 것은 청맹과니 짓에 다름없다.

민주주의와 경제 발전은 하나님이 준다는 망상에서 깨어나 지도자와 온 국민들이 힘을 합쳐 쟁취하는 것이라는 대오각성을 할 때 가능하다.

이명박의 '마지막 카드' 와 이재오의 '결단'

'직격논단' IMF 사태보다 더한 제2 IMF는 오는가?

미국에서 촉발된 금융위기는 전 세계로 확산되고 있다.

환율급등 부동산하락 오일머니 급등락 주가폭락 등으로 미국 유럽 아시아 전 국가들이 동반침몰 할지도 모를, 세계적인 위기로 치닫고 있다.

주로 미국경제에 의존하고 있는 한국은 그 여파로 더욱 심한 몸살을 앓는다.

이명박 정부가 대표적인 자랑거리로 내세우던 경제 살리기와 경제성장은 암초에 부딪혀 '좌초위기'에 처하고 있다.

거기에 더해 최고경제 전문가이고 MB의 분신 같은 강만수 재정경제부 장관의 외환 방어를 제때 하지 못해 발생한 정책실기와 예측능력이 없는 무능한 정책, 농림수산부의 올 봄 미국 쇠고기문제와 중국 식

품의 멜라민 파동, 근래의 이봉화 보건복지부 차관외 공직자들 쌀 직
불금 부정 등이 정부의 신뢰추락과 함께 국민들의 절망감을 부채질 하
고 있다.

땅에 떨어진 민심과 함께 하늘도 돌아섰는지 삼남지방은 가뭄에 목
을 타고 있다.

추석때 세상민심도 살필 겸 돌아본 지리산 골짜기의 팔십 노인인 40
년 동안 이런 가뭄은 처음이다 했다.

골짜기 물이 말라버린지 오래였고 세탁, 목욕할 물도 없고 먹을 물
이 겨우 나와서 연명하는 수준이다 하면서 장탄식을 내뱉었다.

지구 온난화 탓이지만 올해 여름은 유달리 더웠고 비도 게릴라성으
로 종잡을 수 없이 내려서 관상대가 욕을 많이 먹었다.

지난 주말에는 2개월 만에 청계천광장에서 촛불집회가 열렸다. 꺼
진 촛불이 사회적 이슈로 되살아 난 것이다. 깃발과 구호에는 MB와
뉴라이트 강만수장관의 경제 파탄정권을 심판하고 정부의 실정을 성
토하는 내용이었다.

불과 수천 명에 지나지 않는 작은 규모의 평화집회라서 봄집회의 열
기는 느껴지지 않으나 할 말은 다하고 있었다.

강부자 정권의 변하지 않는 소수 부자들만을 위한 감세정책이며,
조·중·동으로 대표되는 보수언론과 공안정국비판, 고위 공직자들의
부패와 공무원들의 기강해이를 나무라고 어청수 경찰청장의 퇴진은
여전히 살아 있는 요구사항이다.

미국발 악재와 MB정부의 실정

민노당과 진보신당의 강기갑의원과 심상정 공동대표의 발언은 오래 묵은 것이지만 계속 유효하다는 점에서 가슴이 답답했다.

MB정부가 국정을 있는 그대로 말하고 문제점을 털어 놓고 야당과 국민들에게 합리적인 대안을 제시하거나 고충을 호소하기 보다는 비판을 비방으로 평화집회를 반정부 행위로 몰아가면서 문제를 호도하고 검·경찰을 내세워 법질서 준수라고는 하지만 국민의 입과 집회 표현의 자유를 막는 신공안정국의 독재정치의 부활이 아니냐는 항변이다.

옛말에 어려우면 돌아가라는 말이 있다. 여러 가지 해석이 가능하다. 여름에 홍수가 나서 개울을 건너갈 수 없게 되었을 때 무리하게 건너려하지 말고 먼 길을 돌아가야 안전하다는 말이고 개인이나 사회가 어떤 위기와 고난에 처했을 때 당장 물리적으로 해결하지 말고 초심으로 돌아가면 길이 보인 다는 뜻이다.

남의 말이니 쉽게 한다고 할지 모르나 살다가 보면 안타까운 일들이 너무 많다.

당장에 목숨을 끊으면 모든 것이 해결된다고 믿고 힘든 먼 길을 돌아가기보다 생명의 짧은 길을 택하는 사람들, 이 세상에 가장 고귀한 것은 자신의 목숨인데 돈 몇 푼 때문에 목숨을 바꾸고 순간적인 범죄를 저지르는 사람들이 너무나 많다.

MB와 MB정부도 행여 일이 제대로 풀리지 않으니까 조급한 나머지 자살자와 정신 분열자의 마음처럼 외곬으로만 치닫고 사고의 틀에 갇혀 넓고 깊게 사유하고 통찰할 능력을 상실한게 아닌가 하는 우려가 든다.

최고 인재를 써서 난국을 돌파하라

MB의 국민지지도가 20%의 낮은 수준에 머물러 있다는 것은 낙제점이고 탄핵에 해당될 만큼 국민 불신임의 결과다. 왕조 때와 달리 민주정치의 최고 지도자는 국민에 의해 선출되지만 국민에 의해 중도에 물러날 수도 있다.

나는 연말의 2차 내각 및 참모들의 자리바꿈을 결행할 때 이번이 마지막 기회라고 생각한다. 비장하고 신중한 마음으로 그리고 열린 마음으로 결단과 선택이 필요하다고 믿는다.

MB의 유별난 부하사랑도 알고 MB의 지긋지긋한 특정 종교편애도 국민들이 다 알게 되었다. 그 결과 MB와 MB정부의 능력과 도덕성에 이미 치명타가 가해질 만큼 국민들의 심판이 내려졌다. 지역 이념, 학벌, 종교를 넘어서서 임기 동안은 잊어버리고 오직 국정과 능력만 챙겨야 한다.

무능한 사람, 아부 잘하는 사람, 내 사람, 내 종교사람 같은 어리석고 못난 생각은 고향 바다에 집어 던져라 편가르기 좋아하고 질투와

증오를 즐기는 특정종교와 동서남북의 이념을 정치도구화 하는 노예
정신을 불구덩이에 처박아라.

부자도 가난한 이도 종교도 이념 지역도 차별하지 않는 큰 정치의
중도 통합과 개혁 정신으로 새롭게 무장해야 한다.

국민들은 이제 다 알고 있다. 대통령과 한나라당이 국정을 성공적으
로 수행할 능력도 의사도 없으면서 대통령이 되면, 또, 한나라당에게
표를 주면 나라를 살리고 국민을 편안하게 만들겠다고 말한 것을, 지
나고 나서 보니 몽땅 거짓말이고 뻥이라는 것을 말이다.

그러나 국민들의 탓만 아니다. 지난 중도좌파정권의 8년 동안 국민
들이 식상해 있었고 분열정치에 신물이 나서 한번 정권을 바꿔보자 한
것이 지금의 정권이니 착각해서는 안 된다.

물은 능히 배를 띄우지만 물은 능히 배를 뒤집기도 한다는 교훈을
잊어서는 안 된다.

더 이상 MB와 MB정부의 실수나 부도덕성, 편향성과 거짓이 있어
서는 안 된다. 국민의 경고를 언제까지나 무시할 것인가, 연말 개각에
는 과감하게 정책을 개혁과 통합으로 이끌고 최고 인재를 등용하라.
MB의 베스트오브베스트 인재론은 녹이 쓴지 오래되었다.

국민이 바라보는, 국민이 납득하는 최고의 인재여야 한다.

이재오의 역할론은 무엇인가?

얼마전 홍준표 한나라당 원내대표의 이재오 역할론이 있었고 수도권 소장파들의 귀국발언이 있었다. MB의 사실상 좌장격인 이재오를 불러 들이는게 정답이라 본다. 다만 은평구 지역구에 재출마 하는 것은 섶을 지고 불에 뛰어 들어가는 것과 같아 무조건 단념해야 한다.

창조 한국당 문국현 대표와 비록 악감정에 법적 문제가 생길지라도 이재오와 그의 측근들은 절대 간여해서는 안 된다. 이재오의 정치생명은 물론 MB에게도 치명상이 될 것이다.

간단하게 말하면 은평구의 보궐선거는 정도가 아니고 졸렬한 술수 정치이며 무엇보다 유권자와 국민들이 절대로 용납하지 않을 것이다.

이재오가 할 일은 많다. 원내진출은 1년 이상 잊어버리고 MB의 제2내각과 참모배치 국정의 넓은 흐름을 지켜보고 챙겨야 한다. 곧 미 대통령의 선출로 한·미관계의 새로운 정립이 필요하고 정치 경제 국방의 상호협력 남북문제와 전향적이고 발전적인 정책이 중요하다고 보면 이재오의 통일부총리의 역할이 적임이다.

그 외 정무장관, 정치특보도 걸 맞는 직책이다. 나는 마지막으로 과거 민주화 동지로서 나라와 민족을 위해 투쟁했던 그를 회상하면서 메시지를 전해주고 싶다.

그리고 자원이 부족하지만 교육받은 최고의 인재가 넘치는 나라 임을 상기해서 이런 저런 인연에 얽매이지 말고 검증받았거나 준비된 인재들을 쓰는데 이재오와 MB의 측근들이 적극 나서야 한다.

가령 선진화 이념의 최고이론가요 정·관·학을 거친 대가 박세일 교수, MB와 정부에 쓴 소리를 하지만 정확하게 꿰뚫는 통찰력과 국정 통치의 달인 윤여준 전의원 같은 분을 총리와 대통령 실장에 중용한다면 MB의 확고한 중심철학과 국민들의 신뢰가 높아질 것이다.

재정경제부 장관에 나성린의원, 이한구의원도 좋고 산전수전 다 겪은 사공일 위원장도 경제계의 귀재라 본다.

요컨대 인재를 고르게 적재적소에 배치해야 되며 고정관념이나 선입관념을 가지지 않고 객관적으로 통찰해야 된다.

MB는 사회적으로 성공한 사람을 선호하는데 그런 시각은 좁은 생각이다. 성공하지 않고 숨어 있는 훌륭한 인재가 훨씬 많다. 최고의 보석은 남의 눈에 띄지 않거나 땅에 묻혀 있는 경우가 많다는 것을 알아야 한다. 자화자찬하고 과시하고 헛소리와 겉치레에 능한 욕심 많고 위선적인 인사가 넘치는 천만 자본주의 한국의 현실이다.

여성들도 최고 수준의 인재가 많은데 MB는 그의 방식대로 돈 많고 성공을 거둔 여성만 선호하다가 여성계의 반발은 물론 여러번 실패를 거듭하고 있다.

존. 케네디처럼 종교를 초월하고 정치적인 성직자 들을 단호하게 물리쳐라.

종교와 권력이 유착되면 부정과 타락은 필연이다. 가능하다면 과거 민주화를 주도 했거나 야당이라도 도움 된다면 발탁하라. MB와 이재오의 결단과 선택만 남았다.

민노당 진보신당의 권영길 천영세, 강기갑, 노희찬, 심상정은 이념과 지역, 기득권 주의를 넘어선 참신한 정치인이다.

프랑스 우파 대통령 사르코지처럼 좌파 노조위원장 같은 진보인사를 과감하게 중용해야 한다.

소통과 융통의 정책, 적재적소의 탕평책

최고 인재가 있다면 실력과 능력이 있고 국민이 신뢰하는 사람이면 여야를 가리지 말고 쓰라. 말로만 탕평책이라 하지 말고 실행하고 결단하는 지혜를 보여라.

MB의 쓸 카드는 이제 별로 없다. 경제의 달인, 고학생 시절과 현대그룹 CEO의 감동도 특정학교도 특정지역도 특정교회와 그가 보는 하나님도 약발이 다했다.

남은 것은 국민들의 철저한 실망과 분노, 고통과 회한의 눈물이다.

마지막카드가 남아 있다면 그것은 세상을 밝고 넓게 보는 뜻의 명박이라는 이름이 부끄럽지 않게 존경하는 어머니와 절대자의 뜻에 어긋나지 않는 국정수행을 성공적으로 이끄는 일뿐이다.

코드와 가식을 버리고 과거회귀주의에서 벗어나 합리적이고 미래지향적인 비전과 국정철학을 가지고 임하라.

이재오 역시 국민이 반대하고 환경정책에 역행하며 정부의 국정

100대 정책에서 제외된 대운하 사업의 꿈은 완전히 버리고 국민의 신뢰를 얻는 자세를 지녀야 한다.

민주화 공이 크고 청렴하며 소신 있는 정치인 이재오가 왜 유권자와 국민들이 이유 없이 싫어하고 등을 돌리는가를 깊이 반성하고 성찰하기를 바라며 개혁 소장파의 결속은 필요한 당위이지만 친박과 원로 그룹의 장애로 작용해서는 안 되는 점을 명심해야 한다.

정치가 단순히 힘 겨루기나 술수가 아니라면 민생이고 통합이며 철학이고 예술이라고 믿는 까닭에 상생과 조화가 반드시 필요하다.

MB는 이재오를 불러야 한다

중도 실용정책을 지휘할 사람은?

미국에 연구차 가 있는 이재오 전 의원의 정치 복귀를 둘러싸고 한동안 논란이 많았다. 1개월 전 이재오의 귀국과 대통령의 결단을 촉구하는 글을 내가 쓸 때는 말이 별로 없다가 언론에서 이재오의 귀국 시기와 역할론을 거론하고 수도권의 의원들이 지지하는 발언을 내 쏟자 지난 12일 중도성향의 권영세가 내 뱉은 사냥개 논쟁이 불씨가 되어 점화가 가열되다가 식고 있는 형국이다.

"지금은 사냥개가 필요한 것이 아니라 당 화합이 필요한 때라며 이재오를 사냥개에 비유하고 당화합의 걸림돌로 지목함으로써 이재오의 귀국을 정면으로 반대했다. 그러자 이재오 역할론을 주장해온 친이재오계의 공성진 최고 의원이 다음날 라디오 인터뷰에서 '이명박 정부를 통해 국민이 설정한 경제 회생과 일자리 창출 목표가 요원하지 않으나 아직 사냥이 끝난 상태가 아니다'라고 반박했다.

그 후 이재오 팬클럽인 이재오 사랑 회원들의 항의문 전달과 한나라당 원외위원장 23명 모임의 '거해'가 권영세 의원의 탈당과 국민 사과를 요구하고 기자 회견까지 할 예정이었으나 멀리서 논란을 지켜본 이재오가 만류했다.

"경제가 어렵고 나라가 혼란스러운데 집권당 위원장들이 기자회견을 하면 국민 보기에 좋지 않다. 정치하는 사람이 이런저런 말을 할 수 있는 것이 아니다." 라고 달래었지만 이재오의 속마음은 자신의 일로 논쟁과 시비에 휘말리는 것이 자신에게 득이 되지 않음을 잘 알고 있고 그 만큼 마음이 편치 않음을 시사하는 것이다.

이재오의 정계 복귀를 반대하는 사람들이 많은데 문제는 야당이나 국민들이 아니라 정부 여당 사람들이다. 박근혜를 리더로 하는 친박계와 일부 친이계, 중도 성향의 사람들, 요즘 항간에 떠도는 월박, 복박이라는 말도 되지 않는 전형적 기회주의자들과 이상득, 박희태, 최시병 등의 원로 그룹들이다.

박근혜와 친박계의 한계

작년에 경선에서 패배해서 대통령 자리를 빼앗긴 박근혜와 친박계는 MB 정권출범 10개월이 지났음에도 여전히 경직된 자세를 유지하고 있다. 말로는 패배를 인정하고 대통령을 지지하고 있다고는 하지만 한나라당의 주인이 아닌 세입자 같은 인상을 받는다.

문제가 있으면 그때그때 비판하고 정책을 제시하면서 앞으로 나아가야 하는데 침묵과 방관으로 일관한다.

예를 들면 대통령 취임 직전의 인수위행보와 취임직후 잘못된 국정 요인 인사문제, 그리고 쇠고기 형국으로 온 국민과 사회가 들끓었을 때이다. 국민들은 박근혜와 친박계가 여당안의 야당구실을 해줄 것으로 기대 했으나 결과는 실망과 분노를 넘어 절망적이었다.

간단하게 말해서 박근혜와 친박계가 차기 대권을 성사시키려면 MB 비협조나 이재오 반대만으로는 어림없을 것이다. MB의 국정동반자로서 보다 뜨겁고 확실한 비전과 희망을 보여야 한다. 또한 친박계 사람들이 가운데 뛰어난 사람들을 아껴야 하지만 동시에 이재오 같은 과거 민주화 투사로서 목숨을 건 정치인이 몇 명 정도가 있어야 정권 창출이 가능하다는 것을 깨달아야 한다.

이재오는 망명객이 아니다

과거 민주화 투사로서 꽃다운 청춘을 감옥과 도피로 보내다가 YS 정권때 정치인으로 변신해서 가장 실력 있는 원내 총무와 사무총장 최고위원을 거친 그에게 과연 그들은 이재오에게 돌을 던질 자격이 있는 사람들인가? 나는 가끔 그들의 행적을 보며 의문을 갖는다.

권영세, 박근혜와 친박계, 한승수, 이상득, 최시중, 박희태 등은 세상을 위해 하루라도 감옥에 간적이 있는가? 민주화 투쟁에 비겁하게 숨지 않는가? 그중 어떤 분은 인생 황혼길에 비로소 민주 시민혁명에 도피했음을 시인한 분도 있지만 대체적으로 양지에서 호의호식하고 돈과 권력, 명예와 감투를 평생 동안 놓은 적이 없다. 세상에서는 이런 분들을 가리켜 처세의 달인이라 하고 기득권 세력이라 하며 특권 계급이라 한다.

지역민의 지지를 받고 집권당의 프레미엄과 대통령과 가까운 사람이라는 이유로 대한민국의 권력을 손안에 쥐고 있다고 착각할는지 모르나 대부분 국민들의 눈에는 처량하게 보일 뿐이다.

짐승도 죽을 때가 되면 본래 자리로 돌아간다고 하는데 만물의 영장인 인간은 왜 그렇게 추악한가. 65세를 지나 70이 넘으면 현역 은퇴는 물론 인생은퇴할 시기가 아닌가. 고향에 내려가서 후배들을 돌봐주고 독서와 여행으로 여생을 아름답게 장식할 여유 있는 삶을 누릴 수 있지만, 서울을 못 떠나고 정치에 미련이 있으면 고문이나 총재자리를 받아서 간접적으로 영향을 행사할 수 있으려만 그 자리를 계속 지키고 집착하는 것은 노욕이고 망상이다.

올해가 지나고 내년이면 더 어려워진다고 한다. 특히 미국의 오바마 정권이 출범하면 FTA타결과 북핵문제가 더 꼬일 수 있다. 이재오를 비롯 수도권 소장파들이 개혁과 변화의 중심에 서야 난국을 타결할 수 있다. 무능하고 유약한 MB와 정부 여당은 하루속히 이재오를 부르고 국정진용을 새로 짜야 한다.

내가 아는 강원도의 은둔 도인은 이재오가 국정원장이나 통일부총리를 맡고 내각과 청와대의 면모를 일신해야 위기를 벗어나고 국민들에게 희망을 줄 수 있다고 말한다. 그 분은 대한민국의 미래를 꿰뚫어 보는 분으로 사물과 사람에 정통한 통찰력의 대가이기도 하다.

역대 대선에서 가장 많은 지지를 받고 역대 정권 중 최악이라는 상반된 평가를 받는 MB정권의 고질병인 오만과 편견이 고쳐지기를 학수고대한다.

MB와 MB 정권의 닮은 코드와 철학의 빈곤, 기기에 더해 위기불감증, 자기 합리와의 위선을 지켜보면서 말이다.

때마침 며칠 전 이재정 전 통일부 장관은 노무현 정권 사람임에도 이재오를 통일부장관 적임자로 지목했다. 이심전심이라 할까 마음을 비우면 피아가 없어지는 것일까. 이재오의 죄는 MB를 대통령으로 만든 죄밖에 없다. MB의 말처럼 전대미문의 위기에 비상한 대책을 세워야 된다.

MB의 신속하고 현명한 결단을 기다린다.

정치의 목적은 安心立命, 民和安國이다

'이슈진단' 정권 퇴진 위기에 처한 이명박 정부

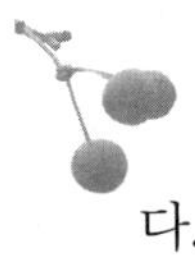 정권 출범 100일이 못되어 이명박 정부는 큰 곤경에 빠졌다.

고유가 물가 폭등에 경제 살리기와 747 대선공약은 물 건너 가버렸고, 일자리 창출과 물류수송을 위한 대운하작업은 국민들의 대다수가 반대하는 입장이어서 추진하기 어렵다.

영어공교육과 교육정책은 불신을 받아 제자리걸음이고, 새 정부의 개혁상징인 공기업 민영화도 순조롭게 성공할 지 미지수이다.

노무현 정권에서 여야간 합의를 본 FTA도 17대 국회에서 쉽게 통과되지 못한 채 18대 국회로 넘어와 새롭게 쟁점이 가열될 수 있어 타결 전망이 불투명한 상태다.

무엇보다 이명박 정부가 20%대 낮은 지지율의 국민적 불신을 받는

것은 미국쇠고기 문제다. 그동안 많은 토론과 논란이 있었지만 결론적
으로 대통령이 경솔하게 일을 처리해 국민들의 원성을 사고 있으며 퇴
진위기에 까지 몰리고 있다.

무엇이 잘못되었는지 무엇이 그토록 국민들을 절망과 분노의 함성에
이르게 했는지 냉정하게 생각해보자. 단지 당리당략이나 이념, 정치적
의도를 가지고 해석하는 것은 가지치기와 덧칠에 불과할 수 있다.

미국 쇠고기 문제의 본질은 국민건강이고 생명권이다. 한국 자동차
와 전자제품을 수출하기 위해서 미국 쇠고기를 수입해야 된다거나 미
국산 곡물을 사 먹어야 한다는 것은 국민들이 이미 알고 있고 인정하
는 사안이므로 필요성의 유무를 따지는 것은 부질없을 것이다.

광우병 쇠고기의 안전문제가 핵심이다.

광우병은 소가 소를 먹음으로서 나타난 병이다. 채식동물의 소가 동
물성인 소고기를 먹으면 프리온이란 독성물질이 생기고 뇌에 구멍이
뚫리는 야콥병이 생겨 불치병의 미친소가 된다는 것인데, 이것을 인간
이 먹으면 마찬가지로 야콥병으로 전이되는 무서운 병이다.

벌써 최초발생국인 영국은 몇 년전 수백만마리 소를 도살했고, 광우
병에 걸려 죽은 사람도 있다는 보도가 있다.

몇해전 노무현 정권은 한미 FTA에 따라 미국 쇠고기를 수입했으나
뼈 조각이 발견됨에 검역을 중지하고 창고에 보관해왔다.

미국 정부와 축산업자의 압력에도 굴하지 않고 국민들의 건강 혹은
생명권을 지킨 측면이 있으나, 왜 일본, 멕시코등이 20개월 미만의 쇠

고기를 수입하면서 뼈 조각, 내장 등은 엄격히 통제하는데 반해 우리
는 30개월 미만의 쇠고기를 허용했는지 그 과정을 알지 못한다.

이명박 정부는 문제가 되자 미국인도 30개월 이상 쇠고기를 먹으니
안전하며 내장, 뼈, 뇌수, 척추 등 위험물질SRM만 제거하면 문제될 게
없다고 홍보하고 있다.

국민들은 잘못에 대한 변명에 지나지 않는 것으로 철저히 불신하고
있다. 대국민 홍보와 언론, 여론매체를 통해 30개월 이상의 미국 쇠고
기 안전을 거듭 주장했으나, 국민들은 마지막 선택으로 청계천 촛불시
위를 통해 대통령과 정부의 방침에 반대하고 나섰다.

처음에는 초·중고등학생들이 촛불을 들고 미래의 불안을 호소하고
저항 했으나, 시간이 지남에 따라 대학생, 노동자를 비롯 주부, 청장노
년, 시민사회, 정치단체의 구성원들이 합세하면서 점점 숫자가 늘고
과격해지고 있다.

특히, 대통령이 국민에게 사과하고 난뒤에도 아무것도 해결된 것이
없고 지난 30일에는 정부가 쇠고기 고시를 강행함으로서 전국에서 국
민적 저항은 커졌고, 전국에서 동시 다발적으로 진행되었다.

인간의 탐욕이 만든 광우병

나는 늘 광화문 부근에서 차를 타고 내리는 터라 청계천 촛불시위의
현장을 볼 수 밖에 없다.

신문, 방송이 아닌 생생한 국민들의 소리는 정부의 말과 다르고 소통이 제대로 되지 않고 있음을 느낀다. 대통령은 처음 값싸고 질 좋은 미국 쇠고기를 돈 없는 서민들에게 먹이게 하는 것을 당연하다 여겼고, 노무현 정권이 묶어 두었던 검역해제 조치를 단행했다.

동기는 좋았으나 생각이 깊지 못했다. 노무현 정권이 강남부자를 미워하고 임기 내내 편 가르기 갈등구조를 가질 정도로 친 서민정책을 폈으나, 값싸고 질 좋고 안전하다면 진작 풀어서 돈 없는 서민들에게 미국 쇠고기를 실컷 먹였겠지만 무엇보다 광우병 안전문제에 자신이 없어 검역동결로 묶어 둔 것이 아닌가, 대통령이 CEO 출신답게 성과주의로 밀어 부친 결과 쇠고기 문제 하나로 온 나라가 들끓고 정국이 파행되고 있다.

대통령의 반대편 사람들은 대통령이 취임하고 나서 무엇이 그리 급한지 미국을 서둘러 방문하고 부시대통령에게 미국 쇠고기 수입을 선물로 갖다 바쳤다고 한다. 마치 조선이 중국에 오백년동안 사대주의로 일관하면서 조공을 바치듯 말이다.

정치권의 말에 의하면 국민건강을 좌우하는 쇠고기 문제를 당정청의 어떤 협의도 없이 외교안보, 경제수석외에는 아무도 몰랐다 하니 국민의 생명을 책임지는 대통령의 자세가 아니다. 그래서 현 정권을 염려하는 많은 국민들과 지식인들은 대통령이 기업의 최고 경영자 입장이 아니라 국가 전체의 방대한 안목을 가질 것을 요구한다.

대통령의 코드는 개신교, 강부자, 미국

연초 인수위 시절부터 비롯된 문제들은 대통령이 청와대 참모, 내각을 임명하면서 점점 국민들의 우려는 깊어졌다. 강남부자 출신이 많아 강부자, 고려대, 소망교회, 영남의 이른바 고소영, 서울시청 비서들을 대거 기용해서 S라인이라는 꼬리까지 붙었다.

강부자 내각, 고소영 참모들을 중용한 것도 국민들의 비웃음거리로 전락 했지만 정부출범 100일이 되도록 돈 많고 똑똑한 인재들이 아무 일도 하지 않고 허송세월하고 있다고 국민들은 믿는다. 국민들의 세금을 받는 국민의 머슴인 처지에 국민들을 섬기겠다는 것은 말 뿐이고, 국민을 무시하고 기만했다고 여긴다.

따지고 보면 대운하나 쇠고기 문제도 국민들을 가볍게 보고 불도저식으로 밀어부치면 따라 온다는 과거 개발독재시대의 사고방식이다.

숱한 세월을 거치면서 산전수전 다 겪은 국민들이다.

기나긴 독재정치의 시련도 이겨냈고, 가난의 고통도 겪었으며 민주주의의 가치가 무엇인줄 자각한 국민들이다.

미국 쇠고기를 강제로나 선택적으로 먹지 않게 해달라, 약간 가난해도 안전하게 목숨을 부지할 수 있도록 살게 해달라, 정부와 국민이 갈등구조나 상극구도가 아닌 소통과 화해 상생구도가 되어야 한다는 등, 국민들의 요구는 단순하다.

대통령과 정부는 30개월이상 미국 쇠고기를 안전한 동물성 단백질로 보지만 국민들은 동물사료에도 써서는 안될 독극물로 보고 있어 시각이 천양지차이다. 과거 정권처럼 일방 통행식의 정부정책 홍보만 할 게 아니라 쌍방 소통의 민주적 합의와 토론이 중요하다.

이명박 대통령의 실패를 바라는 국민은 없다

미국 쇠고기의 안전성을 국민들에게 심어주려면 말이 아닌 시범으로 보여라. 30개월 쇠고기를 대통령과 청와대 모든 직원, 내각과 집권당, 그리고 30개월 이상 쇠고기가 안전하다고 선전하는 친정부의 기독교 성직자들이 먼저 먹어야 한다.

오랜 기간이 지나서도 안전하다면 국민들도 그때 따를 것이다. 아마 한국의 부자들이나 지배계급 특권층들이 30개월 이상 쇠고기를 먹는 일은 결코 일어나지 않을 것이다.

국민들의 원성과 분노가 하늘을 찌르고 있다. 매일 수만명의 시민들이 도로를 점거하고 미국 쇠고기 먹지 않는 운동을 벌이고 있으며, 전국 각지의 수많은 지역에서 동참 시위를 하고 있어 앞날을 예측하기 힘든 상황이다.

정부가 거리 시위꾼들을 무더기로 연행하고 구속하고 있으나 아무 효력이 없다. 시민들은 고집세고 자기 중심성이 강한 이명박 대통령을 독재자로 규정하고 있으며, 퇴진을 요구하고 있다.

심야에 수천명의 시위대가 청와대 근처까지 진출한 것은 5공 군사

정권시절이후 처음이다. 정부와 집권당은 심각하고 심상치 않은 정국을 타개할 지혜와 상생의 자리를 만들고 속히 문제를 해결해야 한다.

전문가에 따라 재협상도 가능하다고 하므로 대통령과 정부가 자신들의 과오를 솔직히 시인하고, 여야당, 시민사회단체로 구성된 재협상 특사단을 파견하라, 쇠고기 고시는 철폐 혹은 연기하고 성난 민심을 달래어야 한다.

국민의 신뢰를 얻지 못하는 위정자나 정부는 실패하고 만다는 것이 동서고금의 교훈이다. 국내외 어느 것 하나 쉬운 것이 없는 국정과제를 풀어가기 위해서는 대통령과 참모들의 가치관이 바뀌어야 한다.

미국, 부자, 기독교의 최고 가치관인 약육강식의 논리는 안된다.

사회적 약자가 차별받지 않는 사회, 건강하고 사랑이 있는 나라, 화합과 상생의 조화가 있는 세상을 대통령과 참모들이 만들어야 한다.

국민들은 결코 대통령이 정치를 잘못해서 나라를 망치고 국민을 못살게 하는 실패한 대통령이 되기를 바라지 않는다.

대통령과 국민들이 한마음 한뜻으로 잘사는 나라, 성공한 대통령을 염원한다. 이명박 대통령 취임 100일은 국민의 신뢰를 상실한 사실상 실패한 정부이다.

하루속히 국정 대쇄신의 개혁과 변화를 위한 현명한 결단이 절실히 필요하다. 필요하다면 이명박 정부를 만든 공신, 핵심참모들이 낙선, 낙천의 국민심판여부와 관계없이 대선 때처럼 중지를 모으고 결속해서 국정을 책임지고 이끌어가야 한다.

MB 정부의 화두? 民和安國과 國利民福!

민심에 순응하고 나라를 안정되게 운영해야 성공한다

새 대통령 취임식의 축하공연 주제는 시화연풍-時和年豊- 이었다. 시절인연의 상생조화와 우순풍조의 풍년을 기원하는 뜻에서 새 정부와 국민들이 한 마음 한 뜻으로 살기 좋은 세상을 만들라는 시대정신의 함축일 것이다. 과거 농경시대의 지배계급과 온 백성들의 신앙 같았던 절대 가치가 분명하지만, 오늘의 첨단 사회에서도 그 가치의 본질은 불변이라 생각한다. 기후, 자연환경, 인간과 사회와 조화를 이루고 풍요한 삶을 꿈꾸는 것은 예나 지금이나 다름없다.

좌파성향의 정권 10년 만에 우파정권이 부활되었다. 평등과 분배정책에 집중한 DJ, 노무현 양대 정권이 그렇게 괄목한 성과를 거두지 못하고 정권교체라는 국민적 반대에 부딪쳐 마침내 우파보수 정권에 권력을 내어주게 된 것은 당연한 순리요 순환원리라고 본다. 그러면 진보좌파정치인이나 지식인들이 우려하는 것처럼 보수 우파성향의 이명박 정부가 과거 회귀정책을 펼 것인가? 그렇지 않으면 다수 국민들이 기대하는 것처럼 현실에 충실하고 미래지향의 정치를 성공시킬 것인가? 새 정부를 바라보는 국민들의 시각은 우려 반 기대 반으로 나누어져 있다.

노무현 정권의 실패는 여러 가지 요인이 있지만 정책의 방향을 과거 청산의 이념에 둠으로써, 무게중심을 상실한 데에 그 원인이 있다 그는 집권 5년 동안 국민의 고통을 헤아려서 국정과제를 해결하기 보다는 명분에 사로잡혀 실익이 없는 '말로만의 개혁정치'를 폈다.

정권교체의 국민 여망에 따라 집권세력이 된 이명박 정부는 어떨까? 벌써부터 국민 여론이 심상치 않다. 잦은 말 실수와 경제 일변도 정책, 특정인맥을 중심으로 최고의 인재를 중용하는 것 같지만 입맛에 맞는 주위사람만 쓰다 보면, 다양한 정책을 수행하기 힘들 것이다. 그리고 말을 많이 하고 들기 싫어하는 것 역시 노무현 전 대통령과 유사한 점이 많다는 여론이다.

성급하고 직선적인 성격도 닮았지만 전에는 386좌파 출신의 이념형이라면, 새 정부는 486우파출신의 일중심, 경제중심의 실용주의가 다른 점이다. 문제는 국정과제가 표류하지 않고 성공할 것인가가 중요하다. 잘못된 과거사를 바로 잡고 투기 형 부자를 없애야 나라가 바로 서는 것은 맞다. 그러나 그것은 올바른 세상을 만들기 위한 수단이지 목적이 아니다. 수단방법에 갇히면, 목적지에 도달하기 전에 길을 잃어

버리게 된다.

마찬가지로 이명박 대통령은 알려진 것처럼 과정과 절차는 무시하고 능률과 성과주의를 고집하게 되면, 이 또한 실패할 가능성이 많음을 우려하지 않을 수 없다.조금 늦더라도 과속하거나 자주 추월하면 반드시 사고가 날 것은 자명한 이치다.

경제살리기 정책에서 비롯된 한반도대운하 공사나, 미국 주도의 세계화 교육 경쟁력 강화의 일환인 국민영어 공교육 같은 것은 나라의 운명을 좌우할 중대 정책이므로 최고전문가들의 깊은 연구와 토론, 여야와 국민적 합의를 거쳐 신중하고도 광범위한 도출과정을 거쳐야 할 것이다.

그렇지 않고 새 대통령의 스타일대로 민주적 절차와 토론이 현실적으로 도움이 되지 않는다고 불도저식으로 밀어 붙이기를 능사로 삼는다면, 여야 정쟁과 사회갈등은 물론 새로운 국민분열이 야기될 것이다.

앞의 정부가 땀 흘려 일하지 않고 분배정책만 내세우다 보니 실직자가 넘쳐나면서 자살자가 속출하여 무기력한 사회를 만들었다고 본다면, 반대로 현 정부는 과거의 태만을 보상할 것처럼 일과 경제 성과주의에 매달려, 다른 분야, 이를테면 인권, 사회복지, 문화정책과 남북문제에 소홀하게 되면서, 그 부작용은 고스란히 국민들에게 돌아갈수 있음을 깨달아야 한다.

특히 새 정권의 내각이나 참모들을 보면, 그런 우려를 갖게 하고 또 다른 코드에 집착함으로써, 중도 실용주의 정권이라는 간판의 색깔이 희미한 옛 사랑의 그림자로 전락할 수도 있다. 대통령과 집권세력이 어떠한 난관에 봉착하더라도 반드시 명심해야 될 국정철학이 있다면, 나는 딱 두 가지만 들겠다.

첫째, 민심을 바로 헤아려 민의를 결코 잃지 말라는 것이다. 정치의 목적이나 경제 살리기도 결국 국민화합과 국민에게 복이 되는 정책을 펴는 것이다. 민심을 잃어 국민이 불안하고 신뢰를 주지 못 하는 그 어떤 정책도 반드시 재앙의 원인이 된다.

둘째, 나라를 편안하게 하라는 것이다. 나라를 지키고 나라에 도움이 되는 일을 깊이 생각하고 실천하라. 현재만 아니라 과거에 비춰서도 미래를 생각해서도 나라에 도움이 되는 국익과 발전의 길을 모색하고 개척해야 된다. 단기적 일방 정책이 아니라 과거, 현재, 미래가 하나가 되는 장기적 통합과 융합의 국정철학이 요구된다.

세계 각국 사절과 온 국민들의 축복 속에 이명박 정부는 탄생되었다. 가난한 고학생 출신인 이대통령의 장점은 많다. 서민의 고통과 눈물을 이해하는 따뜻한 마음씨며 열정적인 성격, 강한 추진력, 성취욕구가 뛰어난 이대통령은 국민성공시대를 화두로 내 걸었다.

자신이 심취한다는 베토벤의 환희의 송가를 온 누리에 그리고 세계 만방에 울려 퍼지게 하라. 상징적으로, 그것이 또한 국민들의 염원이고 우리의 꿈이기도 하다.

37 대북특사에 이재오 전 의원이 적임자다

한나라당 홍준표 원내 대표가 24일 MBN TV에서 인터뷰를 했다.

그는 "대북특사에 정몽준의원이 적임자가 되어야 하며 그 이유로 고정주영 현대그룹회장이 남북관계 화해물결에 가장 앞장선 대북관계의 고리를 풀어준 만큼 그의 아들이 대북특사를 하는 것이 남북관계를 푸는데 도움이 된다."고 밝혔다.

홍 원내대표는 덧붙여 이재오 의원의 역할과 관련해서 "만약 문국현의원이 불행한 일을 당한다면 은평에서 이전의원이 심판을 받아 국회에 등원하는 일이 첫째이며 그외 딴 일을 하거나 도모하면 부작용이 있을 것"이라며 사실상 이재오 전의원이 대북특사를 반대했다.

북한의 장거리 로켓발사 성공과 개성공단 폐쇄에 이어 25일 북한

외무성이 밝힌 영변 핵시설의 폐연료봉 재처리 작업에서 플루토늄을 추출하겠다는 발언으로 유엔 안전보장이사회는 물론 미국과 한국정부의 대응은 긴급 상황이다.

2006년 7월 장거리 위성발사와 지하 핵실험은 북한이 이미 핵보유국가로 가는 준비단계였음에도 한미양국과 유엔은 영변핵발전소 연료봉을 봉인하는 문제와 국제 감시기구문제, 6자 회담 진척여부로 시간을 보내었고 그사이 북한은 핵무장을 하게 되었으니 북한의 승리인 셈이다.

한국과 자유 우방 국가들은 어떤 경로와 방법을 동원해서라도 북한의 핵무장을 막기 위한 노력을 했으나 결과적으로 물거품이 되었다.

지난 10년간의 진보좌파 정권이 잘못한 것이 많지만 그래도 남북화해정책과 업적만큼은 인정할 수 있는데 이명박 정권에 와서 남북관계가 경색되고 후퇴해 버렸다. 왜 그럴까 부시정권의 대북압박정책과 현정권의 보수정책이 맞물렸던 탓이다.

다시 미국의 오바마 진보정권으로 바뀌면서 한국도 좀 더 유연하고 협력적인 정책으로 전환했어야하나 일방적인 압박정책과 무대응으로 일관한 것이 대북정책의 실패를 초래했다고 본다. 지금이라도 늦지 않다. 경제 살리기와 보궐선거에 올인하고 있는 정부는 남북문제와 관련된 국제정세가 얼마나 중요한지를 새롭게 인식하고 대처해 나가야한다.

보수언론과 보수우파학자, 정치가들의 말만 믿고 남북문제를 방관

하거나 힘으로 밀어붙이겠다는 생각이 큰 화를 불러일으키고 문제해
결에 아무 도움이 되지 않음을 깨달아야 한다.

김대중 전 대통령이 남북정상회담의 필요성을 말하고 대북특사에
정부대표를 보내라는 충정을 이해해야 할 것이다.

때늦지만 보궐선거가 끝나는 5월이 되면 미국등과 협의해서 대북특
사를 보내어야 한다. 가능하면 북한의 핵보유를 최대한 지연시키거나
막아야 하지 않겠는가? 지금은 저자세를 염려할 때가 아니다. 대북특
사에 정몽준의원도 괜찮지만 내 생각으로는 이재오 전 의원만한 적임
자도 없다고 본다. 물론 보수 기득권자들의 눈에는 아직 좌파성향을
가지고 있다고 의심하는 이재오 전 의원이지만 전혀 사리에 맞지 않는
색깔론일 뿐이다.

오랜 민주화 투쟁, 조국과 국민에 대한 순수한 열정 1년 가까이 힘
든 자취생활을 하면서 국제정치를 학습하고 중요인사를 폭넓게 교류
한 것 사심이 없고 청렴한 점은 대북특사로 임무수행을 성공적으로 이
끌 최적의 인사라고 보며 이명박 대통령과 정부는 하루속히 그리고 신
중하고 현명한 결단을 내려야한다.

대북특사를 보내는 일이 북한에 굴복하는 것이고 막대한 식량자금
지원을 요구 받게 되는 이로 폄하하고 그런 형식적인 논리에 사로잡히
는 한 결코 남북문제가 풀리지 않는다고 본다. 중요한 것은 남북 당사
자가 만나서 협의하고 쌍방 간의 이해관계를 타협 절충하는 일이 시급
하며 유연한 남북 평화를 만드는 일이 중요하다.

MB는 최악의 대통령인가

영일 대원군은 정계 은퇴 하라

4.29 재보선 참패에 이어 개성공단 핵문제 등의 남북문제 경색. 노무현 전 대통령의 서거 파동으로 민심이 흉흉하다.

대통령사과와 대국민 담화를 요청하는 한나라당 쇄신특위에 대해 여야와 대다수 국민들은 지지하고 공감하는 편이나 유독 MB와 청와대만 거부하고 이런 저런 변명을 늘어놓는다.

과거 실패한 정권에서 흔히 볼 수 있는 현상이다.

선거참패와 민심기반을 극복하려면 잘못해 대한 책임이 있어야 국정을 제대로 수행할 수 있건만 MB정권의 사람들은 정말 영혼이 없는 건지 양심과 이성이 죽어버렸는지 도무지 불통이고 '어디 할 테면 해봐라'는 식의 독불장군이다.

새 정부 출범 15개월 동안 국민들은 MB정부가 무엇을 잘하고 있는

지 헤아릴 길이 없다. 다만 고소영 내각이니 촛불시위 강제진압 정권
이니 대한민국을 하나님께 봉헌해 국민들이 눈에 보이지도 않는 봉헌
정권이다. 외환실패 정책과 부자 감세, 용산참사와 재보선, 국민심판,
전 대통령 투신 등 최악의 정책과 반민주적 통치행위로 지지율이 바닥
으로 추락하고 있다.

MB는 정말 해방 후 최악의 대통령인가. 평생 민주화 운동에 헌신한
백기완 선생은 MB와 정부를 그렇게 평가 했지만 그 예언이 맞아 떨어
지는지 국민들은 불안하다.

국가 수호와 국민들의 생명을 안전하게 보호해야 될 책임이 있는
MB와 정부가 과거를 답습하듯이 강압과 독선만을 주장하는 것일까.
그래서 나는 한 때 MB를 적극 지지한 것은 과거의 실패를 교훈삼아 국
정을 잘 수행할 것으로 믿었으나 과정과 결과를 보면 절망에 가깝다.

경제, 사회 문제에 유능한 것이 아니라 무능하며 정책과 장애요소를
제기하고 제거하는데 무기력하며 사랑을 말하는 독실한 종교 신자와
는 반대로 비판하는 국민들을 무자비하게 대함으로서 무능 · 무기력 ·
무자비의 '3무 정권'이 되고 있다.

MB사전에 개혁도 쇄신도 없다

어릴 때 지독하게 고생해서 성공한 사람은 자신을 도와준 사람만 믿
고 그렇지 않은 사람은 외면한다고 한다. 그러나 대통령이라는 자리는

사사로운 개인의 입장이 아니라 국민전체를 책임지고 통합하는 최고 공인公人의 자리다.

만일 공과 사를 구분 못하고 사사로운 감정이나 배타적인 가치관을 갖고 있는 사람이 나라의 지도자가 되면 국민 전체가 불행해 진다는 것이 동서고금의 역사에서 볼 수 있는 흔한 교훈이다.

국민들이 실망하고 절망한다고 해서 대통령을 탄핵하고 끌어 내릴 수 없다. 그런 사태가 온다면 대통령과 국민 모두의 불행이 되므로 그 전에 예방해야 된다.

MB와 측근 참모들의 생각은 무엇인가. 10년 만에 되찾은 보수 정권의 기득권 지키기인가.

5백만 표의 압도적 당선과 거대여당의 힘이나 그가 의지하고 있는 하나님과 목사들과 1천만 성도가 있는 한 결코 무너지지 않는다고 맹신하지는 않는가.

성경에도 있듯이 이 세상 권세는 꿈같은 것이며 바빌론 탑과 같은 것이 아닌가.

동양의 종교철학인 유불선에도 한 결 같이 인간의 끝없는 욕망. 특히 돈과 권력, 부귀영화의 덧없음을 경계하고 지도자가 반드시 갖추어야 할 덕목으로 삼았다.

맹자는 "군주가 만일 폭정으로 백성을 다스리면 그 군주를 추방해야 백성들이 편안하다" 했고 원시불교 경전에서는 "국정이 문란해 민중이 고통을 받고 망국으로 간다면 왕을 바꾸어야 한다"고 말했다. 요컨대 지도자는 백성을 두려워해야 좋은 정치를 펼 수 있다는 통치 철학이다. 세간에서는 두려워해야할 국민들은 소통은커녕 능멸이 여기고 친형인 이상득 의원 한사람에게는 꼼짝 못하고 기를 못 편다고 회자 된다. 코미디가 따로 없다.

어리석고 용기 없는 사람을 대통령으로 왜 선출 했는가 따져 묻는 것은 이제 와서 무의미하다. 남의 일로 생각하는 방관자들이 흔히 하는 소리로 일축하면 '그만이나 그러면 어떻게 하자는 것이냐'는 토론과, 대안을 위한 논의는 활발하게 이루어져야 할 것이다.

MB정부의 걸림돌

첫째, 인적 쇄신 없는 그 어떠한 대책도 물거품이 된다. 먼저 MB의 눈을 가리고 있거나 현명한 정치력을 마비시키는 최대의 걸림돌을 제거해야 한다. 형님 '정치대원군' 이상득은 노련한 권모술수의 대가가 아니라 대통령과 집권당, 정부와 국민들을 위해 통 크게 의원직 사퇴를 하라. 그 분이 권력과 자리에 집착하는 한 MB와 국민들의 앞날은 먹구름이다. 동시에 그의 가신들, 핵심 요직인사들이 용퇴해야 한다.

둘째, MB와 정부는 이 상황을 안일하게 보거나 일회성으로 넘기지 말고 정치생명을 걸고 진정성으로 눈을 크게 뜨고 통찰해야 한다. 문제는 심각하게 볼 줄 모르는 사람은 화를 당해도 자신이 무엇을 잘못한 줄 모른다. 청맹青盲과니에 다름없다.

셋째, 국민과 폭넓게 소통하고 좋은 인재를 찾아 써라.

서거한 노 대통령도 인터넷과 지지자들만 차별 소통함으로써 다수 국민들이 원성이 높았지만 MB는 그보다 훨씬 못한 수준이다.

소통과 대화라는 민주주의 문화에 거부감을 느끼면 권위주의로 변하기 쉽고 일방통행만 하려면 차라리 하야 해서 입맛 맞는 사람들끼리 어울리면 된다.

사마천은 인재를 쓰는 데 용인유현用人唯賢과 용인유친用人唯親의 유형이 있다고 말했다. 오직 그 사람의 현명함. 인물됨을 보는 것과 오직 그 사람이 친한, 사사로운 코드를 보는 것이다. MB는 모르는 사람이거나 친하지 않은 사람은 절대 쓰지 않는 다고 한다. 오직 자신과 가까운 사람, 거리감 없는 사람만을 선호하다보니 충신은 없고 간신만 가득하다는 말을 듣게 되고 명령만 따르고 맹종만 하게 되니 국정문제를 해결할 능력이 사라지고 오직 문제없음으로 결론이 나는 것이다.

지식인들의 시국선언 확산, 시민단체들의 저항, 여야를 가리지 않는 개혁과 쇄신안발표, 국민들의 높아가는 불신과 불만으로 원성이 늘어나고 MB와 정부를 비판하는 소리가 하늘에 맞닿아 있다.

오직 MB형제와 소수의 맹종 지지자들만 이 난국이 눈에 안보이고 귀에 안 들리며 문제가 없다는 것인지 말문이 막힌다. 역사에서 교훈을 배우지 못하고 세상에서 소중한 가치를 느끼지 못한다면 MB는 허깨비인가 아니면 독재자가 될 것인가 묻고 싶다.

6장

황우석 사태, 광기와 진실게임

스스로 죽음으로 내던진 지율스님 보소서

지율 단식은 시대의 화두 "풍진 세상의 한 송이 연꽃으로…"

작년 9월부터 5차 단식에 들어간 지율스님은 단식 105일을 넘기고 친지에게 발견돼 동국대 병원에 입원, 15일째 치료를 거부하다가 드디어 혼수상태에 빠졌다. 아마 이번에는 다수 국민들의 소망에 따라 48년의 삶을 접고 천성산 터널공사 제단에 희생양이 될 것 같다.

설사 육신의 생명을 보전하더라도 장기간 단식의 후유증으로 평생 중증장애인으로 살수밖에 없다는 의사의 진단이니 살아 있으나 죽어 있으나 매일반일지 모른다.

지율은 무엇 때문에 온 국민이 찬성하고 확정된 고속철도의 천성산 터널공사를 막는 것일까? 99%가 찬성하는데 1%가 반대한다고 취소될 리 만무한데, 연약한 비구니의 몸으로 마치 다윗이 거인 골리앗을 상대로 한 싸움에, 공사를 일시적으로 중지시킬 수 있어도 원천무효가 불가능한 일을 혼자서 막고 있다니, 대다수 국민들은 혼란스럽고 스트레스를 받는다.

　찬반 논란을 떠나 지율의 단식은 우리에게 무엇이며, 어떤 의미를 던져주고 있는가?

　첫째, 국내에서 가장 긴 구간인 장장 16k의 터널을 뚫어서 얻는 이익이 무엇인가를 살펴보자. 잘 알다시피 고속철도는 일반화물수송용이 아닌 순전히 승객수송용으로, 경제이익 효과가 없다. 운영경비는 매년 천문학적인 비용으로 결국에는 국민들의 부채로 남는다.

　고속철도 기술과 열차 및 노선공사는 막대한 금액의 부채로 시작되었고, 운영경비는 해마다 누적되고 있다. 이미 지나간 일이 되고 말았지만, 우리보다 40년이 앞선 일본의 신칸센은 기술의 노하우도 물론이지만, 동경에서 하관 지역까지 1천k의 노선을 종횡무진 무사고로 질주해서 흑자운영을 하고 있으며, 승객수송의 효과 또한 크다.

　반면 우리의 경우 첫 단추가 잘못되었다. 6공의 정치자금 수수와 관련 있는 고속철 차량의 비리와 함께 적어도 부산에서 평양, 부산에서 원산까지 8백k 이상의 거리가 되었을 때 고속철이 필요하고 흑자운영이 가능한데도, 굳이 4백k밖에 안되는 길을 무리해서 고속철을 운행하게 된 것이 문제의 발단이다.

　오랫동안 중국과 인도대륙 등을 수십번 배낭여행한 나의 경험으로

4백k라는 거리는, 완행열차와 낡은 버스로 다니는 구간에 지나지 않는 단거리에 불과하다. 적어도 특급으로 10시간 이상 7~8백k가 넘어서야 장거리라 할 수 있고, 넓은 땅이란 4~5시간을 달려봐야 1개 주도를 못 벗어난다.

더구나 하늘·땅·바다에 교통편이 널려 있고, 가가호호 국민자가용 시대에 겨우 30분을 단축하는 효과인 대구·부산의 구간이 무슨 경제적·사회적 이익이 있는지 이해할 수 없다. 올 2월초부터는 또 대구·부산간 직행고속도로가 개통되면 더욱 빠르고 편리한 길이 열리지 않는가.

그렇지 않아도 '빨리 빨리'가 한국인의 문화가 되었는데 무엇이 다급해서 30분도 못 참는다는 말인가. 이미 버스 지난 뒤의 일이니, 누구 하나 귀담아 듣지 않는 부질없는 말이겠지만 말이다.

자연훼손은 미래자산을 파괴하는 일

굳이 환경보호론자가 아니더라도 수십억년에 걸쳐 진화되어온 대자연의 질서 중 가장 늦게 출현한 인간이 자연을 파괴·훼손하는 일은 정당하고 윤리적인가. 최소한 인간의 생명보전과 자연환경의 활용을 넘어서 인간의 끝없는 탐욕 때문에 행해지는 자연훼손은 어떤 결과를 낳고 있는가.

산업혁명이 시작된 이후 2백년의 역사는 신이 지구와 우주의 중심이라는 신본주의에서, 인간이 중심이 되는 인본주의로 바뀌었고, 산업화·근대화라는 이론으로 기술과 자본의 혁명이 이루어졌다. 자연을 숭배하던 농경·유목 사회가 자연을 지배하는 산업·기계화 시대로 진화되고, 정보화 시대로 비약적인 발전이 가능하게 되었다. 곧 기술 정보·정보 기기가 인간을 조종하는 과학 기술 중심 시대가 다가오고 있다.

신이 인간을 지배하고, 두 번째로 인간이 만물을 지배하고, 다음에는 물질과 과학기술이 인간을 지배하는 시대에 반대급부로 생긴 것이 자연생명사상이다.

전통적으로 서양문명은 신과 인간의 조화 내지 갈등관계였는데, 산업화 1백년의 경험으로 맹목적인 과학의 발전은 지구와 세계의 파괴를 막기 위해 동양의 자연생명관을 학습했고, 그것이 동양문화, 특히 선불교와 티베트 문화에 심취해서 이제는 패러다임을 바꾸어 생명사상과 생명과학으로 유턴하고 있는 것이다.

그에 반해서 우리는 서구와 일본이 경험한 최소한 1백년전의 개발독재논리와 경제·산업화 논리에 매달리고 있어 안타까움을 더해준다. 땅은 오염되고 한강·영산강·낙동강이 썩고, 중금속이 유입되며, 중국쪽으로부터 황사 먼지와 독극물 방류가 그치지 않음에도 '나만 잘 먹고 잘 살면 그만'이라는 한국인의 이기적인 가치관이 오늘의 금수강산을 황폐시키고 있는 주범이 되고 있다.

세계 어느 곳을 가리지 않고 나타나고 있는 현상, 폭우·폭설·폭풍 · 지진 · 해일은 옛날부터 있는 것이지만, 인간의 탐욕으로 지구의 천연자원을 마구 파헤치고 남용하면서 나타난 지구 온실화는 지구를 파괴해 지구를 떠나야 하는 제2의 노아의 대홍수가 될지 모른다.

사찰은 자연생명사상의 본거지

셋째 불교에서 일체중생 · 유정무정이란 신 · 인간 · 동식물 전체를 일컫는 말이다. 서양의 논리대로 이들이 따로따로 존재하는 약육강식의 관계가 아니라, 뗄 수 없는 유기적 관계로의 인과 인연, 윤회설로 설명한다. 이른바 범신론적인 사상이다.

내가 아는 어떤 원로 시인은 젊었을 때 윤회론을 부정하고 일신론을 평생 신봉했으나 고희가 넘어서부터 윤회론, 곧 일체만물은 순환하고 상호보완하는 상생설의 범신론적 윤회사상을 받아들였다. 그만큼 머리와 지식의 차원이 아닌, 가슴과 영원의 깨달음으로만 볼 수 있는 세계가 범신론적인 세계다.

사찰이 환경 훼손의 주범이라 말들 하는데 한 마디로 단순하고 무지한 소치다. 역사적으로 이 나라의 산과 숲, 물을 가꾼 것은 사찰이다. 천연고찰에서만 유독 산이 보존되고, 숲이 우거져 있으며, 물이 왜 맑은가. 이제는 우물과 약수는 전부 오염되었다. 지하의 생수가 아닌 천연수는 사찰이 아니고는 먹을 수 없게 되었다.

신라 말 도선국사의 풍수도참설은 좋은 땅에 절을 짓는 게 아니라,

못쓰고 흉한 땅에 절을 지어 나라와 백성의 안위를 도모하고 온갖 재해를 방지했다. 가야·고구려부터 고려말까지 불교가 지배하면서 수많은 사찰이 지어졌으나 오늘날의 관광지와 승려들의 젯밥 싸움이 아닌 호국안민을 위한 것을 기억해야 한다.

근대화와 더불어 정부의 개발논리와 관광진흥정책에 따라 사찰에 자동차 길이 열리고 포장하면서 건물복구 같은 불사가 많이 이루어지게 되었고, 개발이 되는 것만큼 부작용도 적지 않으나, 푸른 숲을 보지 못하고 병든 나무를 보고 말하거나, 본질에서 비껴간 논란은 아무 의미가 없다.

천성산 터널 공사를 진행하지 못해서 막대한 경비가 낭비되고 있음을 알고 있다. 입만 열면 몇조라 하는데 허풍이다. 기껏 몇 십억의 적자일 것 같은 건설사의 경비를 수조라 하는 것은 현재 진행된 구간의 터널공사가 무효가 되고, 새로 우회해서 건설하면 그렇다면 것으로, 억측이 아닐까 싶다.

프랑스의 프로방스 지역민이 들고일어나서 산의 터널공사를 막고 산 밑을 돌아 고속철을 건설한 결과, 자연환경도 보존되고 후손에게도 천연자원을 물려줄 수 있게된 국민적 자부심과 비교하면 우리의 인식은 참으로 천박스럽기만 하다.

오랜 신화와 역사의 무대인 대자연을 일시에 허물고 오직 경제적 이익과 편리에만 초점을 맞춘 한국인의 선택이 과연 옳은 것인가. 이 땅에 사는 국민들은 금수강산의 고마움을 아는지 모르겠다.

터널이 지나가는 부근에 1억년이 넘는 자연생태계의 보물창고 무제
치늪과 이천년의 역사유적지가 살아 숨쉰다. 이런 곳에 국내에서 가장
크고 긴 16k의 고속철도가 천성산을 관통하는 것은 때가 늦었지만, 무
모하고 무도한 짓이다. 대지의 어머니를 능욕하고, 생명을 파괴하며,
문화유산을 훼손하면서까지 후손의 자산을 앞당겨 탕진하는 일이 과
연 현명한 일일까.

80년대 환경운동에 적극 참여한 나는 수년 전 지율의 목숨을 건 의
지를 읽고 동참하지 못한 데 부끄럽기 짝이 없다. 만일 지율이 사바 세
계를 등지고, 공사가 진행된다 해도 지율의 천성산 보호와 생명공동체
의 사랑은 한송이 연꽃으로 우리들 가슴에 남아있을 것이다.

국민의 침묵과 거대한 자본, 권력이 지율을 떠나게 할지라도…. 이
땅의 딸로 누이로 태어난 지율이여… 만약 열반하신다면 부디 극락왕
생하시라…. 인간의 광신적인 탐욕과 어리석은 미망이 없는 그곳으
로….

민족항일운동의 큰 별 '운암 김성숙'의 삶

운암, 자주 민주통일·독립 실천한 진보적 혁명가

노무현 정권이 들어서서 정치·경제·사회 전반을 흔들고 분열시켜 국민들의 지지도가 바닥일 정도로 잘못하는 일이 많은 와중에도 잘하는 일이 몇 가지 있다. 과거 역사의 잘못을 바로 잡는 것과 좌익 계열의 애국지사를 인정하는 작업이다.

수많은 사람들이 포함되겠지만 대표적인 분이 여운형·조봉암 선생으로 중도적인 진보적 정치인이나 좌익으로 몰려 우익 정권에 의해 암살·사형 당한 분이다.

그런데 위의 두 분을 능가하는 혁신적 항일운동가로서 혁혁한 공을 세우고, 해방공간에 민주주의와 통일 국가를 새우기 위해 좌익과 우익이 극단적으로 대립하던 시절에 올곧은 중도 민족주의와 중도민주주의를 고수함으로서 국민과 여론의 주목을 받지 못한 분이 있었으니 그

분이 바로 운암 김성숙(일명 김창숙) 선생이시다.

일제통치시기와 해방직후의 미군정, 이승만·박정희 극우 반공 정권에 의해 한결같이 탄압과 투옥을 겪은 선생은 갖은 회유와 압력에 흔들리거나 굴복하지 않고, 일신의 평안과 영달을 위해 민족을 배신하고 변절한 수많은 지식인·정치인들과 다르게 오직 나라의 독립과 평화통일, 민주주의 정치를 위해 몸을 바쳤다.

지난 1월 23일 동아일보 강당에서 운암 김성숙 선생 기념사업회가 발족되고 각계각층의 인사들이 참여해서 앞으로 선생의 빛나는 민족혼을 기리고 과업을 계승하기 위해 국민의 폭넓은 통합을 바라는 것은 부당한 권력에 의해 부정적인 평가를 받았던 선생의 업적과 사상을 바로잡는 재조명의 역사가 시대정신인 까닭이며, 올바른 평가 작업은 통일한국의 미래를 위해서도 타당한 작업인 것이다.

그동안 정치·사상·시대적인 이유로 역사의 진실이 왜곡되거나 가려진 사실이 많다고 볼 때 만시지탄이나, 지금 바로 잡지 않으면 안 된다는 시대적 당위성이 있다.

선생은 특이한 삶을 사신 분이다. 1898년 평안도에서 가난한 농민의 아들로 태어나 승려가 되어 양주 봉선사와 용문사에서 5년간 불교학 연구와 수행에 힘썼다. 당시 독립선언문 33인의 대표였던 손병희의 친구였던 홍을초 노승을 스승으로 모시고 한용운과 역시 불교독립운동가였던 김법린과 친해 3·1 독립운동의 주모자로 2년간 옥고를 치렀다.

그 후 26세 때 승려 5명과 함께 중국에 망명한 선생은 북경 민국대학과 광동의 중산대학에서 각각 정치·경제학을 연마했고, 조선민족해방동맹과 조선민족전선동맹을 결성했으며, 광서성 성립사범대에서 정치학 교수를 역임하는 등 승려 출신으로 드물게 탁월한 정치사상가였고, 진보적인 경제이론가이며, 실천적인 혁명가였다.

좌우 이념에 편향되지 않은 중도정치 혁명가의 길

북경에서 선생은 같이 간 승려 다섯 분과 문학단체를 만들고 잡지 '황야'를 펴내었다. 시·소설과 철학적인 내용이었다. 이 기간동안 김봉환·김규하 선생 등은 사회주의자가 되었고, 나머지 세 명은 혁명사상을 받아들이지 못해 유학을 마치고 귀국했다(님 웨일즈의 아리랑에서 소개) 2년 후 창일당에 가입했다. 동지로는 장건상·양명·장지락(님 웨일즈의 아리랑에서 김산으로 표기)·이낙구·김봉환 등이었고, 진보적인 혁명단체로서 기관지 '혁명'을 발행하였다.

선생은 '혁명'의 주필을 맡아 주옥같은 논설문을 많이 발표했다. 이 잡지는 수천명의 고정독자를 확보했고, 국내는 물론 만주·시베리아 호놀룰루·캘리포니아·유럽에 있는 조선유학생들에 발송되었을 만큼 호응이 높았다.

당시 북경에서는 한글판을 인쇄할 시설이 없어 선생은 모든 글을 손으로 써서 석판 인쇄하였다. 힘든 작업 때문에 선생은 한동안 실명위기에 있을 만큼 잡지의 발간에 온 힘을 쏟았다. 그러는 한편 고려유학생회를 조직해서 회장으로 활약하기도 하고 단재 신채호 선생과 유우근 동지의 추천으로 조선의열단에 참여해 선전부장을 맡았다.

선생은 1925년 북경정부의 추방을 받고 광동의 중산대학으로 옮긴다. 중국혁명의 거점인 광동으로 모여든 조선 청년 300여명을 규합해 유학한국혁명청년회를 조직하고 기관지 '혁명운동'을 편집간행해 일본의 제국주의 침략을 성토하고, 피압박 민족의 해방을 제창하였다.

선생은 국민당·공산당의 분규로 발생한 광동인민폭동에 참여해 시가전을 주도하다가 당국의 무자비한 진압으로 한 때 애인의 집에 피신하기도 한다. 훗날 선생은 진보적인 여류작가인 '두군혜'라는 여성과 결혼하게 되는데 그들 사이에 낳은 아들 셋은 현재 북경에서 학자와 고위공직자로 이름이 높다.

선생은 광동 폭동에서 흩어진 청년 등을 중심으로 중국각지에서 활약하는 조선혁명청년들을 총 규합해 재중국조선총동맹을 조직하고 조선지역과 만주지역으로 투쟁을 확대하였다. 그리고 1929년 상해에서 중국문화총연맹과 작가연맹에 가입, 신문화운동을 적극적으로 펼쳤다.

님 웨일즈의 아리랑에는 선생의 활약상을 이렇게 묘사하였다. "1929년부터 1930년까지 김충창(김성숙)은 언론출판일에 종사하면서 파시즘에 관한 여러권의 책을 번역하였다. 그는 식민지의 학생 문제와 여러 가지 주제가 있는 논문을 묶은 훌륭한 책을 펴내었다. 여러 가지 필명을 사용해 모두 스무권의 책을 출판하였다. 그는 조선혁명의 중요한 이론적 지도자이다"

선생은 또한 많은 세계적인 진보지식인들을 만났다. 미국의 얼 브라우더, 소련의 브로딘, 인도차이나, 인도, 대만에서 온 혁명가들과 민족독립 방안에 대한 토론을 벌였다. 1931년에는 중국 반제국주의동맹의 간부로 기관지 '봉화'와 '반일민족'의 편집책임을 맡았고, 채정안 장군이 지휘한 19로군의 송암 항일전쟁에 참여하였다.

1938년 선생은 김원봉과 함께 조선의용대를 만들고 '의병대 통신'을 편집·간행하였다. 조선의용대는 국민당에서 자금을 지원했기 때문에 좌파와 우파로 나누어지게 된다. 중경에서 한국독립당·한국국민당·조선혁명당을 통합해서 한국독립당이 발족하게 되고 선생이 이끌던 한국광복전선과 조선전선연맹도 발전적으로 해체해 한국독립당으로 뭉치게 되었다. 집행위원장에 김구 선생이었다.

선생의 단결운동에 힘입어 독립단체들이 하나로 통합하면서 다양한 애국지사들이 참여하게 되었는데 김구 선생이 주석, 부주석에는 김규식, 김원봉은 군무부장(국방장관), 선생과 장건상 유림 대표는 무임소 국무위원으로 참여하였다.

1943년 일본의 패망이 가까워질 무렵 임시정부에서는 유엔총회의 대표단을 보내기로 하고 조소앙을 단장, 미국에 있는 이승만을 부단장으로 파견했으나, 이승만은 임시정부의 훈령과 달리 반소련 전단을 총회장에 뿌리고 반소활동을 맹렬히 벌였다. 이미 그는 친미주의자가 되어 있었던 것이다.

가난과 병고로 비참한 만년의 삶

선생이 항일운동의 망명생활 30년을 접고 해방된 조국에 돌아왔으나 기다린 것은 미군정의 통치, 미국과 소련의 지지와 반대, 좌우이념의 극심한 갈등이었다. 1945년 12월 3일 경교장에서 김구의 주재로 임정 국무회의 임정 국무회의가 열렸고, 이승만이 발언했다. 모스크바 3상회담에서 거론된 신탁 통치안은 이 땅에 찬·반탁과 좌우이념의 3·8선을 갈라놓는 결정적인 계기가 되었다.

선생의 사상적 이념과 정치철학은 반세기가 지난 오늘, 비로소 빛을 보게 된다. 친미찬탁을 정권획득의 수단으로 한 이승만이나 순수한 입장에서 친미찬탁을 주장한 김구 선생마저 선생은 비판하였다. 민족을 둘로 갈라놓고 독립과 광복을 인정할 수 없었던 것이다. 그리고 선생은 미군정에 반대하는 활동을 벌이다가 6개월 구금되기도 한다.

북경에서 고려공산당을 조직한 선생이었지만, 결코 공산주의 이념이 목적이 아니었다. 민족의 독립이 먼저 요 세계인민의 해방은 두 번째라는 것이다. 아리랑에서 불굴의 항일애국지사 김산이 스승으로 모셨던 붉은 승려 김충장으로 불려졌던 선생이지만, 좌파진보지식인임이 분명하나, 결코 좌파가 아닌 순수민족주의자요, 온건하고 합리적인 좌파였다.

혁신진보세력의 중심에 서서 선생은 혁신당에 줄곧 몸담아 있음으로써 자유당 이승만 정권에서 몇 차례나 좌익으로 몰려 옥살이를 했다. 4·19 직후 사회대중당을 혁신세력과 함께 창당했으나, 이듬해 5·16 군사쿠데타 이후 혁신계 인사들에 대한 검거열풍으로 10개월을 복역하고, 그것도 독립유공자가 인정되어 집행유예로 석방되었다. 환갑이 넘은 나이다.

1961년에 결성된 민족자주통일중앙협의회의 의장이 되었고, 혁신계의 원로로 있었으나, 가난과 병고로 집 한칸 없이 셋집으로 전전하는 말년을 보내었다. 1969년 4월에 만 71세로 입적, 서거한 선생은 병원치료비가 없어서 퇴원도 할 수 없었다. 살아생전 조국의 독립과 항일투쟁 그리고 이 땅의 민주주의와 평화통일을 부르짖은 선생은 사회장으로 치러졌고, 십몇년이 지난 1982년에 건국공로훈장 국민장이 추서되었다.

좌우이념대결과 남북정권의 사대주의를 물리치고 민족의 주체성과 좌우합작, 평화통일의 길을 제시한 선생의 중도통합론과 민주적 사회주의를 위해 평생 몸바친 선생의 숭고한 삶은 이 시대 최대의 화두일 것이다.

황우석과 이순신

　지난 늦가을 전등사 산사 음악회에서 황우석 서울대 석좌교수는 인사말을 하다가 눈물을 보였다. 청중들의 뜨거운 열기에 화답이라도 하듯 황 교수는 차분하고 겸손한 억양으로 전등사와의 인연을 소개하면서, 언제나 힘들 때면 전등사 부처님을 찾노라고 신앙고백을 했다.

　아마 공식 석상에서 처음으로 밝힌 불교와의 인연이 아니었을까 생각하면서, 세간의 황우석 신화라는 우상과는 달리 황 교수는 조금 지쳐 있는 듯 했다. 그로부터 1개월이 지나 언론에 황우석 의혹이 제기되면서, 급기야 MBC PD 수첩이 황교수의 비리에 관해 보도함으로서, 우리는 물론 세계가 황우석 사태로 들끓고 있다.

황우석 사태 무엇이 문제인가

소위 진보매체라는 한겨레 · 오마이뉴스 · MBC, 진보 논객이라는 진중권, 진보정당을 표방하는 노동당 · 시민단체, 개신교 · 카톨릭 성직자와 지식인들이 황 교수의 난자의혹을 제기하면서, 세계 최초로 배양에 성공한 배아줄기세포의 진위문제와 비윤리성을 집중적으로 공략해대었다.

그러나 이에 맞서 다수 네티즌들은 황 교수의 배아줄기세포는 세계에서 최초로 난치병 치료에 획기적인 첨단과학으로 인정받았고, 권위 있는 최고의 외국과학자들이 다투어 찬사해 마지않았을 뿐더러, 노벨 의학상을 받을 절호의 기회이면서, 세계 바이오 산업을 주도하고 국민들을 먹여살릴 영웅의 탄생이라면서 적극 옹호하는 입장이다.

이 사건을 크게 보면 진보와 보수 권력과, 권위 창조와 진화 윤리와 과학이라는 이분법이 존재하고, 과학의 문제가 정치적인 편가르기로 변질된 것에 문제의 핵심이 있다.

시대는 변해도 변하지 않는 것은 사람의 마음인지 모른다. 인간의 배움이란 순수할 때 참다운 배움이라 할 수 있으나 일단 그 배움이 정치 · 사회 · 종교 등의 이념과 사상에 물들어 균형을 잃으면 치우친 생각을 갖게 되고, 세상을 크게 보고 깊게 생각하는 것이 아닌 어리석은 단세포적인 시각을 갖게 된다. 전도몽상이다.

그래서 불교에서는 중도를 부처님이 깨달은 경지라 일컫는다. 한쪽에 치우치지 않는 마음, 곧 중도·중정은 사물의 이치를 깨닫지 못한 사람에게는 오지 않는다. 왜냐하면 예나 지금이나 인간의 배움은 부처님이 깨달은 불지견의 부동심보다는 바람이 부는 방향에 따라 휘날리는 깃발이나 갈대와 같아서 탐진치에 물들기 쉽고, 이익에 따라 움직이는 속성을 가지고 있기 때문이다.

황 교수가 제자인 여성연구원의 난자기증을 세 번이나 만류하다가 열성적인 연구원의 난자를 기증 받았지만 비밀에 붙여달라는 간청을 수락한 것이 문제의 발단이다. 황교수를 공격하는 사람들은 황 교수가 연구원의 난자기증을 숨겼고, 그래서 세계적인 글로벌 스탠다드에 어긋나는 일을 했다고 한다.

만약 황 교수가 제자의 사생활을 보호해주지 않았으면 어떻게 되었을까. 이번에는 입신출세를 위해 연구원의 인권을 짓밟았다고 훨씬 강도 높은 공격으로 황 교수를 규탄했을 것이다. 이른바 양면성을 가진 위선자들이 아닐까.

PD수첩의 미스터리

황 교수의 연구실에 근무했던 사람으로부터 의혹을 제보 받았던 MBC PD들은, 줄기세포의 진실을 밝혀서 사회정의를 이루겠다는 언론의 숭고한 가치와는 달리, 황 교수의 연구실을 6개월 전부터 감시했다.

또한 불과 얼마 전까지 황 교수를 '생명과학계의 세계 최고권위자'라 칭송하던 피츠버그대 유태인학자 새튼 박사의 연구실에 파견되어 있던 난자기증의 당사자인 연구원과 다른 난자 연구원들에게 밀착해서 유도 심문했다.

심지어 '황우석을 죽이러 왔으니 진실을 말하라', '그렇지 않으면 처벌받는다', '미국생활을 보장해 주겠다' 는 협박과 회유로 폭력배와 다름없는 불법적인 취재윤리를 어겼으나 계속 은폐하다가, 안규리 교수와 동행한 YTN 기자에 의해 MBC PD팀의 잘못이 낱낱이 드러나고 말았다.

진보주의자라고 자처하는 많은 논객과 학자들이 MBC PD의 불법과 허위보도에도 불구하고 계속 줄기세포의 재검증을 주장하고 있지만, 전문과학자들은 과학과 윤리를 혼동하는 처사라며 거부하고 있다. 단순윤리와 다르게 생명과학의 분야는 첨단을 걷는 세계적 과학자들의 몫이요, 정치인이나 진보사회학자·언론·시민단체가 나서서 해결될 일이 아니라고 말한다.

그리고 황 교수 사태를 더욱 악화시킨 것은 종교와 과학을 구분 못하는 기독교의 고질적인, 과학과 항상 반대의 논리를 갖고 있는 기독교의 고답적인 교리해석과, 무책임한 대통령의 언동, 정부의 늑장대처 등이다. 기독교 교리대로 이 세상은 조물주로부터 나왔고, 지배된다면 인간을 비롯한 생명의 가치는 빛을 읽게 되고, 생명의 자유와 존엄성을 상실하게 될 뿐 아니라 과학의 진보는 불가능해 질 것이다.

진보주의자·기독교 지식인들은 말한다. 여성의 난자는 생명체로서 배아줄기세포에 사용해서는 안 되며, 기증이나 매매는 성매매와 같은 비윤리적인 것이다. 그러니 막아야 한다. 그렇게 해서 온갖 수단방법을 다해 황 교수의 연구와 업적을 시샘하고 훼방을 놓고 있다고 본다.

지금이 어느 시대인가. 중세기 기독교가 지배하던 암흑시대인가. 종교가 미신을 물리친다고 하지만 종교 자신이 도그마에 갇히면 바로 과학의 발목을 잡는 시대착오적인 미신이 된다는 사실을 깨달아야 한다.

장차 인류를 구하고 국익에 크게 보탬이 될 황 교수의 업적은 세계 과학계가 인정하고 증명했음에도 불구하고, 국내에서만 소모적인 논쟁을 벌이는 것은 무모하고 무지하며 다른 정치적인 의도가 있다고 볼 것이다.

아인슈타인도 처음 상대성 원리를 발표했을 때 사람들은 크게 의심을 했고, 그 후 10년 동안 많은 논문으로 완전한 성과를 이루어 내었다. 첨단 과학이란 그만큼 힘들고 오랜 시간을 요하는 학문이다.

드디어 백의종군을 선언하고 공직에서 사퇴하겠다고 선언한 황 교수는 임진·정유 왜란 때 이순신 장군이 그렇게 했던 것처럼 진보라는 이름으로 새기득권이 된 대통령과 코드가 맞는 친정부언론·시민단체·지식인들로부터 정치적인 공격을 받아 극심한 피로와 스트레스로 몸져눕고 말았다.

젊은 네티즌과 국민들로부터 뜨거운 성원과 격려의 힘으로 하루속히 건강을 회복해서 다시 세계 생명과학의 전쟁에 영웅으로 출전하기를 간절히 바라는 마음이다.

한 가지 알아둘 것은 황 교수의 열렬한 팬들과 다수 국민들의 행태를 놓고 파시즘과 극우보수로 몰고 가는 친여매체와 지식인들이 많은데, 바로 그 사람들은 엊그제 대통령을 만든 사람임을 상기하기 바란다.

큰 물은 배를 띄우기도 하지만 엎기도 한다. 국민과 대중의 힘을 두려워해야 한다. 역사의 냉엄한 교훈을 잊어버리면 현실정치는 실패할 수밖에 없을 것이다.

황우석 사태의 광기와 진실은 무엇인가

한국인의 '빨리 문화'와 맞아 떨어졌을 것

MBC PD수첩의 폭로로 야기된 서울대 석좌교수 황우석의 배아줄기세포 논란은 해가 바뀐 새해에도 가열 차게 진행되고 있다.

MBC PD수첩이 지난 12월에 2탄을, 새해 1월 3일에 3탄을 방영하고, 계속 4·5탄을 내보내겠다고 함으로서, 이에 대한 찬반 진위 논란은 전 국민의 뜨거운 관심사로 부각되어 혹한이 몰아치고 있는 한반도 겨울을 무색하게 만드는 최대 이슈로 부족함이 없다.

황우석 사태의 본질은 무엇인가. 무엇이 이토록 사회를 둘로 갈라놓고 있는가. 우리에게 국익은 무엇이며 밝혀야 할 진실은 무엇인가.

수개월 째 한국의 모든 방송사·신문사·인터넷 언론들이 앞다투어 보도를 쏟아내고 있지만, 아직도 진실의 실체가 드러나지 않고 갈수록

오리무중이라는 생각이 든다.

가령 친정부 언론들이 제기한 황우석 난자사용의 윤리 문제로 발단한 것이, 이제는 사이언스 가짜 논문에 이르고, 배아줄기세포 진위 논란으로 확대되더니, 황우석팀의 복제 성과물인 송아지 영롱이와 강아지 스너피마저 검증하는 단계에 이르고 있다. 한 가지가 의심받게 되면 나머지도 모두 의심받게 되면서 의심과 의혹의 불씨가 사회 전체를 불신과 대립의 나락으로 추락하게 하고 있다.

어느 정치인이 말한 대로 지금 우리 사회는 만인이 만인을 상대로 투쟁하는 불신과 반목이 지배하는 암흑의 시대인가. 그렇지는 않다. 우리 사회는 수많은 질곡과 시련을 거쳐 오늘에 이른 민주주의 사회인 것만은 분명하다.

그렇다면 오늘의 사태는 무엇이며 어떻게 설명할 수 있을까.

사기꾼과 음모론

먼저 황우석을 사기꾼으로 여기는 사람들은 황우석이 연구 성과와 시간을 다투는 세계생명과학계의 연구 발표에 조급한 나머지 줄기세포 논문조작을 해서 사이언스에 허위 발표한 것이 본질이라 한다.

다수의 학자들은 70~80%의 연구가 진행된 상태에서 연구논문을 발표하는 것이 관행이라 한다. 그것은 비단 바이오 공학 분 아니라 IT 공학, 우주공학에서도 흔히 있는 일이다.

첨단과학은 보통의 학문과 달리 무한한 과학기술과 경제적 이익을 창출하는 것이므로 선진국일수록 앞다투어 기술을 개발·독점하기 때문에 과정상의 오류를 문제삼지 않는 것이다,

결과적으로 보면 황우석과 그의 팀들은 국민과 세계를 상대로 사기를 친 것에 다름없는데, 오랜 세월동안 동물복제와 줄기세포를 성실하게 연구해온 황우석의 진지한 노력과 삶의 과정을 보면 그가 단순히 사기를 치기 위해 살아왔다고 하기엔 전혀 공식이 맞지 않을 뿐더러 진실도 아니다. 그리고 가장 중요한 사기의 동기가 석연치 않다. 잘 나가는 최고 지위의 대학교수가 돈과 명예가 탐이 나서 속임수를 썼다는 말도 설득력이 없다.

PD의 폭로 후 2개월 동안 인터넷 언론을 뜨겁게 달군 여론을 지켜보면서 우리는 여러 가지 생각과 고민에 잠기게 된다.

1월 10일 최종 발표된 서울대 조사위의 말대로 "2004·2005논문은 모두 조작이며 줄기세포는 본래부터 없었고, 처녀생식세포로 판명되었으며 그러므로 원천기술은 존재하지 않는다. 여기에 사족을 붙여 스너피의 개복제는 사실이며 황우석의 기술은 줄기세포가 아닌 배반포의 형성에 불과하다."

조사위의 최종 발표는 수개월 유보되었던 찬반양론, 또는 사기꾼과 음모론에서 사기꾼의 손을 들어준 것에 불과할 지 모른다. 새롭게 밝혀낸 것이 전혀 없으니 말이다.

황우석의 스승 정창국 박사의 신뢰

얼마 전 황우석의 대학교 은사인 정창국 전 수의대학장의 언론 인터뷰 기사를 읽었다. 누구보다 황우석을 잘 아는 그 분의 말씀은 진정성과 안타까움이 배어 있었다. 황우석이 의도적으로 거짓말을 하고 속이려 든 게 아니라, 줄기세포 기술의 한국독점과 연구실적에 조급해서 결과를 앞당겨서 발표했고, 세계적인 명성으로 이어졌다는 것이다.

어떻게 보면 황우석은 한국의 현실이 만들어 낸 상징인지 모른다, 천연자원이 없고 수출에 의존하는 우리의 형편으로는 세계적인 과학기술로 미래사회를 이끌어 갈 원동력으로 삼아야 했고, 그것이 한국인의 '빨리 문화'와 맞아 떨어졌을 것이다.

정창국 박사의 충고 말씀을 덧붙이면 "교수로서 편안히 연구해서 잘 먹고 살면 될 것을 왜 사서 고생을 해야 하나", "주위에 적들이 많은데 모험을 할 필요가 있는가". 제자를 아끼는 스승의 애정이 아니면 할 수 없는 말이다.

인터넷상에 떠도는 말로는 노성일 미즈메디 병원과 MBC PD수첩, 그리고 서울대 의대 교수들이 한 통속이 되어 일개 동물학자인 황우석을 죽이기 위해서라고 한다. 또한 세계최초로 개발한 황우석의 복제줄기세포 원천기술은 미국 등의 국가로 유출될 것이라 한다. 막대한 경제적 이익과 황우석 효과에는 정치적 음모가 있고, 외국과 손을 잡은 세력만 이익을 누릴 것이란 말이 국익의 차원에서 조금은 국수주의적이지만 설득력 있게 들린다.

　그만큼 우리의 현실과 미래는 작은 사실과 진실차원보다는 크고 먼 미래를 생각하는 사람들이 황우석을 지지하는 것이며, 또 실패해서 끝난 것이 아닌 줄기세포 원천기술에 미련을 가지고 되살려 내어야 한다는 시대적인 절박한 배경을 쉽게 비난만 해서 끝날 일이 아니다.

보이차 열풍, 어떻게 보아야 하나

세계를 강타한 운남성 보이차 문화

근래에 잘 먹고 잘 산다는 웰빙문화에 힘입은 탓인지 음주문화 국가로 세계적인 명성을 자랑하는 한국이 차츰 차문화에 관심을 기울이고 있다. 알코올 문화의 폐해란 이루 말할 수 없는 국가적 낭비와 사회적 피해를 초래한다는 것을 이미 삼척동자도 알고 있으나 패러다임을 바꾸는 사회적 실천이 매우 어려운 터에 아직은 술에 비해 미비한 수준이나 차문화가 널리 보급되고 있는 것은 경하할 일이다.

일찍이 다산 정약용 선생이 "차를 마시는 민족은 흥하고 술을 마시는 민족은 망한다"는 민족의 장래를 걱정해서 유명한 어록을 남긴 지도 2백 년이 지났건만 못난 후손들은 오늘도 내일도 대한민국 방방곡곡 술판을 벌이고 술이 없으면 하루도 살 수 없는 민족으로 전락하고 말았다. 가히 술의 한국이요, 유흥문화의 낙원이다. 도시마다 밤에 번

쩍이는 불빛은 거의 교회와 술집이라는 외국의 소개가 있을 만큼 한국인은 유흥가와 술집에서 취한다.

수십 년 이래 조상 대대로 물려받은 가난과 억압의 설움을 털어내고 부지런하면서 머리 좋은 한국인은 경제대국 10대 반열에 들어갔다. 그러나 짧은 시일에 급속도로 성장하다 보니 성과와 목적달성주의에 집착하게 되었고 그만큼 스트레스가 쌓이게 되었다. 한국인을 가리키는 빨리빨리 문화코드는 목적을 위해 수단과 방법을 가리지 않는, 또한 근면하고 역동적이며 두뇌가 비상한 한국인의 초상을 가리킨다.

술문화와 차문화의 차이

전통적으로 한국인은 술문화와 친근했다. 물론 양반 계급이 먹던 소주와 청주는 오늘날의 잡곡으로 희석한 값싼 술이 아닌 백미로 만든 증류주였으니 쌀 몇 가마니 값이 소 한 마리에 해당될 만큼 귀한 쌀로 만든 고급주를 마셨고 서민들은 쌀과 잡곡으로 혼합한 막걸리를 주로 마셨다. 동네 어귀 주막집이나 잔치집에서 술을 거나하게 마시는 민속화의 그림을 보면 양반과 서민들의 풍자와 해학을 읽을 수 있다.

그러면 쌀과 양식이 귀한 터에 이보다 훨씬 구하기 어려운 차는 어떻게 마셨을까. 서민들이 흰 쌀밥에 소고기국을 먹는 것은 잔칫날이나 명절날이 아니면 구경하기 어려웠으니 차를 구경하거나 마신다는 것은 큰 사치가 되었을 것이며, 양반 등 역시 돈과 권세가 있더라도 차문화가 없고 술로 풍류를 즐기다 보니 차를 알 리가 없다. 고결하고 학문이 깊은 선비나 권문세도가들만 차를 어렵게 구해서 마셨다. 서민들은 농토가 적고 천연자원이 빈약한 탓에 양식이 귀했고, 역병이나 탐관오리 등의 가혹한 세금으로 늘 굶주려 차문화의 특성인 정신문화를 가까이할 수 없었다. 오늘날의 과도한 술문화와 유흥적 사치는 조선 시대의 술문화 전통과 일제 식민지의 암울한 시절, 해방 이후 만개한 천민자본주의의 역기능 때문이라 해석할 수 있다.

녹차와 말차, 우롱차와 보이차의 진화

조선조 후기, 초의 선사와 추사 김정희, 다산 정약용을 중심으로 부흥된 차문화는 꺼져가던 차문화를 부활시킨 촉매 역할을 하게 되었고, 여기에 조정의 사대부, 선비, 화가 등이 가세하여 불을 지폈다.

동양삼국을 보거나, 차문화의 정신을 사상적으로 심화시킨 계기는 주로 선종 사찰이었고, 선과 차를 결합해 '다도'라는 고품격의 차문화가 생겼다. 그리고 차를 재배, 생산, 유통하는 것 역시 사찰이나 부근 사하촌에서 이루어졌다. 차는 쌀과 마찬가지로 따뜻한 남쪽 지방에서 재배가 가능하므로 우리의 경우 지리산이 중심 지역이 될 수밖에 없었다.

해방 이후, 산중 절집과 일본 유학생 출신들이 마셨던 차가 70년대를 기점으로 퍼지게 되었고 현재는 차인구가 2백만 명이 넘는다고 하니 격세지감이 든다.

　필자는 부산을 비롯한 영남 지역에 30여 년 머물러 차를 많이 마시게 되고 차인과 차문화의 교류를 가졌으며 또 차의 변천사를 지켜보게 되었다. 녹차와 다도에 대한 논쟁이 지나가고 말차와 찻사발 열풍이 한참 불더니 이제는 또 10여 년 전후로 발효차 광풍이라 할 정도로 불었고, 그 중심은 보이차의 등장이다.

좋은 보이차의 감별법

　보이차는 하필 어떻게 그 많고 많은 수천 종의 차를 재치고 차의 최고급 문화인 황제차로 등극했는가. 우선 보이차는 여타 다른 차와 달리 일정 기간 발효시켜 자연 숙성을 시키는데 보존이 가능하다면 1백 년 이상도 저장할 수 있다는 장점이 있다. 마치 오래된 포도주와 같은 맛과 가격에서 경쟁력이 심한 것으로 생산지와 재료, 만드는 방법에 따라 천차만별, 다양해서 종잡을 수 없는 차라고 보면 된다.

　필자 역시 보이차를 처음 접하고 마시기 시작한 지 20년이 넘었건만 학문적으로 연구한 것이 아니므로 가끔 헷갈릴 때가 있다. 몇 해 전에는 보이차의 모든 것을 알고 싶어서 보이차 고향을 1개월 동안 현지답사한 적도 있다. 보이차의 본고장 중국마저도 1993년 4월에 중국 보이차국제학술연구회가 쓰마오시에서 열었고, 보이차가 문화교류와 경제사회 발전에 기여하게 됨을 선포했다.

지금까지 알려진 바로는 보이차는 중국 운남성 남부 지역인 쓰마오와 시쌍빤나 지역에서 생산되어 여러 지역에서 제조되고 그것이 중국 전역으로 유통되는데, 90년대까지 경제적 여유가 없어 보이차의 가치를 몰랐던 중국과 달리 대만, 홍콩인 등이 효능과 가치를 발견하고 주로 매입했다. 재미있는 것은 중국의 문화혁명 이전에 홍콩 상인들은 오래된 보이차를 창고에 처박아두었는데 한국의 어떤 승려가 맛을 보고 귀국해서 친구들에게 퍼뜨려, 그때 오래된 보이차를 수집한 부산 사람들에 의해 오늘날 광범위하고 열렬한 보이차 마니아들이 생겨났고, 그 여파로 홍콩, 대만, 이제는 중국의 여유 계층들까지 오래 묵은 보이차를 사재기하고 대량 거래가 이루어지는 실정이다.

그러나 몰랐을 때는 수요가 적으나 세상 사람이 다 알게 되면 공급이 미치지 못하므로 부득이 속성발효의 인공 보이차가 등장하게 되어 사람들의 혼란을 부채질한다. 몇 개월 전 신문에 난 기사, 삼성그룹 이건희 회장의 보이차 소식은 이미 오래 전에 마니아들에게 알려진 이야기다. 난치병 치료와 건강문화, 장시간 마셔도 싫증이 나지 않는 보이차의 맛과 향, 강한 기운은 운남성 소수민족이 수제차로 만드는 토속적인 음료가 한국인의 입맛에 딱 들어맞는 것이다.

청나라 황제에게 진상하던 금과 공차, 티베트 고승과 귀족이 먹던 버섯 보이차를 위시해 동경 송빙 복원창, 홍인, 황인, 녹인, 철병, 죽통차, 향차 등 생산자와 모양, 시대에 따라 그 다양하고 다른 이름 등이 헤아릴 수 없이 많다. 여기에 야생대엽인가, 소엽, 중엽인가, 재배대

엽, 중소엽인가, 맹해 이무산인가, 난창 지역인가, 쿤밍 시아관차인가 등등 가공 방법과 생산지가 복잡하고 혼란스럽다. 인공 발효, 자연 발효, 태양 건조, 인공 건조, 습창, 건창, 생차, 숙차, 혼합차 등의 감별 또한 복잡하긴 마찬가지다. 가격 또한 쉽게 말해 1년짜리가 가령 만 원이라면, 10년이면 십만 원, 40~50년이면 40~50만 원이 된다는 것이나 이것은 오래 전의 정상적인 가격일 뿐, 오래된 차는 천정부지의 고가이고 구할 수도 없다는 것이 일반의 중론이다.

필자는 차 마시는 복이 조금 있는지 수백 종류의 보이차를 시음했다. 햇차부터 1백 년차까지 여러 번 시음한 적이 있다. 맛과 향, 색깔이 확연히 다르다. 재작년에 어떤 보이차 마니아는 광동성에 가서 경매로 7개 한 통을 1억 원에 구입했으나 그 다음해 갔더니 두 배로 올라 있더라는 꿈 같은 이야기가 있을 만큼 진짜 고차古茶는 부르는 것이 값이다.

보이차 맛을 제대로 알려면 자료 공부와 남의 말도 중요하지만, 자신도 알아야 하는데 적어도 1년 이상 매일 수십 잔은 먹어야 한다. 색깔, 향기를 감별할 능력이 있어야 하고, 보이차의 오랜 역사와 문화사를 공부해야 한다. 필자의 경우 종합적으로 살피고 있는 터이지만 결정적으로 중요한 것은 맛이다. 맛을 보고 거슬리지 않으면 생차 수 년짜리도 좋고, 거슬리면 짙은 흑갈색 고차 같은 것도 믿지 않는다. 요컨대 색은 맑고, 향기는 자연스러우며, 맛은 좋아야 한다는 것을 강조하고 싶다.

오바마가 대통령에 당선된다

26일 타임지는 공화당 대선후보 매케인과 맞붙은 1차 TV 대선토론에서 민주당 후보 오바마가 앞섰다고 평했다. 미국의 심각한 금융위기에 대처할만한 능력이 부족하고 아프간, 이라크, 이란 전쟁을 지지하며 북핵문제를 보수적인 관점에서 보고 있는 매케인에 비해 오바마는 훨씬 진보적인 정책을 제시하고 있다.

27일에는 전세계 노벨수상과학자 61명이 오바마의 지지를 촉구했다. "부시 행정부 8년 동안 과학기술의 중요성이 퇴색되고 정치적 목적에 의해 과학의 진실이 묻히거나 왜곡되었기 때문이라고 지적" 했다. 2002년 노벨의학상을 수상한 MIT의 호비츠 교수는 "지난 수년간 미국의 과학은 재난 수준이었다"고 말하고 새로운 비전을 가진 지도자가 필요하다"고 말한다. 이들은 또 공화당의 존 매케인 후보는 종교적 보수주의자들의 정치적 압력으로 인해서 그를 신뢰할 수 없다는 것이다. 하바드 수재 출신이며 루터, 킹 목사의 정치적 후계자 오바마는 얼마 전에 열린 미 민주당 대선 후보수락 연설회에서 지지자들의 열광적인 환호를 받았다.

미래의 꿈과 희망, 비전있는 정책의 제시로 꺼져 가는 미국을 다시 살릴 수 있다는 그의 유연하고도 합리적인 사고와 유창한 연설은 미국인 뿐만 아니라 전세계 TV시청인들의 심금을 울렸다.

현재 미국은 맹신적 개신교도이며 전쟁광이라는 악명을 떨치고 있는 부시 대통령에 의해 지난 8년 동안 저질러진 악몽을 벗어날 안간힘을 쓰고 있다. 오래 전부터 미국 유럽의 미래학자들이 예견한, 미국은 망한다는 이야기가 현실로 나타나는 것이 아니냐 하는 우려감이 점점 커지고 있으니 말이다.

부시는 석유를 빼앗기 위해 아무 죄도 없는 중동국가들을 악의 축으로 몰아 초토화 시킴으로서 가장 오래된 인류문명 발생지역을 파괴한 용서받지 못할 죄악을 저질렀다. 2차대전의 히틀러와 똑같은 망상을 가지고 신의 이름으로 다른 종교와 역사, 국가들을 차례 차례로 정복했으나 결국 실패하고 말았다.

미국의 금융위기는 인과응보에 다름 아니다. 수천 억불에 달하는 전쟁자금을 쏟아 붓고 마치 월남전 때처럼 “위대한 미국의 영광”이 아니라 “초라하고 패배한 모습의 미국”과 부시의 현재 모습은 위기일발의 침몰하는 타이타닉호와 같다.

비주류 비개신교도 오바마의 개혁정신

8년 동안의 실정과 보수정책을 이어받는 매케인 보다는 정권 교체와 진보적인 정부를 원하는 국민들의 기대는 오바마의 경쟁력이 훨씬 높을 것은 자명하다. 빨리 망하려면 매케인을, 미국을 새롭게 개혁하려면 오바마가 당선되어야 한다.

미국은 보수적 개신교도의 나라였으나 60년 월남전 이후 크게 바뀌고 있다. 한마디로 유일주의에서 다원주의다. 오직 하나의 미국, 오직 하나의 신이 아니라 수많은 국가들의 하나이며 수많은 정치적 종교적 가치관이 혼재하고 융합하는 시스템으로서의 합중국이다.

그러나 한국을 비롯 미국을 절대적 힘의 원천으로 생각하는 친미국가들은 미국이 어떤 이유에서라도 망하리라는 생각을 하지 않는다.

수십 년간 눈으로 지켜보면서도 말이다. 세상에는 영원한 것이 없고 흥망성쇠의 윤회가 계속될 뿐이다. 가능하면 선순환이 되어야 하고 악순환은 블랙홀처럼 모두를 집어삼킬 것이다. 매케인의 20세기 낡은 정책에 비해 오바마는 21세기의 미래정책에 대한 메시지가 우리의 공감을 불러일으킨다. 나는 밤늦게 그의 수락연설을 지켜보면서 몇 번씩이나 박수를 쳤고 감동에 젖었다. 수구반공과 극우기독교가 지배하는 이 땅에서 오바마 같은 평화, 복지, 경제를 비롯한 약자를 배려하는 정책발표와 도덕과 양심을 찾아서 미국을 새롭게 개혁하겠다는 그의 힘찬 연설에 세계인들은 다시 한번 꿈과 희망을 갖게 한다.

45 위대한 오바마, 세계를 변화시키나

마침내 꿈이 이루어졌다. 버락 오바마가 미국의 제 44대 대통령에 당선되었다. 공화당의 메케인 후보를 두배나 되는 득표 차이로 압도적인 승리를 거두었다. 동시에 치러진 상하의원, 도지사선거에서도 똑같이 압승이었다.

극우정치인이자 전쟁 광이며 역대 미국 대통령 중 최악이라는 혹평을 받는 부시가 끊임없이 전쟁을 일으키고 피아간 인명 살상과 막대한 전쟁비용, 거기다가 금융위기와 부동산 폭락의 경제파탄에 위기감을 느낀 미국 중 하층 시민들의 현명한 선택이다.

변화와 개혁을 바라는 미국인들의 소망은 마침내 아프리카에서 백인들에게 노예로 끌려와 갖은 수모와 최악의 인권탄압을 받은지 232년만의 쾌거였다. 또한 뉴욕 타임즈 칼럼니스트 토마스 프리드먼의 지적처럼 147년 전 링컨에 의한 남북전쟁과 노예해방이 완전히 끝난 순간이었다.

흔히 미국은 세계의 다양한 인종과 자유민주주의, 자본주의가 숨쉬는 천국으로, 위대한 미국이라고 일컫지만 사실을 알고 보면 정반대다. 총칼과 대포를 앞세우고 엄연히 주인이 있는 땅, 아메리카를 신대륙이니 아메리칸 드림으로 포장해서 수천만 원주민을 학살하고 땅을 강탈했다. 역시 흑인들을 미개인, 야만인으로 만들어 짐승보다 못한 노예로 강제 노동시켜서 넓은 대륙을 개척했다.

수천만 원주민과 수천만 흑인들은 죽이고 빼앗고 지배해서 오늘의 초강대국을 만든게 미국의 실상이다. 미국이야말로 인류 역사상 가장 복 받은 땅이 아니라 가장 참혹한 저주의 땅이었을 것이다. 원주민과 흑인들의 사무친 원한과 피눈물이 밑거름 된 땅 미국이 아닌가.

하나님의 섭리, 축복은 명백한 거짓이다

민주주의, 인간평등, 노예해방, 신의 사랑을 입에 달고 다니는 기독교 최고국가인 미국이지만 법적으로 흑인이 인간으로 대접 받고, 보장받은 것은 이제 겨우 40년에 지나지 않는다는 것을 알면 경악할 일이다. 그것도 그냥 주어진 것이 아니라 흑인 지도자들의 치열한 민권운동 결과이다.

1965년, 흑인 인권 운동가 맬컴 엑스의 암살과 68년 마틴 루터 킹 목사의 인종차별 철폐와 인권운동을 용납하지 않던 백인들의 암살이 발생한 후 의식이 깨어난 흑인 정치인 법률가 고위 공무원 성직자들의 피눈물 나는 노력이 있었다.

2001년에 첫 흑인 파월 국부장관이, 80년대의 잭슨 대통령 경선후보, 2005년 라이스 여성 흑인 국무장관 등은 대표적인 흑인 지도자로서 오바마의 대통령 당선에 결정적인 영향을 준 인물들이다.

토크쇼의 여왕 오프라 윈프리도 흑인여성으로서 최고의 인기를 누리고 있는데 최초로 오바마를 지지 선언해서 선거의 동력을 얻었다.

오바마의 오늘이 있기까지 그는 어릴때부터 무수한 고통과 갈등, 고난과 역경을 겪었다. 케냐의 흑인 아버지와 캔자스 출신의 백인 어머니 사이에서 태어난 그는 혼혈이지만 스스로 흑인이라 칭할 만큼 흑인에 가깝다. 그러나 진보적인 어머니의 영향으로 흑인의 장점과 우수성을 교육받아 사회적, 인종적 차별에도 꺾이지 않고 당당하게 세상과 맞섰다.

어릴때 부모가 이혼, 어머니가 다시 인도네시아 휴학생과 재혼하면서 인도네시아에서 4년을 보냈다. 그 후 하와이대 대학원에 진학한 어머니를 따라 살다가 어머니가 인도네시아로 돌아감으로써 그는 외조부모와 살게 되었다. 오바마가 대선 선거 직전에 외조모가 별세하자, 보인 눈물은 유권자의 심금을 다시 한번 울렸을 것이다.

오바마가 세계인들의 희망인 까닭

온갖 고난과 시련을 극복해서 마침내 세계에서 가장 영향력이 큰 미국대통령 당선자 오바마에게 기대와 희망의 꿈을 꾸는 세계인들의 염원은 한결같다.

전쟁을 종식시켜 세계평화의 중심이 되고 약소민족과 제3세계의 인권을 지키고 독립시키는 일, 독재정치의 압제에서 해방되는 것 등 자유민주인권이 첫째일 것이고 미국경제를 살리고 세계 경제를 회복시켜 달라는 것이 두 번째 꿈일 것이다.

인종 이념 종교 권력, 폭력의 굴레에서 벗어나 진정한 인간의 자유와 행복을 꿈꾸는 것은 세계인의 공통사항이다.

그 외 약자와 소외된 민족, 잊혀진 문화, 파괴된 자연환경을 살리고 보존해서 지구촌이 평화와 안식을 얻도록 하는 일이다.

그러나 오바마의 대장정은 이제 시작이다. 수백 년 동안 미국을 지배했던 백인권력자들과의 조화가 있어야 되고 흑백, 인종간 다문화의 상생관계, KKK같은 극우조직, 기독교 보수세력 등에 의한 수많은 진보 지도자들의 암살처럼 암살기회를 차단하는 일이며, 정부조직의 권력갈등해소, 당면한 경제위기 대책 등이 시급한 과제들이다.

한국정부는 그 동안 부시 공화당 보수정당과 코드를 맞춰 왔으나 오른쪽에서 왼쪽으로 중심을 잡는 중도정책으로 바꿔야 할 것이다.

경제문제, 특히 FTA 타결과 북핵 문제는 발등의 불이다. 완고하고 경직된 자세에서 유연하고 융통성 있는 중도 정책이 필요하다.

그런 의미에서 대미종속주의에서 대미동등주의로 발을 맞춰 미국은 물론 다국적 협력 관계로 가야 한다.

우리의 경우 대미종속주의 정책은 국제사회에서 정평이 나있을 정도로 때로는 비웃음을 사고 손해를 보는 요인이 되기도 한다.

오바마 당선자는 힘과 권력의 상징인 미국을 평화와 휴머니즘에 입각한 경제, 문화강대국으로 바꿀 것으로 보며 40일전 그의 당선을 말했던 필자의 소망대로 꿈이 이루어질 것으로 믿는다.

46 작가 황석영, 변질인가 방편인가

이명박 대통령의 중앙아시아 순방에 동행한 작가 황석역에 대한 말이 무성하다.

보수진보 좌우이념과 정치적 편가르기가 극심한 한국사회에서 대표적 진보작가인 황석영이 이명박과 동승했다는 한가지 사실만을 가지고서도 오해를 사고 변절했다는 비판에 직면할수 있으니 말이다.

더구나 그는 5.13 카자흐스탄 수도에서 청와대 출입기자들과 만나 "일각에서 현 정권을 보수우익이라고 규탄하고 있으나 나는 중도실용 정권이라 생각한다" 와 5.18민주화 운동을 "광주사태" 라고 했다가 진보진영의 십자포화를 맞았다.

손호철 서강대교수는 15일 "이명박 대통령을 따라가고 지지하는 건 개인적 자유선택 이지만 자신의 행위를 정당화시키기 위해 MB정부를 중도로 규정하는건 매우 잘못” 이라고 지적했고 진중권 중앙대 겸임교수는 “호모사피엔스가 얼마전 자신이 했던 언행을 까맣게 잊을 수 있느냐” 며 이정도의 극적 변신을 욕할 가치도 없다.“며 평가 절하 했다.

그 외 네티즌들의 빗발치는 비판의 요지는 황석영이 MB정부의 요직을 맡기위해 변절 했다는 것이다. 그런가 하면 보수진영도 이에 질세라 타격을 가하고 있다.

김일영 성균관대교수는 “북한까지 다녀온 황석영씨가 자신을 중도라고 생각한다는게 황당하다. 그의 태도 변화는 훼절이다”고 전제한 뒤 황씨의 말처럼 촛불시위 이후 보수화 경향을 걷는 MB정부를 중도실용이라 말하기는 어렵다” 라고 지적했다.소설가 복거일씨도 “좌파정권하에서 황석영씨는 대우를 받은 샘이다

그 좌파정권하에서 핍박을 받은 우익문인들이 많다.대표적으로 이문열씨같은 경우며 이문열씨같이 좌파의 핍박을 받은 문인을 제쳐놓고 갑자기 황씨를 데리고 가면 우파에 속한 시민은 어떻게 보겠느냐” 반문했다.또 어떤 교수는 황씨의 발언은 현정부의 도움으로 노벨상을 받기 위한 것이라며 논리비약을 폈다.

소동이 한차례 지나가고 나는 차분하게 생각해봤다.해방후 60년이 넘도록 아직도 우리는 좌우파 이념에서 자유롭지 못하다 극한투쟁으로 번지는 풍토로 이해하기 어렵다.

말로는 산업화 민주화를 성공시킨 경제 교육대국이라면서 왜 우리

는 정치사상이념에 그토록 대립 갈등을 멈추지 못하는 것인가. 왜 우리는 머리 좋고 똑똑한 국민으로 세계에 알려지고 높은 자존심을 갖고 있으면서 통합과 화해에는 저토록 낮은 수준인가 극단적인 또는 자기 입장만 내세우는 독선 이기주위 집단주의를 탈피해서 중도화합과 중도 통합의 실용으로 가치전환을 하지 못하는가

황석영은 누구인가?

황석영은 매년 시인 고은과 함께 노벨문화상 후보에 거론되는 한국의 대표적작가로서 일찍부터 인간과 이념에 대한 족쇄와 해방에 대해 고뇌하고 좌절과 고통을 느끼면서 끝내 억압과 질곡이 없는 개인과 사회 국가를 꿈꾸어온 우리시대 대표적인 민중 민족 작가이며 양심적 지식인이다

산업화사회의 모순을 다룬 "삼포가는 길"과 특히 그의 대표작인 "장길산"은 민중을 주체로 삼은 작품으로 특히 홍명회의 임꺽정과 맞먹는 민중해방소설이다. 나는 신문에 장기 연재된 "장길산"을 읽고 세상의 주인은 민중이라는 것을 사무치게 깨달았다.

북한 초청 방문으로 이뤄진 "사람이 살고 있었네"와 월남전의 실상을 그린

"무기의 그늘"과 극우의 실체를 고발한 "손님" 등은 그가 아니면 쓸 수 없는 작품으로 민중과 시대의 아픔, 압재자의 고발을 다룬 시대정

신이다

보안법위반으로 5년 징역행을 살고 나온 그에게 아직도 보수진영은 좌파작가라는 색깔론을 입힌다. 그들 말대로 하면 노벨문학상은 한국에는 영원히 나오지 못할 것이다.

한편 황석영은 해명에서 "누군가에게 상처를 주었다면 정중히 사과 드린다" "광주는 내 문학이자 인생자체였다" 며 말하고 "이명박 정부를 중도실용이라 한것은 말 그대로 중도 실용을 구현하기를 바라는 강력한 소망때문" 이였으며 대북관계와 관련해 현정부와의 대화통로를 자청 하였다 밝히고 몽골,코리아 및 알타이 연합으로 남북 문제를 풀어 한민족의 활로를 열기 위한 것"이라고 했다.

나는 황석영의 기회주의도 경계하지만 황석영의 진정성을 믿고싶다.김지하 시인의 말처럼 황석영만큼 시대적 고통과 좌절,절망과 고뇌를 겪은 대표작가가 새삼스레 돈과 권력,명애가 탐이나서 기득권에 빌붙어려 했겠는가.

좌우파 지식인들이나 시민사회 단체들의 성급한 단정과 편가르기는 대립과 분열을 더욱 조장시킬 뿐이다. 이제 냉정하고 합리적으로 문제를 풀어가는 지성적 자세가 필요하다.

황석영은 아무것도 맡지 않았고 아무 일도 하지 않고 있다.과정과 결과를 지켜보면서 평가해야한다. 우리사회는 아직 지배층의 힘의 논리와 이에 저항하는 투쟁의 목소리가 너무 높아 대화와 타협의 길이 요원하다. 그렇다고 해서 침묵이나 일방통행만 강조 한다면 더 큰 사회혼란이 올 수 있다.

오래묵은 사회갈등과 남북문제까지도 이명박정부가 밀어붙이기 식의 독선이 아니라 국민통합을 위한 일대쇄신으로 국정의 근본틀을 바꿔야 한다 진보작가 황석영이 욕먹는 것도 혹여 이정부가 이용하거나 이용당하거나 하지는 않는지 미리 염려하고 방지하는 차원이라면 타당하다.

그렇지않고 맹목적 우파식 처럼 막무가내 좌파식 이라면 둘다 버리거나 부정하는 것이 중도 실용주의다.

국민작가 이병주가 즐겨 인용한 칼포퍼의 "젊어서 마르크스주의자가 되지 않는 자는 바보요 나이 들어서도 마르크스주의자로 남는것은 더 바보이다".

나는 이념에 관한 최고 명언이라 생각한다

산전수전 다겪은 황석영도 이제 투쟁에서 관조로, 모순에서 조화로 세상을 바라보고 양쪽의 인간을 전부 껴안고 싶은 것이다.